함 께 읽 으 면 좋 은 저 자 의 책

개혁주의 전가교리
신호섭 지음 | 지평서원 | 255쪽 | 12,000원

불확실의 시대 오직을 말하다
신호섭 지음 | 좋은씨앗 | 144쪽 | 7,000원

벨직 신앙고백서 강해
신호섭 지음 | 좋은씨앗 | 536쪽 | 25,000원

사도신경
신호섭 지음 | 도서출판 지우 | 176쪽 | 10,000원

웨스트민스터 소요리문답 강해
– 영광에서 영광으로 –
신호섭 지음 | 좋은씨앗 | 653쪽 | 35,000원

웨스트민스터 신앙고백서 해설
– 신앙에서 고백으로 –
신호섭 지음 | SFC출판부 | 759쪽 | 53,000원

교회다운 교회

-영광스런 목회와 가슴벅찬 신앙생활 설명서-

다함
도서출판 **함**은

1. **다**윗과 아브라**함**의 자손

아브라함과 다윗의 자손으로, 하나님 구원의 언약 안에 있는 택함 받은 하나님 나라 백성을 뜻합니다.

2. 마음과 뜻과 힘을 **다하여** 하나님을 사랑하라

구약의 언약 백성 이스라엘에게 주신 명령(신 6:5)을 인용하여 예수님이 가르쳐 주신 새 계명
(마 22:37, 막 12:30, 눅 10:27)대로 마음과 뜻과 힘을 다해 하나님을 사랑하겠노라는 결단과 고백입니다.

사명선언문

1. 성경을 영원불변하고 정확무오한 하나님의 말씀으로 믿으며, 모든 것의 기준이 되는 유일한 진리로 인정하겠습니다.
2. 수천 년 주님의 교회의 역사 가운데 찬란하게 드러난 하나님의 한결같은 다스림과 빛나는 영광을 드러내겠습니다.
3. 교회에 유익이 되고 성도에 덕을 끼치기 위해, 거룩한 진리를 사랑과 겸손에 담아 말하겠습니다.
4. 하나님 앞에서 부끄럽지 않도록 항상 정직하고 성실하겠습니다.

교회다운 교회

영광스런 목회와 가슴벅찬 신앙생활 설명서

초판 1쇄 발행 2021년 5월 27일
초판 6쇄 발행 2025년 11월 1일

지은이 ㅣ 신호섭
펴낸이 ㅣ 이웅석

펴낸곳 ㅣ 도서출판 다함
등 록 ㅣ 제402-2018-000005호
주 소 ㅣ 경기도 군포시 산본로 323번길 20-33, 701-3호(산본동, 대원프라자빌딩)
전 화 ㅣ 031-391-2137
팩 스 ㅣ 050-7593-3175
이메일 ㅣ dahambooks@gmail.com

디자인 ㅣ 참디자인(02-3216-1085)

ISBN 979-11-90584-22-7 (03230)

교회다운 교회

신호섭 지음

영광스런 목회와 가슴벅찬 신앙생활 설명서

다함
도서출판

목차
Contents

코로나19 시대를 맞아 교회에 제대로 모이지 못하면서 성도들 가운데 교회가 무엇인지, 모이는 곳으로서의 교회가 꼭, 왜, 필요한 것인지 등에 대한 논란이 적잖게 일고 있습니다. 이러한 때에 성경적으로 올바르고 건강한 교회를 세워가는 것에 최고의 가치를 부여하고 목숨을 버릴 각오로 마음을 다해 사역하고 있는 신호섭 목사가 교회론에 관한 매우 귀한 책을 출간했습니다.

저자는 고려신학대학원에서 교의학을 가르치면서 실제로 교회를 개척하여 현재까지 목회하고 있는 현직 목회자입니다. 누구보다도 두 사역을 가슴벅차며 즐겁게 감당하는 학자 목사입니다. 이 책 서문 첫 문장은 그가 교회를 얼마나 사랑하고 바른 교회를 세우는 일에 헌신하고 있는지를 생생히 보여줍니다. "오늘날 교회에 대한 세속의 평가가 어떠하든지, 나는 교회를 사랑합니다. 그것도 사랑에 빠진 연인처럼 열렬히 사랑합니다." 저자는 교회를 진정 사랑하기에, 누구보다도 교회를 더 알기 위해 깊이 연구해 왔습니다. 그는 성경과 개혁파신학자들이 가르친 교회론을 간결하고 명확하게 설명하는데 탁월한 장점을 보입니다. 여기에는 그의 목회적 경험이 크게 플러스로 작용한 것으로 여겨집니다. 신학자 케빈 벤후저 교수는 그의 책 "목회자란 무엇인가"에서 학문적 능력과 목회적 심장을 지닌 목사를 '학자-목사'라 칭했는데, 신호섭 목사는 이에 해당하는 그런 목사입니다.

신호섭 교수의 책 "교회다운 교회"는 개혁파 신학자로서 교회, 직분, 예배 그리고 성도들의 삶에 대한 교리를 설명하되 특별히 개혁파 신앙고백서인 웨스트민스터 신앙고백서와 밸직 신앙고백서를 바탕으로 쉽고 분명하게 설명해 줍니다. 건강한 목회와 가슴벅찬 신앙생활을 원하는 목회자나 성도라면 하나님의 아들이 자기 몸을 드려 세우신 교회가 무엇인지 그 교회를 바르게 세워가는 것이 얼마나 중요한지 제대로 알아야 할 책임이 있습니다. 이 책은 목회자들과 성도들에게 그런 교회를 세워가는 일에 매우 훌륭한 안내 역할을 할 것입니다.

신원하 교수
고려신학대학원 원장

여기 신호섭 교수님의 귀한 책이 또 하나 소개됩니다. 『개혁주의 전가 교리』로부터 시작해서 좋은 책들을 계속해서 출간해 주심에 대해 깊이 감사합니다. 교수님께서는 매우 겸손하게 교회에 대한 비전문적인 작은 책이라고 표현하셨지만, 이 책은 교회에 대한 가장 귀한 책들 중 하나임에 틀림없습니다. 우리 모두 찬찬히 읽으면서 우리가 속해 있는 교회들이 이 책에서 제시하는 그 성경적 교회의 모습을 향해 나아갔으면 합니다. 이 귀한 책을 한국 교회 앞에 추천하면서 몇 가지 말씀을 드리려고 합니다.

첫째로, 저자이신 신호섭 교수님의 '교회에 대한 사랑'(amor ecclesiae)을 느꼈으면 합니다. 모든 그리스도인들은 마땅히 하나님을 사랑하니 또한 교회 공동체를 사랑하는 사람이어야 합니다. 우리들이 과연 그러한지 이 책을 읽으면서 우리를 돌아보았으면 합니다. 교회 공동체가 성경이 말하는 그 모습을 구현하려고 같이 노력할 때만 우리는 진정으로 교회를 사랑하는 사람입니다. 그리고 성경과 바른 신학에 의하면, 교회를 사랑하는 사람만이 우리 주 예수 그리스도를 사랑하는 사람입니다. 우리는 이 책을 읽으면서 신호섭 교수님의 교회 사랑에 감동하면서 교회를 위한 열심이 신 교수님을 삼킨 것처럼 우리를 삼키도록 해야 합니다.

둘째로, 신 교수님과 또 이 땅의 바른 신학자들과 함께, 우리들 모두 같이 성경이 말하는 그 교회를 추구했으면 합니다. 그것을 신 교수님께서는 '교회다운 교회'라고 표현하셨습니다. 참된 교회의 표지를 가진 교회만이 교회다운 교회입니다. 교회의 표지를 가지지 않은 교회는 교회가 아니고, 교회의 흔적들(ruins of the church) 뿐이라는 개혁자들과 모든 바른 신학자들의 말씀을 정말 심각하게 생각해야 합니다. 그저 교회라는 간판만 가지고 있거나 사람들이 모여서 예배만 하면 교회인 것이 아닙니다. 교회의 표지를 가지고 있는 교회만이 교회입니다. 진정한 그리스도인들은 모두 다 이미 "그 하나의 교회"의 일원이요 그리스도의 몸의 지체임을 명백히 하면서, 가시적으로도 그것을 드러내야 합니다. 여기서 가장 중요한 것은 우리들이 과연 무엇을 믿는가 하는 것입니다. 잘못된 것을 믿으면 우리들은 교회의 일원이 아닙니다. 성경 진리를 잘 드러내려는 신 목사님의 강조를 주의해 들어 주십시오.

셋째로, 성경이 말하는 교회 조직을 가져야 합니다. 이것이 개혁자들 가운데서 좀 더 정확하게 더 성경적으로 개혁하려고 하셨던 분들의 주장이었고, 이 책에서 신 교수님께서 강조하는 바이기도 합니다. 그저 교회에는 이런 조직이 있고, 이런 직임이 있나 보다 하고 만족하지 않고, 성경이 말하는 그 조직과 그 성경적 직분이 회복되도록 해야 할 것입니다.

넷째로, 성경이 말하는 대로 예배를 바로 이해하고, 성경이 말하는 방식대로 그리고 성령님 안에서 예배하도록 힘써야만 개혁자들이 추구한 방식의 교회다운 교회를 드러내는 것입니다. 이 책에서 신 교수님도 이점을 강조하고 있습니다.

다섯째로, 교회가 이 세상 속에 있음을 잘 의식하면서 교회와 국가의 관계를 제대로 표현해 내야 교회다운 교회가 되는 것입니다. 그것을 위한 좋은 토대가 진정한 기독교 가정입니다.

마지막으로, 우리 모두가 그리스도의 심판대 앞에서 우리가 행한 모든 일, 특히 교회와 관련해서 행한 모든 일에 대해서 엄정한 심판을 받을 것임을 분명히 하는 것이 이 책의 큰 기여의 하나입니다. 그 최후의 심판대에서 오직 그리스도의 공로만이 찬란히 빛날 것입니다. 그리스도의 수동적 순종과 그 능동적 순종의 전가가 우리가 처음 믿을 때 주어졌지만, 그것이 가장 명료하게 드러나는 곳은 역시 그리스도의 심판대 앞입니다. 그래서 우리는 그 심판대 앞에서도 오직 그리스도의 온전한 순종의 의, 우리에게 전가된 그 온전한 의를 높이 찬양하게 될 것입니다. 또한 그에 감사해서 교회를 위해 열심히 산 우리의 삶과 노력이 부족하기 짝이 없지만 주께서 그것도 은혜로 잔존시키시기를 간절히 바라면서(고전 3:10-15) 우리는 그 때에 부끄럽지 않기 위해서도 교회를 위한 노력에 힘써야 할 것입니다. 나름대로 힘을 다하지만 흥이 많고 문제투성이인 우리의 사역도 주께서 그의 온전하신 의로 덮으셔서 기쁨으로 받으시기를 바라면서 우리의 생명이 다하는 그 날까지 우리는 충성을 다해야 합니다.

이 책을 잘 읽고, 이 책이 말하는 성경적 교회, 교회다운 교회를 눈에 보이는 형태로 드러내기 위해 진력하는 것이 바로 그렇게 충성을 다하는 일이 될 것입니다. 이 땅의 모든 그리스도인들이 그리하기를 바라면서 이 귀한 책을 한국 교회 앞에 추천합니다.

이승구 교수
합동신학대학원대학교 조직신학,
한국복음주의신학회 회장

⸺⸱◦◦◦◦◦⸱⸺

오랫동안 신학 교육 현장에서 사역하다가 올곧은 교회를 개척하여 사역하고 있는 신호섭 목사께서 이번에 교회론과 교회 생활에 대한 저술을 출간해주셨습니다. 일찍이 수많은 양서들을 번역 출간했기에 청교도 문헌을 애독하는 한국 독자들에게는 신 목사님의 이름이 익숙하디 익숙했습니다. 그리고 『개혁주의 전가 교리』과 『벨직신앙고백서 해설』 등의 양서를 최근에 출간함으로 개혁주의 신학과 고백서에 대한 본인의 목소리를 우리들에게 강력하게 들려주기도 했습니다.

　이번에 출간하는『교회다운 교회』는 "영광스런 목회와 가슴벅찬 신앙생활 설명서"라는 부제를 달고 있습니다. 추천자는『개혁주의 전가 교리』출간 기념 세미나에서 발제를 한 이후 서너 차례 올곧은 교회 강단에 초대받은 적이 있어, 올곧은 교회 현장을 조금이나마 맛볼 수 있었습니다. 여러 가지 어려운 여건들과 코로나 19와 같은 시대적 어려움 속에서도 신호섭 목사님은 꿋꿋이 개혁주의적인 목회를 추구해 왔고, 성도들도 바른 방향에서 교회 생활을 잘 하고 있습니다. 영광스러운 목회를 경험하고, 교인들은 가슴 벅찬 신앙생활을 하고 있다면 이는 토마스 브룩스의 책 제목처럼 "지상위에 임한 천국(Heaven on Earth)"을 누리는 교회일 것입니다.

　본서는 교회란 무엇인가로부터 시작되는 교회에 대한 해설(1부), 지상 교회를 위해 허락하신 봉사직인 직분에 대한 2부, 교회의 핵심 요체라 할 예배에 대한 3부, 그리고 교회를 통하여 은혜를 받은 성도들이 구체적으로 섬겨야 할 삶의 현장들에 대한 숙고(4부) 등으로 구성이 되어 있습니다. 본서는 평이하게 서술되었기에 목회자들 뿐만 아니라 일반 성도들도 잘 읽고 유익을 얻을 수 있습니다.

　신목사님의 글을 읽어나가다보면 청교도들이나 로이드 존스의 목소리를 곳곳에서 듣는 느낌이 들 것입니다. 그만큼 저자는 청교도와 로이드 존스에 심취하였고, 청교도 개혁주의적인 방향을 올곧게 걸어가고자 분투노력하고 있기 때문일 것입니다. 교회를 사랑할 수도, 그렇다고 떠날 수도 없는 이들이나, 교회를 더욱 더 사랑하고 신앙 생활을 바로 하고 싶은 모든 신자들에게 본서를 권독하면서 추천사를 마치고자 합니다.

이상웅 교수
총신대학교신학대학원 조직신학

━━━━◦◉◯◉◦━━━━

이 책은 아주 특별한 책입니다. 어느 장르에 쏙 들어가는 책이 아니라서 그렇습니다. 이 책은 조직신학 서적도, 역사신학 서적도, 실천신학 서적도, 성경신학 서적도 아닙니다. 그런데 이 책 안에는 교리와 신앙고백과 교회사가 나오며, 현장 목회의 따끈따끈한 간증들과 성경 해설도 나옵니다. 참 신기합니다. 그런데도 전혀 어색하거나 난잡하지 않습니다. 저자가 매우 공을 들여 애써서 썼다는 흔적이 역력합니다.

이 책은 신학서적 같은데 술술 읽히는 게 아주 재미있습니다. 책에서 저자의 목소리가 직접 들릴 때 문체 면에서 아주 잘 쓰인

책이라 볼 수 있는데, 그런 점에서 이 책은 아주 탁월합니다. 책을 읽노라면 신호섭 목사님의 목소리가 직접 들리는 것 같기 때문입니다. 그뿐만 아니라 이 책은 저자의 성품이 배어나는 책입니다. 제가 아는 저자는 "목사─신학자"(pastor-theologian)의 전형입니다. 이 책은 학자적인 치열한 탐구와 문제의식이 나타나는 동시에, 목회자의 열정과 애정이 잘 드러나고 있습니다.

이 책이 던지는 메시지는 정말 심장에 와서 박히고, 뇌에 사무치는 힘이 있습니다. "오늘날 교회에 대한 세속적 평가가 어떠하든지 간에 나는 교회를 사랑합니다. 그것도 열렬하게 사랑에 빠진 연인처럼 사랑합니다."라는 첫 문장들부터가 마음을 적십니다. 교회를 개혁하려면 먼저 나 자신이 바뀌어야 한다는 외침, 교회를 어머니로 두지 않는 자가 하나님을 아버지로 참되게 모실 수는 없다는 금언, 그리스도와의 연합이 교회의 생명이라는 명제, 입만 살아있는 개혁주의는 바리새주의보다 못하다는 뼈아픈 자기반성, 거짓 교회의 존재가 나 자신을 참된 교회로부터 멀어지게 해서는 안 된다는 권면, 성도의 교제는 성령으로 말미암은 그리스도와의 신비한 연합이 전제되는 교제라는 규정 등은 정말 두고두고 되새겨볼 만한 메시지입니다. 특히 "교회 개혁은 직분의 개혁"이라고 믿는 저의 입장에서, 저자가 직분론을 아주 상세하고도 실제적으로 다룬 것은 정말 고맙게 여겨집니다.

이 책에는 우리 모두를 향한 따스한 권면과 호된 질책과 근원적 처방 모두가 나옵니다. 저자가 뼛속까지 내려가서 쓴 듯한 이 책은 우리 모두에게 소중한 자양분이 될 것입니다.

우병훈 교수
고신대 신학과 교의학

·•⊰❁⊱•·

경험이 결여된 조언은 아무런 힘이 없습니다. 홈런을 쳐 본 적 없는 타자 코치, 삼진을 잡아 본 적 없는 투수 코치, 투수 공을 받아 본 적 없는 포수 코치의 조언이 과연 무슨 힘이 있겠습니까?

본서는 힘이 넘칩니다. 그 이유는 교회의 본질, 속성, 직분, 예배, 설교, 성례, 헌금, 신앙생활의 생태계 깊숙한 곳에서 본서 저자 스스로가 희로애락하며 경험했던 자양분들이 본서 곳곳에 빼곡하게 새겨져 있기 때문입니다. 그렇습니다. 이 책의 저자는 교회에서 산전수전을 다 겪은 베테랑 코치입니다. 그러므로 정확하게 교회 현실을 진단하며 바른 대안을 제시할 수 있는 능력이 있는 코치입니다.

노련하며 정갈한 코치가 던지는 교회와 신자를 향한 조언들은 주옥과도 같은데 크게 세 가지 핵심 특징을 지니고 있습니다.

첫째, 본질을 추구합니다. 작금의 교회론이 가진 가장 큰 문제는 본질을 제쳐두고 최선을 다해 비본질을 추구한다는 점입니다. 본서는 이런 교회론적 역행을 다시금 제자리로 돌려놓기 위해 참된 교회의 본질, 참된 교회의 표지, 참된 교회에 가입할 의무 등을 필두로 때로는 열정 어리게, 때로는 눈물로 호소하며, 때로는 해학을 겸하며 적절하고도 효과적으로 교회의 본질을 터치해주고 있습니다. 그러므로 본서를 다 읽고 난 뒤에 남는 것은 거짓된 비본질이 아니라 영광스럽고도 장엄하게 빛나는 교회의 '본질'입니다. 이 얼마나 가슴 뛰는 일입니까!

둘째, 선지자적 목소리를 내고 있습니다. 좋은 선지자는 허공을 치는 공허한 외침에 천착하기보다는 듣는 자의 삶을 궁극적으로 변화시킬 수 있어야 합니다. 본서는 목사, 장로, 집사, 권사, 서리 집사의 교회적 삶을 궁극적으로 변화시킬 수 있는 선지자적 목소리를 강단 있게 선포하고 있을 뿐 아니라, 교회 밖에서의 삶 즉 가정, 사회, 국가에서 신자로서 어떻게 살아야 하는지까지도 적절하게 다루고 있어 가슴 벅찬 신앙생활 설명서 역할을 톡톡히 하고 있습니다. 이 얼마나 신자들에게 필요한 설명서입니까!

셋째, 현장감이 살아 있습니다. 본서 곳곳에 활어처럼 살아 움직이는 예화들은 본서의 백미입니다. 인공적으로 주조된 예화가 아니라 실제 목회 현장에서 직접 경험했던 현장감 있는 예화가 본서의 핵심 메시지와 잘 버무려져 생동감 있게 저자의 목소리가 독자의 전인에 부딪히는 경험을 할 수 있습니다. 좋은 예화는 예화만 건조하게 뇌리에 남는 것이 아니라 예화를 통해 말하고자 하는 핵심 메시지가 뚜렷하게 남는 예화인데 본서의 예화는 이런 측면에서 핵심 메시지를 잘 드러내 주는 역할을 충실히 하고 있습니다. 이 얼마나 모범적인 예화 사용입니까!

개혁파 신학 전통 내에서 영광스러운 목회를 꿈꾸는 목회자들과 가슴 벅찬 신앙생활을 하고 싶은 신자들이라면 이 책은 대체 불가하며 절대 소홀히 해서는 안 되는 필독서입니다.

탁월한 코치는 반드시 탁월한 선수를 만들어 냅니다. 본서를 통해 교회다운 교회와 탁월한 신앙생활 선수들이 배출될 것을 생각하니 벌써부터 거룩한 흥분감으로 가슴이 뜁니다.

박재은 교수
총신대학교 신학대학원, 조직신학 강사
국제신학대학원대학교, 조직신학 초빙교수

누구를 위하여 교회의 종을 울리나?

오늘날 교회에 대한 세속적 평가가 어떠하든지 간에 나는 교회를 사랑합니다. 그것도 열렬하게 사랑에 빠진 연인처럼 사랑합니다. 경험해본 이들은 알겠지만 사랑이라는 열병에 빠진 사람은 누구라도 알아차릴 수 있을만큼 무언가 달라 보입니다. 정말 교회를 사랑하는 사람은 그 얼굴에 생기가 넘치고, 기쁘고 즐거우며 진지합니다. 세상 그 누가 뭐라 해도 교회가 사랑스럽고 예쁘게 보입니다. 교회를 위해 목숨까지 버릴 각오가 되어 있습니다. 그렇기에 발로 연탄재를 함부로 차지 않듯이, 교회를 함부로 비판하고 정죄하지 않습니다. 하나님 아버지께서 성도들을 위해 교회라는 어머니를 준비해 주셨고, 그리스도께서는 그 교회에 속한 양떼들을 위해 자기 목숨까지 버리셨기 때문입니다(요 10:11; 요일 3:16). 그리스도께서는 사랑하는 교회를 위하여 자신을 주셨습니다(엡 5:25). 이처럼 교회는 하나님의 아들이신 독생자 예수 그리스도의 보혈로 세워졌으며, 제2위 성자 하나님이신 그리스도가 생명을 내어주신 신부입니다. 내가 감히 단언하지만 교회는 여러분이 생각하는 것보다 훨씬 더 큽니다.

그렇기에 나같은 죄인을 충성되이 여겨 직분을 맡겨 주시고 이런 그리스도의 신부된 교회를 돕고 섬길 수 있게 해 주신 것은 가슴 벅찬 일이며 대단한 특권입니다(딤전 1:12). 나는 목회 사역 이외에도 여러 사역을 겸하고 있습니다. 신학교에서는 교수로서 목사 후보생들을 가르치고, 목사아카데미를 운영하면서 후배 목사들을 격려하며 함께 연구하고 교제를 나누며, 번역자로서 그리스도인 독자들을 위해 여러 신학서적과 경건서적을 번역하고, 세계 여러 나라에 산재한 현지 신학교의 교육사역에도 관계하고 있습니다. 그러나 나의 최우선의 관심사는 언제나 내가 섬기는 지역 교회의 목회사역입니다. 목사에게 교회 사역 외의 다른 사역은 모두 부차적입니다. 교회사역이 뒷받침되기에 다른 사역도 할 수 있습니다. 교회는 다른 모든 사역을 떠받치는 어깨와 같습니다. 교회가 무너지면 다른 것도 무너집니다. 성경적으로 올바르고 건강한 교회를 세워가는 것이 그 어떤 일보다도 가장 최우선적인 일이 되어야만 하는 이유입니다. 이런 의미에서 교회를 세워가야 할 사역자들의 중요성은 아무리 강조해도 지나치지 않습니다. 바울은 에베소 교회에 편지하면서 하나님께서 목사와 교사로 통칭되는 사역자들을 주셨다고 말합니다.

그가 어떤 사람은 **사도**로, 어떤 사람은 **선지자**로, 어떤 사람은 **복음 전하는 자**로, 어떤 사람은 **목사**와 **교사**로 삼으셨으니 이는 성도를 온전하게 하여 봉사의 일을 하게 하며 그리스도의 몸을 세우려 하심이라 우리가 다 하나님의 아들을 믿는 것과 아는 일에 하나가 되어 온전한 사람을 이루어 충만한 데까지 이르리니_엡 4:11-13

오늘날의 교회 사역자들은 성도를 온전하게 하고 봉사의 일을 하게 하며 그리스도의 몸을 세우라는 사명을 받았습니다. 사역자들은 그리스도의 장성한 분량의 충만한 데까지 이르게 함으로 그리스도의 몸을 세워야 합니다. 그리스도는 교회를 사랑하셨고 그 교회를 위하여 자신을 주셨습니다. 그렇다면 과연 오늘날 교회의 사역자들 역시 그리스도께서 교회를 사랑하셔서 자신을 주시듯 그렇게 온 마음과 힘과 뜻을 다하여 주 예수 그리스도의 교회를 사랑하고 있습니까? 날 사랑하신 그 사랑의 힘으로 우리의 생명과 온 힘을 다해 교회의 사역과 사명을 위해 자신을 헌신하며 충성하고 있습니까? 자신에게 맡겨진 양무리들을 그리스도의 장성한 분량에 충만한 데까지 이르게 하기 위해 분투하고 있습니까? 아니면 상업화된 교회에서 이미 만들어진 제품처럼 타성에 젖어 교회 목회를 세속적 직업 가운데 하나로 여기고 있지는 않습니까? 우리는 과연 교회의 사역자로 부르심을 받고 사명자로 일하고 있습니까? 성도의 신앙 성숙에는 관심이 없고 그저 예배당에 사람들을 불러 모으고 교회의 규모를 키우기 위해서만 혈안이 되어 있지는 않습니까? 우리는 "목사는 예배당에 사람들을 불러 모으기 위해 설교하는 것이 아니라 그들을 지옥에서 구원하기 위해 설교하는 것"이라 말한 로이드–존스 박사의 권면에 귀를 기울여야 합니다.

우리는 지난 2–30년 동안 많은 목회자들이 전도폭발훈련과 여러 제자훈련, 그리고 이머징 교회 운동에 이르기까지 각종 교회성장 프로그램에 참석하여 훈련하고 그것을 자신의 교회에 도입하는 모습을 보아 왔습니다. 그들이 그런 프로그램이나 컨퍼런스에 참여하는 이유는 무엇일까요? 의심의 여지없이 교회의 성장을 원하기 때문입니다. 나는 교회의 성장을 열망하는 사역자들의 진심을 조금도 의심하지 않습니다. 그러나 진심이라 해서 다 옳은 것은 아닙니다. 여기서 우리는 질문을 던져야 합니다. 교회는 왜 성장해야 하는가? 교회는 어떻게 성장해야 하는가? 교회 사역을 직업이나 사업 정도로 여기는 사람은 무조건 교회당에 사람을 불러 모으며 교회의 크기를 키우는데 관심이 있겠지만, 교회 사역을 하나님 주신 사명으로 여기는 사람은 성경적으로 건강하게 교회를 키우는데 관심이 있을 것입니다.

20년이 훨씬 지난 1999년 5월, 서울 강동구에 있는 대단히 명성 있는 교회당에서 릭 워렌의 "21세기 건강한 교회를 향한 새들백 국제 컨퍼런스"가 열렸습니다. 당시 이 컨퍼런스에 2천 5백여 명이 참석했습니다. 이는 얼마나 많은 사람들이 교회성장을 열망하고 있는지를 단적으로 보여주었습니다. 그것도 "건강한 교회를 향한 컨퍼런스라니!" 묻지도 따지지도 말고 배우고 따라야 할 교회운동으로 여겨졌을 것입니다. 하지만 당시 나는 이런 현상이 건강한 교회를 저해하는 매우 심각한 징후라는 불길한 예감이 들었습니다. 그 이유는 이 운동이 예배당을 찾는 사람들을 편안하게 해주며 그들의 필요를 채워주는 "구도자 중심 예배"를 지향하기 때문이고, 또한 당시 한국교회의 사역자들이 바른 말씀과 교리의 연구에 착념하는 일보다는 그저 교회의 몸집을 키우려는 일에 더 큰 관심을 보이는 것 같았기 때문이었습니다. 이런 우려는 같은 기간에 잠실에서 열린, 당시 구약신학의 석학 윌리엄 반개메렌(William Vangemeren) 교수 초청 세미나에 백여 명도 채 모이지 않았던 점에서 여실히 드러났습니다. 이것이 불과 수십 년 전 한국교회의 현실이었습니다. 그 결과는 무엇일까요? 호세아 선지자의 예언대로 주님의 백성이 지식이 없어 망하는 것입니다.

> 너는 낮에 넘어지겠고 너와 함께 있는 선지자는 밤에 넘어지리라 내가 네 어머니를 멸하리라 내 백성이 지식이 없으므로 망하는도다 네가 지식을 버렸으니 나도 너를 버려 내 제사장이 되지 못하게 할 것이요 네가 네 하나님의 율법을 잊었으니 나도 네 자녀들을 잊어버리리라 **그들은 번성할수록 내게 범죄하니 내가 그들의 영화를 변하여 욕이 되게 하리라** 그들이 내 백성의 속죄제

물을 먹고 그 마음을 그들의 죄악에 두는도다 장차는 백성이나 제사장이나 동일함이라 내가 그들의 행실대로 벌하며 그들의 행위대로 갚으리라 그들이 먹어도 배부르지 아니하며 음행하여도 수효가 늘지 못하니 이는 여호와를 버리고 따르지 아니하였음이니라_호 4:5-10

오늘날의 한국 교회가 물량적으로 크게 성장했다고 판단할 수 있을지는 몰라도, 그만큼 성경적으로 성숙한 교회라고 말하기는 매우 어렵습니다. 사회의 판단이 절대기준이 될 수는 없지만, 교회에 대한 신뢰도가 땅에 떨어졌는데 교회가 그저 기업과 다를 바 없이 몸집 불리기만 한다면 그것이 과연 하나님이 기뻐하시는 일이겠습니까? 신뢰는 인간관계의 기본이며 이는 그리스도인에게도 예외가 아닙니다. 물론 전도라는 것이 신뢰를 쌓는다고 자동적으로 이루어지는 것은 아닙니다. 그러나 신뢰를 잃어버리면 접촉점이 사라지기 때문에 전도행위 자체가 어려운 것은 사실입니다. 오늘날 여러 복합적인 이유로 목사와 교회의 권위는 땅에 떨어질 만큼 추락했습니다. 그러면 이제 우리는 어떻게 해야 하겠습니까? 시대가 어둡고 교회가 어려움에 처할수록 교회는 본질로 돌아가야 합니다. 교회가 어려움에 처하는 이유는 성경적 본질을 추구해야 할 교회가 세상의 문화와 가치관의 바람을 타는 잔꾀를 부리기 때문입니다. 그것은 오늘날 코로나(COVID-19) 시대에도 계속됩니다. 홍수처럼 쏟아지는 수많은 책들이 포스트 코로나 시대에 교회가 살아남으려면 환경에 맞추어 변화해야 한다고 주장합니다. 온라인 예배와 교육으로 전환하지 않으면 교회는 자연스럽게 도태되고 사라질 것이라는 말까지 나옵니다. 그러나 이는 그저 변죽만 울리는 처방일 뿐입니다. 형식을 바꾼다고 본질이 회복되는 것은 아닙니다. 디지털 세상에도 여전히 유혹과 위협은 존재합니다. 위기의 시대일수록 교회는 더욱 본질로 돌아가야 합니다. 코로나 이후 목회는 변화가 아닌 본질로의 회복이 우선 전제되어야 하며, 교회가 본질로 돌아가려면 자기성찰이 전제되어야 합니다.

옛날 우리나라 교회는 예배시간마다 종을 울렸습니다. 높은 교회 첨탑 아래에 있는 종은 교회의 상징이었습니다. 지금도 시골에 가면 심심찮게 교회의 종을 찾아볼 수 있습니다. 종교개혁 시대 스위스 제네바에서 칼뱅이 목회했던 생 피에르 교회당 역시 시간마다 종을 울렸던 라 클레멘스(La Clemence)가 있었습니다.[1] 이 종소리는 신자들로 하여금 교회당으로 모이라는 신호였고 예배를 드리라는 명령이었습니다. 오늘날의 교회들은 유튜브와 홈페이지, 페이스북 트위터 등 각종 SNS로 교회의 종을 울립니다. 그러나 문제는 교회의 종이 아니라 교회의 본질입니다. 과연 교회는 누구를 위하여 종을 울리는 것입니까? 엄밀히 말하면 교회

---

1 스콧 마네치, 『칼빈의 제네바 목사회의 활동과 역사』, 신호섭 역 (서울: 부흥과개혁사. 2019), 33.

의 종은 사역자들도, 신자들도, 구도자들도, 또한 불신자들도 아닌 오직 하나님의 영광을 위해서 울려야 합니다. 오늘날의 교회는 과연 하나님께서 명령하시는 법도와 규례를 따라 운영되고 있습니까? 하나님을 기쁘시게 하려는 교회입니까(엡 6:6)? 아니면 사람을 기쁘게 하는 교회입니까(갈 1:10)? 심지어 온라인 예배와 교육으로의 전환도 혹시 사람을 기쁘게 하는 일에 남용되는 변화는 아닌지 매우 심각하게 고민해보아야 합니다.

우리는 오늘날 우리가 목회하는 교회가 세상과 과연 구별되어 있는지 자문할 필요가 있습니다. 교회가 세상과 유사하거나 세상의 방식을 모방하거나 또는 세상 사람들이 편안하게 느끼는 장소라면 그것은 교회가 여러 가지 모습에서 세상과 닮아 있다는 것을 의미합니다. 그렇다면 이것은 대단히 심각하게 잘못된 것입니다. 교회는 그저 신자와 불신자가 함께 어울려 놀 수 있는 골프클럽이나 문화센터나 사교단체가 아닙니다. 우리는 종교적인 교회생활과 참된 신앙생활을 구분할 필요가 있습니다. 교회는 세상 안에 있지만 세상이 아니고 세상이 될 수 없습니다. 교회는 세상 사람들이 한 번도 들어보지 못한 메시지와 세상이 줄 수 없는 메시지를 선포하는 곳입니다. 교회는 우리가 땅에 발을 붙이고 살고 있는 이 세상을 전부라고 여기며 살아가는 세상의 모든 사람에게 하나님이 준비하신 영생의 나라가 있다고 선포하는 곳입니다. 바울은 이 교회를 가리켜 "이 집은 살아계신 하나님의 교회요 진리의 기둥과 터이니라"고 했습니다(딤전 3:15). 교회는 바로 이 하나님의 진리의 말씀을 높이 선포해야 합니다. 이것이 교회의 사명이요 그리스도인들이 가장 중요하게 여겨야 할 법도입니다. 만일 참된 교회가 진리의 기둥과 터라면 거짓말과 허위가 지배하는 곳에는 참된 교회가 존재할 수 없습니다.[2]

또한 교회는 이 땅에서 하나님 나라의 모습을 보여주어야 합니다. 하나님 나라는 교회보다 크고, 교회는 하나님 나라 안에 있습니다. 교회는 이 세상에 있는 하나님 나라의 가시적인 모습입니다. 따라서 교회는 교회다워야 합니다. 교회는 하나님 나라의 모습과 하나님 나라 백성의 모습을 이 땅에서 구현해야만 합니다. 그런 의미에서 뉴잉글랜드 초기에 메사추세츠로 이주한 청교도들이 그렇게 불렸던 것처럼 교회는 "언덕위의 도성"(City on the Hill)입니다. 예수님은 산상수훈의 가르침 가운데 이렇게 말씀하셨습니다.

> 너희는 세상의 빛이라 산 위에 있는 동네가 숨겨지지 못할 것이요 사람이 등불을 켜서 말 아래에 두지 아니하고 등경 위에 두나니 이러므로 집 안 모든 사람에게 비치느니라 이같이 너희 빛이 사람 앞에 비치게 하여 그들로 너희 착한 행실을 보고 하늘에 계신 너희 아버지께 영광을 돌리게 하라_마 5:14-16

---

2 존 칼빈, 『기독교강요, 하』 원광연 역 (경기: 크리스천 다이제스트, 2004), 46. (4.2.1.)

교회는 산 위에 있는 동네입니다. 오늘날 과연 교회 부흥과 성장에 목숨을 거는 현대교회의 사역자들은 누구를 위해 그렇게 교회의 종을 울리고 있는지 자신을 성찰해보아야 합니다. 과연 그들은 언덕위의 도성을 만들고 있습니까? 아니면 자신들의 왕국을 건설하고 있습니까?

성경은 교회를 가리켜 주로 그리스도의 몸, 성령의 전, 새 예루살렘, 진리의 기둥과 터, 그리스도의 신부 등으로 표현합니다(엡 1:23; 고전 3:16-17; 갈 4:26; 계 21:2; 딤전 3:15; 히 10:21; 계 19:7; 21:9). 교회에 대한 이런 호칭은 교회의 거룩함과 정결함을 강조합니다. 그렇기에 사탄이 통치하는 이 세상의 특징은 '큰 성' 바벨론으로 상징되고, 하나님이 다스리시는 교회의 특징은 '거룩한 성' 예루살렘으로 상징됩니다(계 18:10; 21:2). 다시 반복하지만 교회가 교회다우려면 이런 교회의 본질을 회복해야 합니다. 물론 교회가 크면 안 된다는 말이 아닙니다. 교회는 기본적으로 크기보다 정결함을 열망해야 한다는 말입니다. 물론 교회의 거룩함은 아직 완전하지 않습니다. 그러나 교회는 완전히 거룩해지고 정결해질 것입니다. 그렇기에 오늘 여기서 날마다 거룩과 정결을 향해 전진하는 것입니다.[3] 그렇게 하기 위해서는 순수한 복음을 회복해야 합니다. 십자가 죽음과 부활 생명의 복음을 회복해야 합

---

3 존 칼빈, 『기독교강요, 하』, 33. (4.1.17.)

니다. 이것은 교회가 신뢰를 회복하는 가장 기본적인 비결입니다. 그러나 오늘날 대다수의 개신교 교인들은 교회론에 대해 무관심합니다. 그들은 그저 교회를 왔다 갔다 할 뿐입니다. 이러한 교회생활에 대한 무관심은 교회론에 대한 지성적 고찰의 부재를 낳습니다. 런던 바이블 칼리지의 학장을 역임했고 리젠트 칼리지에서 선교학과 교회론을 강의했던 마이클 그리피스는 개신교인들의 교회에 대한 무관심을 이렇게 묘사합니다.

> 소위 "교회에 다닌다"는 사람들 가운데 교회가 무엇인지 망각하고 있는 사람들이 매우 많다. 그들은 매주일 특별하게 지어진 건물에서 예배를 드리고 오랫동안 계속되어 온 종교적인 의식을 치르지만 정작 자신들이 무슨 목적으로 그와 같은 일을 하고 있는지에 대해서는 조금도 생각하려 하지 않는다. 성경은 교회를 "그리스도의 신부"라고 말하지만 오늘의 교회는 마치 누더기를 입고 있는 신데렐라처럼 보인다. 오늘날의 그리스도인들은 타협할 수 없는 교회의 본질적인 요소들을 재확인할 필요가 있다.[4]

이런 의미에서 사역자들뿐만 아니라 모든 그리스도인이 교회론을 치밀하고 가열차게 공부해야 하는 것은 대단히 중요한 일입니다. 왜냐하면 사역자들이 교회의 본질을 모른 채 교회를 목회한다면, 교회를 성경적으로 경영하고 치리해 나갈 수 없기 때문

---

4 Michale Griffieth, *God's Forgetful Pilgrims* (Grand Rapids: Eerdmans, 1978), 37.

입니다. 또한 그리스도인들이 교회가 무엇인지 생각 없이 다닌다면, 교회생활이라는 것이 그저 미신이나 종교적 의식에 지나지 않을 것이기 때문입니다. 프랑스 작가 폴 부르제는 "생각하는 대로 살지 않으면 사는 대로 생각한다"고 말했습니다. 우리가 성경이 교훈하는 교회가 무엇인지를 바르게 생각하며 신앙생활을 하지 않는다면, 그저 습관적으로, 종교적으로, 미신적으로 교회생활을 하게 됩니다.

이 책은 바로 성경이 말씀하는 교회가 무엇인지를 생각하게 하려는 목적으로 코로나 바이러스가 국내에 상륙하여 한창 기승을 부리던 시기인 2020년 1월부터 6월까지, 6개월 동안 교단 정론지인 기독교보에 기고한 글들을 기초로 집필했습니다. 2019년, 대한예수교 장로회 고신 총회는 "교회다운 교회, 칭송받는 교회"라는 표제를 정했고 기독교보측은 교회가 교회답고 칭송을 받으려면 어떻게 해야 할지 장로교 신앙고백과 교리에 기초하여 총회의 표제를 좀 더 구체적으로 해설하는 글을 연재해 달라고 내게 부탁했습니다. 그렇게 실린 글들을 좀 더 추가하고 수정하다보니 처음 분량의 두 배가 되었고 책으로 출간하게 되었습니다.

초대교회의 화두가 신론 기독론을 비롯한 삼위일체 교리에 집중되었고, 종교개혁시대의 화두가 구원론이었다면, 오늘날 우리 시대의 화두는 의심의 여지없이 교회론이라 할 수 있습니다. 과거 역사 가운데 오늘날만큼 교회가 비판을 받는 시대도 없을 것입니다. 너나 할 것 없이 교회의 부패와 지도자의 타락을 지적합니다. 교회가 세상을 걱정해야 하는데 세상이 교회를 걱정하는 시대가 되었다고 이구동성입니다. 매스컴 역시 연일 교회를 비판합니다. 교회에 걸고 있는 기대가 크기 때문이라고 위안을 삼을 수도 있습니다. 또한 다분히 의도적이고 악의적인 비판이라고 말할 수도 있습니다. 하지만 그렇게만 치부하기에는 낯 부끄러울 지경입니다. 지난 몇 년 동안의 설문조사는 기독교회에 대한 긍정적인 결과보다는 부정적인 결과에 초점을 맞추고 있습니다. 2019년 고신 교단이 "교회다운 교회, 칭송받는 교회"를 총회 표제로 정한 것 역시 이런 시대적 흐름을 고민한 것과 무관하지 않을 것입니다. 그럼에도 불구하고 그리스도의 교회가 교회다운 교회, 칭송받는 교회가 되기 위해서는 지나치게 세상을 의식하기보다 더욱 성경적 본질을 회복해야만 합니다. 불신자들이 교회에 대해 어떤 생각을 갖고 있느냐보다 훨씬 더 중요한 것이 교회에 다니고 있는 사람들이 교회에 대해 어떤 생각을 갖고 있느냐입니다. 또한 아울러 앞으로 살펴보겠지만, 우리가 보는 교회와 하나님이 보시는 교회는 매우 다르기 때문입니다.

해석이 필요한 말이겠지만, 아무리 누더기 옷을 입고 있다 하더라도 그리스도께서 보실 때 교회는 신데렐라입니다. 교회의 이상과 그 현실의 괴리가 아무리 깊다 할지라도 참된 교회는 그리스도의 몸이며, 그 머리는 그리스도이십니다. 따라서 우리가 교회를 비판할 때 또는 세상이 교회를 비판할 때 과도한 일반화의 오류를 저질러서는 안 됩니다. 우리는 너나 할 것 없이 매우 쉽게 "한국교회, 한국교회"를 연발하며 교회를 비판하는데 목청을 높이지만, 그 교회 가운데 비록 누더기 옷을 입고 있는 것 같다 할지라도 신데렐라와 같은 그리스도의 참된 교회들이 많이 있음을 깨달아야 합니다. 여기저기서 세속 매스컴을 장식하며 소리를 높이는 몇몇 교계의 인사들이 한국교회를 대표하는 것도 아님을 주의해야 합니다. 세상의 비판의 대상이 되는 일부 교회와 그리스도인들로 인해 한국교회 전체가 매도되어서도 안 됩니다. 그리고 무엇보다도 한국교회를 개혁하려면 이 책을 읽는 여러분 자신을 개혁해야 합니다. 여러분 자신의 개혁 없이 한국교회의 개혁은 요원하기 때문입니다.

　그렇다면 우리는 왜 교회다운 교회, 칭송받는 교회를 말하는 것입니까? 그것은 교회라는 이름을 가졌다 할지라도 모두 참된 교회가 아닐 수 있기 때문입니다. 지상에서는 아무리 순수한 교회들일지라도 혼잡함과 과오를 범합니다(고전 13:12; 계 2:3; 마 13:24, 30, 47; 웨스트민스터 신앙고백서 제25장 5항). 그리고 어떤 교회들은 극도로 타락하여 그리스도의 교회가 아니라, 사탄의 회당이 되기도 합니다(계 18:2; 롬 11:18-22). 귀도 드 브레는 참된 교회의 표지와 거짓된 교회와의 차이점을 말하면서 "우리는 이 세상에 있는 모든 분파가 자신들을 교회라는 이름으로 부르고 있기 때문에, 하나님의 말씀을 통하여 부지런하게 그리고 신중하게 어떤 교회가 참된 교회인지를 분별해야 함을 믿습니다"라고 고백합니다(벨직 신앙고백서 제29항).

우리가 교회다운 교회를 말하려면 먼저 교회다운 교회가 무엇인지를 알아야 합니다. 그럴 때에야 비로소 무엇이 참된 교회가 아닌지 분별할 수 있습니다. 교회다운 교회는 교회 역사가 필립 샤프(Philip Shaff)가 잘 지적했듯이 모든 규범을 규정하는 규범(norma normans)으로서의 성경에 근거한 교회여야 하며, 동시에 성경이 규정한 규범(norma normata)으로서의 역사적 개혁파 신조들에 충실한 교회여야 합니다. 그러면 왜 우리는 성경과 역사적 개혁파 신조로 가야 합니까? 교회와 그리스도인의 절대적 표준인 성경은 하나님의 말씀으로서의 근원적 권위를 지니며, 성경에서 나온 신조들은 파생적 권위를 지니기 때문입니다.

나는 이 책에서 교회의 신앙과 행위의 표준인 성경과 웨스트민스터 신앙고백서를 필두로 한 역사적 개혁파 신조들에 근거해 교회론을 논할 것입니다. 그럼에도 불구하고 이 책은 조직신학적인 교회론은 아닙니다. 또한 교회에 관한 성경강해서도 아닙니다. 오히려 목회 현장에서 벌어지고 있는 직간접적인 사례들을 통해 오늘날의 교회가 이 성경적 표준으로부터 실제적으로 얼마나 멀리 일탈해 있는지를 밝히고, 그 허구성을 논박하고 그 위험성을 경고하며, 동시에 성경적 교회가 어떠해야 하는지를 제시함으로 참된 교회를 세워가고자 하는 이들에게 하나의 모범을 제시하는 책입니다.

교회는 단순히 조직화된 종교기관이나 권력기관이 아닙니다. 더군다나 교회는 기복주의를 추구하는 미신 기관도 아닙니다. 참된 교회는 하나님께서 당신이 계획하신 구속의 역사를 성취하시기 위해 이 세상에 세우신 구속운동기관입니다. 따라서 교회는 구약과 신약 시대에도 있었고, 과거에도 있었으며, 지금도 있고, 앞으로도 세상 끝날까지 있을 것입니다. 하나님께서 당신의 구원의 계획을 역사 안에서 이루어 나가실 때 그 방편은 교회입니다. 영광스러운 하나님의 교회 말입니다. 결국 교회는 그리스도인의 삶에 있어서 중대할 뿐만 아니라, 영원부터 작정되고 역사 안에서 실행된 하나님의 구속역사의 계획과 목적에 있어서도 매우 중대합니다.[5]

나는 교회의 건물이 얼마나 크고 화려한지에 조금도 관심이 없습니다. 나는 교회의 파이프 오르간이 얼마나 비싼 것인지 전혀 궁금하지 않습니다. 나는 교회가 종교 부지를 얻어 얼마나 많은 보상을 받았는지에 관심이 없습니다. 나는 교회의 회원 중에 유명하고 유력한 사람이 얼마나 많은지에 조금의 관심도 없습니다. 나는 교회가 참 교회인지에 관심이 있습니다. 나는 교회에

---

5 Guy Prentiss Waters, *How Jesus Runs the Church* (New Jersey: P&R Publication, 2011), 1.

참된 교회의 표지가 잘 시행되고 있는지에 관심이 있습니다. 나는 교회 직분의 동등성을 주장하는 것만큼 교회 직분의 질서를 균형 있게 강조하고 있는지에 관심이 있습니다. 나는 교회의 회원들이 교회당에서만 신자가 아니라, 세상에서도 소금과 빛의 삶을 살고 있는지에 관심이 있습니다. 나는 교회가 역사 속에서 하나님의 나라를 보여주는 가시적인 천국, 언덕위의 도성인지에 관심이 있습니다. 이 작은 책이 그런 건강한 교회를 만드는 일에 일조한다면 더 바랄 것이 없습니다.

나는 일차적으로 교회를 사랑하는 모든 그리스도인 독자를 위해 이 책을 썼습니다. 교회가 무엇인지 알기를 간절히 원하며 교회를 어떻게 섬기고 봉사해야 하는지 고민하는 진지한 그리스도인들에게 하나의 모델을 제공하려 했습니다. 둘째로, 최일선에서 교회를 섬기는 사역자들을 위해 이 책을 썼습니다. 목사를 필두로 장로와 집사와 같은 소위 중직자들은 그 누구보다 교회를 잘 알아야 합니다. 마지막으로는 현재 교회를 섬기고 있는 후배 목사들과, 앞으로 교회의 사역자들이 되어야 할 목회자 후보생들을 염두에 두고 이 책을 썼습니다. 현재 우리가 살아가는 시대는 목회하기 쉬운 시대가 결코 아닙니다. 앞으로 우리 후배들이 목회하는 시대는 더욱 어렵고 위험할 것이라 예상됩니다. 그런 시대에 목회하는 후배들에게 하나의 이정표가 되기를 소망하며 그런 후배 목회자들을 물심양면으로 잘 돕는 성도들이 많아지기를 기도합니다.

　늘 목사의 목회사역에 큰 힘이 되어주시는 당회원들과 지금까지 생사고락을 함께 해준 올곧은교회 가족들에게 감사의 말씀을 전합니다. 아울러 부족한 이의 글을 미리 읽고 귀한 추천의 글을 써주신 많은 분들께도 진심으로 감사드리며, 하나님께서 이 책을 읽는 독자들에게 교회를 더욱 뜨겁게 사랑하는 마음을 불일 듯 불러 일으켜 주시기를 간절히 기도합니다.

2021년 3월 초봄
올곧은교회 서재에서
신호섭

1부
교회

1장

교회란 무엇인가?

교회란 무엇입니까? 이 질문만큼 중대하고도 어려운 질문도 없습니다. 교회는 벨직 신앙고백서의 표현에 따르면 "참된 교회와 거짓된 교회"로 나눌 수 있으며, 웨스트민스터 신앙고백서에 따르면 "순수한 교회와 덜 순수한 교회"로 구분할 수 있습니다. 따라서 빌헬무스 아 브라켈이 말한 것처럼 모든 이들이 스스로가 어떤 회중에 속해야 할지를 분별할 수 있도록 교회의 정체성의 핵심적인 본질을 명료하게 진술해야 합니다.[1] 이는 교회와 교회에 속한 모든 회원에게도 대단히 중요합니다. 그리스도께서는 오직 참된 교회에만 계시기 때문입니다. 오직 참된 교회에서만 그리스도는 자신이 백성들을 중생시키시고 거룩하게 하시고 의

---

1 빌헬무스 아 브라켈, 『그리스도인의 합당한 예배 2, 교회론 구원론』, 김효남, 서명수, 장호준 역, (서울: 지평서원, 2019), 13-14.

롭다 하시고 영화롭게 하실 것이기 때문입니다.

또한 앞서 언급했듯이 수십 년 동안 교회를 출입했음에도 사실 왜 교회에 가는지 진지하게 생각하지 않는 사람들이 너무도 많고, 교회를 오랫동안 다니면서도 교회에 관한 잘못된 편견에 빠져 자기 마음대로 교회 생활을 하는 사람들도 너무 많기 때문입니다.

목회를 하면서 깨닫는 불편한 진실 가운데 하나는 사람들이 저마다 자기가 생각하는 대로 신앙생활을 하고 있다는 점입니다. 이는 사람들이 하나님의 계시인 성경 말씀에 복종하며 예배하고 신앙생활하기보다 자기 자신들이 좋아하는 대로 생활하기 위함입니다. 칼뱅은 죄로 말미암아 오염되고 부패한 인간 본성을 가리켜 영구한 "우상을 만드는 제조공장"(fabrica idolatorum)이라 칭했습니다. 칼뱅은 계속해서 이렇게 말합니다.

> 사람의 마음이 교만과 대담함으로 가득 차 있어서 감히 자기들의 역량대로 신을 상상해 내는 것이다. 그리고 아둔함 속에서 애쓰며 지극히 어리석은 무지에 점점 빠져 들어가서 거짓되고 허망한 허깨비를 하나님의 자리에 대신 가져다 놓는 것이다.[2]

사람들은 저마다 자신이 만든 신관을 가지고 하나님을 섬기고, 자신이 만든 구원론을 가지고 구원을 받았다고 생각합니다. 이는

---

2 존 칼빈, 『기독교강요, 상』 원광연 역 (경기: 크리스천 다이제스트, 2004), 127. (1.11.8.)

교회 문제에도 동일하게 적용됩니다. 우리가 우리 마음대로 교회를 생각하고 우리가 좋아하는 교회를 만들지 않으려면, 부단히 성경 말씀과 그 성경 말씀을 해설한 교리로 돌아가야만 합니다.

그렇다면 교회는 무엇이고 왜 필요한 것입니까? 우리는 왜 교회를 논하는 것입니까? 이유는 교회가 세속 역사에, 특별히 하나님의 구속 경륜의 역사에 필연적이기 때문입니다. 교회의 존재 목적은 무엇일까요? 칼뱅은 다음과 같이 설명합니다.

> 우리 속에서 믿음을 낳고 키워가고 그 목표에 이를 수 있도록 외부의 도움이 필요하기 때문에 하나님께서는 이러한 도움의 수단들을 주셔서 우리의 연약함을 보살피시는 것이다. 그리고 이 복음을 전하는 역사가 흥왕하도록 하기 위하여 이 보배를 교회 안에 간직하셨다.[3]

그는 계속해서 "하나님께서는 그의 자녀들을 교회의 품속으로 모으셔서 유아와 어린 아이의 상태에 있는 동안 교회의 도움과 사역을 통해 그들을 기르실 뿐 아니라 또한 그들이 장성하여 마침내 믿음의 목표에 도달하기까지 어머니와 같은 보살핌을 통해 인도하시기를 기뻐하시는 것이라"고 말합니다.[4]

장로교가 고백하는 신조인 웨스트민스터 신앙고백서는 "그리

---

3 존 칼빈, 『기독교강요, 하』 9. (4.1.1.)
4 존 칼빈, 『기독교강요, 하』 10. (4.1.1.)

스도께서는 이 [보편적인] 보이는 교회에 직분과 말씀과 하나님의 규례들을 주셔서 이 세상에서 세상 끝날까지 성도들을 모으시고 완전하게 하신다"고 고백합니다(제25장 3항). 이것이 바로 "하나님께서 아버지가 되시는 자들에게는 교회가 또한 그 어머니가 되는 것이다"는 의미입니다. 따라서 교회를 어머니로 두지 않는 자가 하나님을 아버지로 참되게 모실 수는 없는 법입니다. 서문에서 우리는 교회다운 교회를 정의하려면 모든 규범을 규정하는 성경과, 성경이 규범한 규정으로서의 역사적 개혁파 신조에 충실해야 한다고 말한바 있습니다. 하나님의 진리의 말씀으로서의 성경은 우리 신앙과 행실의 유일무이한 법칙이며, 개혁파 신조들은 그 법칙으로서의 성경의 해설집과 같은 역할을 하기 때문입니다.

무엇이 교회가 아닌가

성경과 개혁파 신조에 따르면 교회란 무엇입니까? 이 질문에 긍정적으로 답하기 위해 무엇이 교회가 아닌지를 먼저 생각해보도록 하겠습니다. 어떤 것을 긍정적으로 정의하기 위한 좋은 방법 가운데 하나가 부정(negation)의 방법, 즉 그것이 무엇이 아닌지를 생각해보는 것입니다.

　우선 무엇보다도 교회는 장소나 건물이나 규모가 아닙니다. 장소나 건물이 중요하지 않다는 말이 결코 아닙니다. 교회는 모일 장소가 필요하고 성도의 교제를 나눌 공간이 필요합니다. 종종 교회의 영적 보편적 특징을 지나치게 강조한 나머지 교회 건물 무용론을 주장하는 극단적인 사람들이 있는데, 이는 자연법칙에도 어긋나고 공정하지도 않은 어리석은 비판입니다. 『심미안 수업』의 작가로 유명한 윤광준은 『내가 사랑한 공간』에서 이렇게 말합니다.

> 즐겨 찾는 카페에서 커피를 마시고 사람을 만나면 더 즐거웠다. 충전대가 설치된 기다란 테이블에서 노트북을 켜고 글을 쓰는 일도 재미있었다. 트인 공간에서 서로의 모습을 지켜보는 쌍방교차의 시선이 불편하지 않을 수 있다는 것도 알았다. 주변의 풍광과 조화로운 건축미를 지닌 건물에서 밖을 보는 쾌감도 각별했다. 멋진 공간과 어울리는 아름다운 사람들의 자태를 흘깃거리고, 스칠 때 풍기는 향기의 쾌감을 떠올리는 특별한 경험도 인상적이었다. 공간의 분위기가 달라졌을 뿐인데 예전에 느끼지 못했던 감흥이 생겨났다.[5]

사람은 무엇보다도 공간의 존재입니다. 아담에게도 에덴동산의 공간은 필요했습니다. 사람들이 왜 그렇게 집을 떠나서 태양의 채광을 받아 더욱 탁 트이고 넓고 긴 길로 유명한 스타필드(starfield)로 나가려 할까요? 답답함을 참아낼 재간이 없기 때문입니다. 더 넓고 길고 높고 자유로운 공간을 갈구하기 때문입니다.

---

5 윤광준, 『내가 사랑한 공간들』 (서울: 을유문화사, 2019), 9-10.

우리가 교회 공간과 건물을 화려하고 사치스럽게 해서는 안 되겠지만, 쾌적하고 아름답게 꾸며야 할 이유이기도 합니다. 그럼에도 교회는 엄밀히 말하자면 공간이나 장소나 건물에 제한을 받지 않습니다. 예배당이 크다고 교회가 큰 것도 아니며, 대도시에 있다고 교회가 세련된 것도 결코 아닙니다. 그 뿐입니까! 교회는 숫자에 의해 정의되지도 않습니다. 건물이나 숫자는 크거나 작거나 늘어나거나 줄어들 때가 있지만 그리스도의 참된 교회는 그 본질과 특성상 결코 작았다가 커지거나 늘었다가 줄어들지 않습니다. 참된 교회의 숫자는 항상 고정되어 있습니다. 우리는 이것을 사람이 보는 교회와 하나님이 보시는 교회로 구분할 수 있습니다. 하나님의 택한 백성들은 고정되어 있고 불변합니다(딛 2:14; 히 12:23; 계 7:9-16).

둘째로, 교회는 세속적 의미의 사교단체나 친목단체가 아닙니다. 교회는 마음이 맞는 사람끼리 모여 커피를 마시고 쿠키를 먹으며 세상 이야기를 나누는 모임이 아닙니다. 교회는 서로 취미가 동일한 사람끼리 모여서 사이클을 타거나 골프를 치러 다니거나 캠핑을 떠나는 동호회가 아닙니다. 사도신경에 기록된 성도의 교제(교통)는 그리스도 안에서의 교제, 예배의 교제, 진리의 교제, 성찬의 교제이지, 세속적 친교의 교제를 의미하지 않습니다.

미국 유학시절에 두 가지 이유로 미국이란 나라가 부러웠는데, 그 이유는 넓은 땅과 파아란 잔디 때문이었습니다. 집 밖을 잠시만 나서도 여기저기 공원이며 잔디였습니다. 그 흔한 "들어가지 마시오"라거나 "잔디를 밟지 마시오"라는 팻말은 찾아볼 수 없었습니다. 우리나라에서 비싼 운동으로 인식되는 골프조차도 미국이란 나라에서는 누구나 할 수 있는 운동에 속했습니다. 단조로운 미국유학생활에서 할 수 있는 것이 별로 없었던 우리 가족은 지역 주민들에게 제공하는 컨츄리클럽에 가입했는데 이곳은 풀장과 골프장 헬스클럽 사우나 탁구장 당구장 기타 등등의 시설을 갖추고 있었습니다. 1천 불을 지불하고 회원권을 취득하면 1년 동안 온 가족이 클럽 안에 있는 모든 시설을 언제든지 무료로 사용할 수 있었습니다. 한국에서는 상상도 할 수 없는 일이었습니다. 주말이 되면 아이들과 함께 카트를 타고 골프도 치고, 탁구도 치고, 까페에 있는 커피와 음료를 마시며 풀장을 왔다갔다 즐겨도 누구 하나 뭐라는 사람이 없었습니다. 그야말로 내가 내 돈 주고 내 마음대로 즐길 수 있는 만큼 즐기는 것이 바로 컨츄리클럽의 매력이었습니다. 그러나 교회는 컨츄리클럽이 아닙니다. 항상 내 마음대로 해서도 안 되며, 내가 이만큼 헌금 했으니 이 정도의 권리를 누리며 대우를 요구할 수 있는 곳도 아닙니다. 더욱이 마음에 맞는 사람들끼리만 어울려 파당을 지어서도 안 됩니다(고전 3:3-5; 11:18-20). 그것은 그리스도의 십자가를 분리하고 교회를 찢는 것입니다(고전 1:13). 오히려 교회는 서로 돌아보아 사랑과 선행을 격려하는 곳이며, 이를 통해 성도를 온전하게 하고 봉사의 일을 하게 하는 곳입니다(엡 4:12; 히 10:23-25).

셋째로 교회는 정치나 사회단체가 아닙니다. 오늘날 교회가 빠지는 가장 큰 오류 가운데 하나가 그리스도의 복음진리를 전파하는 데는 조금도 관심을 두지 않으면서 오직 정치 사회문제만을 부각시키는 일입니다. 물론 교회와 그리스도인은 정치적 사안에 관해 무지해서는 안 되며, 훌륭한 그리스도인을 양육하여 사회와 국가에 공헌하는 신앙인을 키워내야 합니다. 그러나 교회는 정치선동의 장소가 아니며, 정치이념의 시녀로 전락해서도 안 됩니다. 거칠게 말하자면, 오늘날 한국교회는 마치 국가 정부의 정책에 무조건 찬동하는 부류와 반대하는 부류로 양분되어 전자는 진보 좌파, 후자는 보수 우파로 분리된 듯 보입니다. 그러나 교회는 교회와 국가의 관계를 성경적으로 신학적으로 균형 있게 견지해야 하며, 정치 문제에 편향적이어서는 안 됩니다. 더욱이 설교단을 정치적 선동의 도구로 삼는 것은 신성모독입니다. 물론 우리는 국가 정부나 정당이 잘하는 일에 대하여 칭찬하고, 동시에 잘못하거나 하나님의 말씀에 위배되는 정책을 시행할 때는 분연히 일어나 저항해야 합니다. 우리가 정치에 무관심해서는 안 될 이유입니다. 그러나 본질적으로 설교단은 국가 정부를 칭찬하거나 비판하기 위해 존재하지 않고, 하나님 나라의 복음 선포를 위해 존재합니다. 세상 나라와 정권은 항상 그랬듯이 왔다가 존재하다가 사라질 뿐입니다. 하나님의 나라와 정권만이 영원합니다(히 11:28).

　마지막으로 교회는 어떤 유력한 개인의 소유물도, 당회나 치리회의 것도 아닙니다. 규모가 작은 교회든 큰 교회든 유력한 사람들은 항상 있습니다. 그는 돈이 많은 사람일수도, 많은 교인의 지지를 받은 사람일수도, 그 지역의 유지나 토박이일수도 있습니다. 그러나 그가 누구이든 유력한 사람이 교회를 좌지우지해서는 안 됩니다. 몇 개월 전에 애정하는 후배 목사가 경기도 고양시 소재의 작은 교회 담임으로 청빙을 받은 적이 있습니다. 하지만 이 교회는 유력한 교인 한 명이 이미 몇 명의 목사를 갈아치운 전력이 있어 걱정이 많았습니다. 성격이 우직하고 신실한 후배는 신경 쓰지 않고 몸이 축나도록 열심히 사역했지만, 결국 안타깝게도 이 교인에 의해 쫓겨나고 말았습니다. 이유는 한때 방송국의 유명한 아나운서였다가 아내의 전도로 회심하여 목사가 된 분이 "설교는 꼭 목사가 아니어도 할 수 있다"고 했는데 그렇다면 "군이 목사가 설교할 필요가 있겠느냐? 앞으로는 내가 하겠다"는 것이었습니다. 후배는 그런 주장은 비성경적이고 교회 질서에도 맞지 않는 잘못된 것이라고 했지만 돌아온 대답은 "당신이 아나운서 출신의 그 목사님보다 더 똑똑하냐?"는 것이었습니다. 교회의 직분과 질서에 대해 전혀 바르게 배워본 적 없는 유력한 사람은 도리어 교회를 망칠 뿐입니다.

　또한 비록 교인들이 "교회에 말"(마 18:17)해야 하듯 당회에 교훈과 치리 즉 권징의 권한이 있다 해도 당회나 치리회 자체가 곧 교회이거나 교회를 대표하지는 않습니다. 몇 년 전 집회가 있어 경북지역의 한 교회에 내려간 적이 있는데 그 때 한 목사님으로부터 "당회가 허락하지 않으면 하늘에서 비도 내리지 않는다"는 우스갯소리를 들은 적이 있습니다. 당회의 권한이 얼마나 강력하면 하나님께서 당회의 결재를 받고 비를 내리시겠습니까? 장로교회의 정치에 있어 당회가 매우 중대함에도 불구하고 당회는 하나님을 대체할 수 있는 절대기관이 아닙니다. 도리어 당회는 매사에 겸손히 하나님의 뜻이 무엇인지를 성경을 통해 성찰하고 연구해야 합니다. 그렇게 할 때 온 교회가 그런 당회원들을 존경하고 당회의 치리에 순종하게 됩니다. 하나님을 두려워하고 하나님의 말씀 앞에 벌벌 떨며 매사에 하나님 뜻을 구하는 당회원들의 모습은 얼마나 아름답습니까! 그러나 오늘날 적지 않은 교회의 당회는 목사를 고용하는 이사회와 같습니다. 이는 오랫동안 제왕적 목회를 해온 목사 중심의 독재적 교회운영의 반동이요 폐해라 할 수 있습니다. 그러다 보니 목사와 장로의 사이가 편하지 않습니다. 수시로 시비가 붙고 교회가 분열되기도 합니다. 그 와중에 안수집사회와 권사회가 세력을 구성하여 사사건건 당회를 반대하는 일들도 심심찮게 목격할 수 있습니다. 이 문제는 교회의 직분에 대한 장에서 더 자세히 다루기로 하고, 지금은 이런 문제가 모두 교회론과 교회 안의 직분을 바르게 이해하지 못한 결과요 후유증이라고만 말해두겠습니다.

하나님이 불러내신 백성들의 모임

자, 그렇다면 이제 교회가 무엇인지를 생각해 보겠습니다. 무엇보다도 교회는 하나님이 불러내어 모인 백성들의 모임입니다. 전통적으로 구약과 신약성경은 교회를 정의하는 두 단어들 즉 "카할"과 "에다", 그리고 "에클레시아"와 "쉬나고게"를 사용해 왔습니다(시 89:5; 렘 30:20; 고전 11:28; 약 2:2). 이를 종합하면 하나님께서 부르신 모임 또는 회중을 의미합니다. 따라서 일정한 장소에 모이는 모임, 초기교회가 그러했듯 가정(오늘날 가정교회운동이 주창하는 의미의 가정이 아닌 대저택)에서의 모임, 유기체(조직)로서의 모임, 지상과 천상에 있는 모든 신자로 구성된 전체 모임이 모두 교회입니다. 바빙크는 이 에클레시아를 다음과 같이 정의합니다.

> 가장 넓은 의미에서 에클레시아(ekklesia)는 지상과 천상(히 12:23), 그리고 과거와 현재만이 아닌 미래까지를 모두 포함하는 하나님의 모든 백성들의 모임이다(요 10:16; 17:20).[6]

서론에서 언급한 것처럼 이를 가리켜 성경은 그리스도의 몸(엡 1:23), 성령의 전(고전 3:16-17), 하늘의 예루살렘(갈 4:26; 계 21:2),

---

6 헤르만 바빙크, 『개혁파 교의학』, 김찬영, 장호준 역 (서울: 새물결플러스, 2015), 997.

진리의 기둥과 터(딤전 3:15), 하나님의 집(히 10:21), 그리고 어린양의 신부(19:7; 21:9) 등으로 다양하게 표현합니다(웨스트민스터 신앙고백서 제25장 1항). 교회는 세상에 있지만, 세상에 속하지 않는다는 역설을 지닙니다. 세상 사람들은 세상 나라에서 살지만, 교회와 신자는 세상나라와 동시에 하나님의 나라에 삽니다. 교회는 이 세상에서 보이지 않는 하나님의 세상으로 부르심을 받았기 때문입니다. 교회의 시민권은 하늘에 있습니다(빌 3:20). 세상에서 밖으로 부르심을 받은 것, 그것이 교회의 의미입니다. 교회는 사도 요한의 표현에 의하면, 만주의 주시요 만왕의 왕이신 그리스도와 함께 있어 부르심을 받고 택하심을 받은 진실한 자들입니다(계 17:14).

그리스도의 몸

둘째, 교회는 오직 그리스도를 머리로 하는 그리스도의 몸이며 만물의 충만입니다(엡 1:22; 5:23; 골 1:18). 교회의 또 다른 표현 가운데 하나가 바로 "큐리아케"입니다. 교회는 주님께 속했으며 교회의 주인은 주님이십니다. 따라서 교회의 회집이나 모임 역시 그 모임이나 장소 자체로는 무의미하며 주님께 속한 모임과 장소가 될 때 진정 의미가 있습니다. 교회는 그리스도 외에 그 어떤 인간도 머리로 두지 않습니다. 교황이 교회의 머리가 아니듯, 그 어떤 유력한 목사나 장로나 교인이 교회의 머리가 될 수 없습니다. 바로 이것이 바울이 사람을 높이고 파당을 지었던 고린도 교회 교인들을 신랄하게 책망했던 이유입니다(고전 3:4-5, 22-23). 만일 누군가가 교회 안에서 그리스도를 대신하여 스스로 왕 노릇하면 그는 도리어 중세시대에 로마 교황이 그랬던 것처럼 그리스도를 대적하는 불법의 사람이요 멸망의 아들이 됩니다(웨스트민스터신앙고백서 제25장 6항). 그리스도와 그분의 십자가 복음을 설교하는 목사를 포함해서 모든 신자는 하나님 앞에서 그리스도를 가리키는 손가락일 뿐입니다. 교회는 '오직 그리스도'(solus Christus)만으로 충만해야 합니다. 교회는 예수 그리스도를 닮아 가는 일에 분투해야 하며, 은혜와 진리가 충만한 아버지의 독생자의 영광을 깊이 아는 일에 천착해야 합니다(요 1:14). 그렇게 될 때 교회는 그리스도 예수의 영이신 성령의 열매를 풍성히 맺습니다(갈 5:22-23). 그러나 그리스도를 가리키는 손가락이어야 할 사역자가 자신을 가리키며 스스로를 높인다면, 그는 영광을 하나님께로 돌리지 아니하므로 벌레에 먹혀 죽는 헤롯의 신세가 됩니다(행 12:23).

구속역사의 기관

셋째로, 교회는 영적이며, 하나님의 전체 구속경륜을 이루어 가는 구속 역사의 기관입니다. 교회는 세상의 시작부터 있었고 세상 끝 날까지 있을 것입니다(벨직 신앙고백서 제27항). 그리스도께서는 백성 없이 계실 수 없는 왕이시기 때문입니다. 따라서 교회의 본질은 그리스도를 왕으로 모시는 구원의 역사를 수행하는 기관입니다. 교회는 본질적으로 사회정의를 구현하거나 세상의 복지에 힘써야 하는 기관이 아닙니다. 교회는 구령의 기관입니다. 사회정의나 복지는 구속역사를 수행하기 위해 힘써야 하는 방편일 뿐입니다. 이 둘을 혼동해서는 안 됩니다. 따라서 교회는 사교단체도 아니고 운동단체도 아니며 사회복지시설은 더더욱 아닙니다. 교회는 예수 그리스도의 구원을 전파하는 구속역사의 기관입니다. 많은 신학자들이 그렇게 해석하듯이 세상 역사는 하나님이 허용하시는 역사요 구속역사는 하나님이 주도하시는 역사입니다. 하나님이 허용하시는 세상 역사는 하나님이 주도하시는 구속역사를 위해 존재합니다. 예수 그리스도의 역사(History)가 없는 역사(history)는 아무런 존재 의미가 없습니다. 세상 역사의 중심은 구속의 역사이며, 구속의 역사는 예수 그리스도의 속죄사역에 있고 예수 그리스도의 속죄사역은 교회를 통해 선포됩니다. 따라서 "이 교회 밖에서는 구원 받을 수 있는 통상적 가능성이 전혀 없는 것"입니다(웨스트민스터 신앙고백서 제25장 2항). 교회가 교회다우려면 교회가 교회의 본질에 충실해야 하고 모든 신자가 성경적인 교회 정체성의 본질을 더욱 명료하게 이해하고 있어야 합니다. 자, 이제 앞으로 이어지는 장들을 통해 교회를 더욱 깊이 있게 이해해 보도록 하겠습니다.

나눔을 위한 질문

❶ 교회가 무엇인지를 올바로 이해하는 일은 왜 그렇게 중요합니까?

❷ 여러분이 생각해왔던 교회는 무엇인가요? 교회에 대한 자신의 생각을 진술해 봅시다.

❸ 저자는 참된 교회를 어디서 정의해야 한다고 주장하며, 그 이유는 무엇입니까?

❹ 교회가 아닌 모습 네 가지를 말해보고 그 이유를 설명해 봅시다.

❺ 교회를 정의하는 구약과 신약성경의 용어 네 가지는 무엇이며 그 공통된 뜻은 무엇입니까?

❻ 저자가 강조하는 참된 교회의 정의 세 가지를 말해봅시다.

❼ 참된 교회는 건물이나 장소가 아니라고 했는데, 그렇다면 교회에 있어서 건물은 어떤 의미를 지니는지 토의해 봅시다.

2장
단 하나의 교회

지난 장에서 교회란 하나님께서 불러내신 백성들의 모임이라 했습니다. 그 모임은 오직 그리스도를 머리로 하는 그리스도의 몸이며, 하나님의 전체 구속경륜을 이루어가는 구속역사의 기관이라 정의했습니다. 그렇다면, 그런 교회는 어디에 있습니까? 결론적으로 말하자면, 그런 교회는 전 세계에 산재해 있습니다. 우리는 그것을 '보편교회'라 부르고, 보편교회는 놀랍게도 '단 하나의 교회'입니다. 보편교회란 하나님께서 불러내신 교회가 둘이나 셋이 아니라 단 하나만 있다는 것을 의미합니다. 신앙고백서는 보편적이고 우주적인 교회는 "눈에 보이지 않는 교회로 교회의 머리이신 그리스도 아래 과거와 현재와 미래에 하나로 모이는 모든 택함 받은 사람으로 이루어져 있다"고 고백합니다(웨스트민스터 신앙고백서 제25장 1항). 이어서 이 교회가 "참 신앙을 고백하는 온 세계의 모든 사람과 그들의 자녀들로 이루어져" 있으며, "예수 그리스도의 왕국이요, 하나님의 집이고 가족이다"라고 진술합니다(제25장 2항). 벨직 신앙고백서 역시 이 교회는 "하나의 보편적 교회 또는 우주적 교회라 불린다. 세상의 시작부터 있었고 세상 끝날까지 있을 것인데 이유는 그리스도께서 이 교회의 영원한 왕이시기 때문이다"라고 선언합니다. 나아가 이 교회는 "어떤 특정한 장소나 특정한 사람들에게 국한되거나 제한되지 않고 전 세계에 퍼져 있고 산재해" 있는데, "믿음의 능력으로 말미암아 한 분 동일한 성령 안에서 마음과 뜻으로 함께 결합되고 연합되어 있다고 주장합니다(벨직 신앙고백서 제27항).

단 하나의 교회

성경은 이런 교회를 가리켜 "하늘에 기록한 장자들의 총회와 교회"(히 12:23)라고 부르며, 신학적으로 우리는 이런 교회를 무형교회라 부릅니다. 이 교회를 무형교회라 부르는 이유는 과거와 현재와 미래의 시간과 여기저기의 공간을 초월하여 존재하는 교회이기 때문입니다. 따라서 무형교회는 우리 눈에 보이지 않으며 하나님이 보시는 교회입니다. 창세로부터 하나님께서 그리스도 안에서 택하신 총수입니다(엡 1:3-4). 그러나 동시에 이 교회는 다만 눈에 보이지 않는 상태로 존재하지 않고 우리 눈에 보이는 가시적 교회로 존재하는데, 이를 가리켜 유형교회라 부릅니다. 그러나 이런 유형교회조차도 구약의 율법시대처럼 이스라엘이라는 하나의 민족에 국한되지 않고 전 세계에 산재합니다. 신앙고백서는 이를 가리켜 주 예수 그리스도의 왕국이며, 하나님의 집이며, 하나님의 권속이라고 부릅니다(웨스트민스터 신앙고백서 제25장). 이런 무형교회는 완전하나, 유형교회는 불완전합니다. 무형교회는 불변하나, 유형교회는 가변적입니다. 무형교회는 천상적이나, 유형교회는 지상적입니다. 무형교회는 승리적이나, 유형교회는 전투적입니다. 무형교회는 유형교회보다 크고, 유형교회의 일부분은 무형교회에 포함되어 있습니다. 이를 가리켜 우리는 무형교회와 유형교회의 교집합이라 부를 수 있습니다. 유형교회에 천상의 모습과 지상의 모습이 섞여 불완전한 이유입니다. 중요한 사실은 무형교회이든 유형교회이든 그리스도를 머리로 하는 단 하나의 교회이며, 보편적으로 전 세계에 산재해 있다는 사실입니다. 보편이라는 단어 자체가 전우주적(universal), 공(통)적(catholic), 일반적(prevalent)인 의미를 지니는 것과 같은 맥락입니다.

머리이신 그리스도와의 연합

교회가 보편적인 이유는 교회의 머리가 그리스도이시기 때문입니다. 교회에 대한 성경의 일관된 정의는 바로 머리와 몸이라는 비유를 통해 묘사됩니다. 교회는 그리스도를 머리로 하는 몸입니다(고전 12:1–31; 엡 1:10, 22–23; 5:23, 27, 32; 골 1:18). 교회가 그리스도의 몸이라면 그 몸에 아무리 많은 지체가 있어도 몸은 오직 하나일 뿐입니다. 그렇기에 칼뱅 역시 "그리스도께서 여러 갈래로 찢어지지 않으시는 이상 두 개나 세 개의 교회가 있을 수 없다"라고 지적합니다.[1] 우리는 이미 앞서 교회의 이러한 특징을 가리켜 공교회(Catholic Church) 또는 우주적 교회(Universal church)라고 불렀습니다. 교회는 그리스도 안에서 서로 연합을 이루어 머리이신 그리스도를 의지하여 서로 연결되고 결합되어 있는 거대한 하나의 몸입니다. 지상에 수많은 교회가 있다 하더라도 머리는 단 하나, 주 예수 그리스도 뿐이십니다. 또한 교회의 '머리'라는 표현은 나머지 몸을 다스리는 권세와 권위를 상징합니다. 따라서 모든 교회는 머리 되신 그리스도의 다스림을 받습니다. 머리가 명령을 내림으로 손과 발이 움직이듯이 머리 없는 눈, 코, 귀, 입, 손, 발은 상상할 수 없습니다. 각각의 지체가 독립하겠다고 머리를 벗어나는 순간 그 지체가 맞이하게 될 결과는 죽음 뿐입니다. 모든 지체는 하나의 머리에 붙어있어야만 생명력을 유지합니다. 교회의 머리는 둘이나 셋일 수 없습니다. 그렇다면, 교회 역시 둘이나 셋일 수 없습니다. 웨스트민스터 대요리문답 62번과 64번은 이러한 보편교회를 '유형교회'와 '무형교회'라는 용어로 설

---

1 존 칼빈, 『기독교강요, 하』 11-12. (4.1.2.)

명하는데, 62번은 유형교회를 "참 종교를 고백하는 세계의 모든 시대와 장소에 있는 모든 사람과 그들의 자녀로 구성된 한 단체"라고 진술합니다. 이어서 64번은 "무형교회는 머리되시는 그리스도 밑에 하나로 모이며 장차 모일 택한 자의 총수"라고 말합니다. 두 문답에서 공히 강조되는 것은 바로 머리 되시는 그리스도 안에 있는 '하나'(oneness)입니다. 유형교회는 많은 조직을 가지고 있는 하나의 교회이며, 동시에 무형교회 역시 한 주 예수 그리스도를 머리로 모여드는 한 몸입니다. 전 세계에 그리고 대한민국에 수많은 교파와 교단과 지역의 교회들이 있다 할지라도 참된 교회는 오직 하나뿐입니다. 그 모든 참된 교회가 머리 되시는 그리스도와 연합되어 있기 때문입니다.

그리스도와의 연합은 교회의 생명

교회에 대한 성경과 신앙고백서와 요리문답서들의 이러한 진술은 우리에게 무엇을 시사하고 있습니까? 그것은 무엇보다도 교회의 건물이나 규모가 참된 교회를 규정하지 않는다는 점입니다. 교회의 숫자가 참된 교회를 규정하지 않습니다. 비록 장로교 헌법이 세례교인 2-30여 명이 있어야 비로소 교회라고 규정하지만 그것은 헌법의 규정입니다. 참된 교회는 그리스도와 연합하여 거룩하게 된 그 거룩과 정결함에 있습니다. 단 한 사람이라도 그리스도와 참되게 연합되어 있다면 그가 바로 교회입니다.

수많은 사람이 있다 할지라도 그리스도와 참되게 연합되어 있지 않다면 그것을 교회라 부를 수 없습니다. 칼뱅은 교회의 거룩함이란 비록 아직 완전하지 않다 하더라도 날마다 거룩을 향하여 전진한다는 의미에서 거룩하며, 이것이야말로 교회의 특징이라고 말합니다.[2] 참된 교회의 표지는 외형적인 건물이나 조직이나 규모나 크기에 있지 않습니다. 도리어 참된 교회는 진리와 기둥의 터로서 하나님의 말씀을 거짓 없이 신실하게 선포하는 것과, 주의 성례를 시행하는 것과, 악행을 제거하며 범죄자를 책벌하는 권징에 달려 있습니다. 따라서 사람이 보는 교회와 하나님이 보시는 교회는 다릅니다. 사람이 보는 교회의 숫자는 증가하기도 감소하기도 합니다. 그러나 하나님이 보시는 교회의 숫자는 고정되어 있고 절대 변하지 않습니다. 과거와 현재와 미래의 모든 교회가 그리스도 안에서 하나로 연합되어 있기 때문입니다. 참된 교회는 건물이 아닙니다. 그러므로 참된 신자와 참된 교회는 언제든지 우리의 취향이나 느끼는 욕구나 편의에 뿌리를 두지 않고 말씀 안에서 자신을 계시하시는 그리스도 안에 뿌리를 두어야 합니다.[3]

---

2 존 칼빈, 『기독교강요, 하』 33. (4.1.17.)
3 윌리엄 보에케스타인, 데니얼 R. 하이드, 『생기 넘치는 교회의 4가지 기초』 조계광 역 (서울: 개혁된 실천사, 2020), 30.

우리교회 이기주의를 극복해야

보편교회의 의미가 우리에게 던지는 두 번째 교훈은 개교회 이기주의를 극복해야 한다는 것입니다. 현대 교회의 가장 큰 병폐는 개교회 이기주의입니다. 다른 교회는 어떻게 되든지 내 교회만 성장하고 부흥하면 그만이라는 식의 이기적인 생각은 결코 성경적이지 않습니다. "나는 예수 따라가는 십자가 군사라"는 찬송(378장)이 있습니다. 나는 이 찬송을 사랑하고 자주 부릅니다. 하지만 이 찬송가에서 가장 유감인 부분은 "다른 사람 어찌든지 나 주님의 용사되리 나는 주의 군사되어 충성을 맹세하여 내가 승리하기까지 주 은혜로 싸우리"입니다. 다른 사람 어떻게 하든 상관없이 나 혼자 주님의 용사 되겠다는 말은 아닌지 딴지를 걸고 싶습니다. 물론 이 찬송가사의 충정심과 진실성을 의심할 바 없겠지만 기왕이면 우리가 다른 성도들과 함께 주님의 용사가 되면 좋지 않겠습니까? 그런데 우리는 복을 받아도 내가 받아야 하고 우리교회가 받아야 합니다. 사명을 감당해도 다른 사람이 아니라 내가 감당해야 하고 우리가 해야 합니다. 온갖 좋은 일은 모두 우리가 해야 한다고 생각합니다. 다른 교회는 어찌 되든지 교회 부흥도 우리 교회가, 예배당 건축도 우리교회가 해야 합니다. 하지만 한 교회의 어려움과 아픔은 다른 교회의 어려움과 아픔입니다. 한 교회의 연약은 다른 교회의 연약입니다. 바울은 "우리가 유대인이나 헬라인이나 종이나 자유인이나 다 한 성령으로 세례를 받아 한 몸이 되었고 또 다 한 성령을 마시게 하셨느니라"고 말합니다(고전 12:13).

이런 의미에서 큰 교회 작은 교회는 존재하지 않습니다. 오직 그리스도의 몸된 교회만 있을 뿐입니다. 큰 교회를 일궈야 대접을 받는다는 생각은 지극히 세속적입니다. 여러분들은 모두 다섯 손가락 비유를 알고 있을 것입니다. 어디선가 읽은 다섯 손가락 대화 이야기는 다음과 같습니다.

엄　지: 난 엄지야, 작고 뚱뚱하지만 우리들 중에서는 내가 최고야! 최고라고 할 때도 엄지를 번쩍 들잖아. 그 뿐이니? 주인 대신 도장도 꽝하고 찍을 수 있다고!

검　지: 아니야 내가 최고야! 저기 저 높은 하늘과 산을 가리킬 때 내가 있어야 하거든. 그리고 책장을 넘길 때도 내가 꼭 필요해.

해　설: 엄지와 검지가 싸우고 있을 때, 긴 손가락인 중지가 말했어요.

중　지: 어흠, 무슨 소리! 누구 키가 제일 큰지 대볼까? 자, 봐! 내가 크지? 그러니까 내가 최고야!

약　지: 얘들 좀 봐, 무슨 말을 하고 있는거니? 보석반지를 어디다 끼우는지 아니? 바로 나야! 그러니 내가 최고지.

애　지: 난 새끼 손가락이야. 난 하는 일이 너무 많아. 코가 간지러울 때 귀가 간지러울 때 친구들과 약속할 때 등등 내가 없으면 어떻게 해? 요렇게 작지만 내가 최고야!

해　설: 다섯 손가락이 이렇게 서로 싸울 때 손바닥이 말했어요.

손바닥: 얘들아, 그렇게 싸우지들 마! 너희들이 아무리 잘났다고 해도 손바닥인 내가 없으면 어떻게 살래?

해　설: 손바닥의 이 말에 손가락들은 너무너무 부끄러워 모두 고개를 숙였어요. 이때부터 손가락은 앞으로만 구부러지고 뒤로는 절대 구부러지지 않는대요.

바울은 "몸 가운데서 분쟁이 없고 오직 여러 지체가 서로 같이 돌보게 하셨느니라"고 지적합니다(고전 12:25). 한 지체가 고통을 당하면 모든 지체가 고통을 받고, 한 지체가 영광을 받으면 모든 지체가 또한 즐거워하게 됩니다. 모든 교회는 다른 교회들을 보살펴야 할 책무가 있습니다. 오늘날 한국교회는 내가 더 크다고 자랑하는 손가락들 같아 보입니다. 그러나 손바닥이 없으면 손가락들이 무엇이며, 손바닥이 몸과 머리에 붙어 있지 않으면 무슨 소용이란 말입니까? 이런 의미에서 내 교회는 우리 교회가 되어야 하며, 우리 교회는 더 큰 우리 교회가 되어야 합니다.

내가 목양하고 있는 교회 성도들이 나를 가끔씩 "우리 목사님"이라고 부를 때가 있습니다. 나는 성도들이 나를 그렇게 부를 때가 행복을 느낍니다. 그 '우리'에는 '나'와 '너'가 포함되어 있기 때문입니다. 이런 의미에서 분당에 있는 유명한 "분당우리교회"는 정말 이름을 잘 지은 것 같습니다. 분당이라는 지역과 우리라는 공동체성을 조합한 가장 좋은 이름이 아닌가 싶습니다. 그럼에도

'우리 교회', '우리 목사님'은 여전히 개교회적입니다. 그 우리 교회가 내 교회, 그 우리 목사님이 내 목사님만을 의미한다면, 여전히 신앙생활이나 교회생활이 개인적 차원과 이기적 차원에 머무르게 될 것이기 때문입니다. 그러므로 우리 교회는 더 큰 우리 교회, 즉 그리스도를 머리로 하는 보편교회로 확장되어야 합니다. 지상에 있는 모든 참된 보편교회가 우리 교회가 되어야 합니다.

교회는 눈에 보이는 천국

셋째로, 온 세상에 산재한 유형교회들은 승리하는 교회의 모습을 보여야 합니다. 지상교회는 어떤 의미에서 가시적 천국입니다. 보이는 교회는 보이지 않는 교회를 보여주어야 합니다. 지상교회는 청교도의 표현대로 하자면 '언덕위의 도성'입니다. 모든 사람들이 볼 수 있도록 높은 곳에 위치합니다. 이 언덕 위에서 보이지 않지만 거기 계시며 말씀하시는 하나님이 드러나야 합니다. 비록 지상의 교회가 완전하지 않고, 자주 실패하고, 넘어진다 할지라도 무형교회와 유형교회의 겹치는 부분이 있기에 앞으로 완성될 천국을 어느 정도 보여줄 기초가 있습니다. 그 기초는 그리스도와의 연합을 통해 주어지는 생명력입니다. 그러므로 교회는 그리스도께서 만왕의 왕이요 만주의 주가 되신다는 사실을 증거해야 합니다. 교회의 주인은 목사도, 장로도, 운영위원회도, 노회도, 총회도, 공의회도 그 어떤 단체도 결코 아닙니다. 오직 주 예수 그리스도만이 주인이셔야 합니다. 그 분 아래에서 우리 모두는 그분의 백성이요 청지기일 뿐입니다. 바울도 아볼로도 그저 심고 물주는 사역자들일 뿐입니다(고전 3:5-9). 그들의 사역이 고귀하고 영광스럽기는 하지만 교회의 주인이나 머리가 될 수는 없습니다. 교회는 그리스도께서 다스리시는 모습을 드러내어 세상에서 소금과 빛으로 나타나야 합니다. 그렇게 될 때, 교회는 진정 하나님과 사람 앞에서 칭찬을 받게 됩니다(마 5:13-16).

교회를 개척하면서 이름을 '올곧은교회'라고 정했습니다. 이유는 교단과 교회의 분열을 경험하면서 동시에 일부 한국교회의 일탈을 보면서 바르고 곧으며 진실하고 정직한 그리스도의 제자를 양성하는 교회를 건설하기 위함이었습니다. 비록 연약하고 부족해도 성경적으로 바르고 올곧게 목회하자는 취지였고 그렇게 신앙생활하자는 목적이었습니다. 그러자 주변에서 다양한 반응이 나타났습니다. 때로는 교회 이름을 왜 그렇게 지었냐고 힐난의 소리가 들려왔다. "교회 이름을 왜 형용사로 지었느냐?"부터 시작해서 "너의 교회만 올곧냐?" 등등 다양했습니다. 반면 교회 이름이 너무 좋다며 호기심을 보이는 사람들도 있었습니다. 초창기 우리 교회 성도들은 교회 이름이 주는 중압감으로 많은 부분에서 자유하지 못했습니다. 뭘 해도 과연 이게 올곧은 것인지 또한 어디까지가 올곧은 것인지 걸리는 것이 한두 가지가 아니었습니다. 하지만 시간이 많이 흐르자 이제는 매우 자유로워졌습니다. 이유는 우리는 평생 올곧음을 지향하는 것이지 지상 생애에서 완전히 올곧을 수는 없다는 것을 깨달았기 때문입니다. 완전히 올곧으신 분은 오직 한 분 주 예수 그리스도 뿐이십니다. 우리는 모두 하나님의 은혜로 믿음을 통해 그리스도 예수 안에서 올곧음을 전가받았습니다. 개혁주의 신학을 기초로 올곧음을 지향하려는 교회의 정체성은 그리스도 안에 있는 그 전가된 힘으로 여전히 지켜지고 있습니다. 비록 우리가 완전히 올곧지 못해도 교회는 올곧으려 분투하고 애써야 합니다.

몇 년 전 분당에서 목회하는 후배로부터 재미있는 이야기를 들었습니다. 분당에서 목회에 성공하려면 고난에 대해, 율법에 대해, 죄에 대해, 지옥에 대해 설교해선 안 된다는 것이었습니다. 분당이 천당이기 때문에, 분당(천당)에 사는 교인들이 싫어한다는 것입니다. 천당같이 모든 것이 풍족하고 안락하고 편하고 즐거운 분당에 사는 사람들은, 굳이 고난이나 율법이나 죄나 천당이나 지옥에 대해 듣거나 고민할 필요가 없다는 것입니다. 우스갯소리라 믿습니다. 또한 분당에 거주하는 많은 진실하고 경건한 그리스도인들이 있으리라 믿습니다. 그리스도인은 이 세상에 살지만 이 세상에 영구히 살지 않을 것처럼 살아야 합니다. 그리스도인의 시민권이 하늘에 있기 때문입니다(빌 3:20). 바울은 고린도교회 성도들에게 편지하면서 "아내 있는 자들은 없는 자 같이 하며, 우는 자들은 울지 않는 자 같이 하며, 기쁜 자들은 기

쓰지 않은 자 같이 하며 매매하는 자들은 없는 자 같이 하며 세상 물건을 쓰는 자들은 다 쓰지 못하는 자 같이 하라"고 명령했습니다. 이유는 "이 세상의 외형이 지나"가기 때문입니다(고전 7:29-31). 칼뱅은 영생에 대한 묵상의 결론에서 다음과 같이 말합니다.

> 그러므로, 이제 올바른 생각을 갖도록 하자. 그리고 우리의 육체가 눈먼 상태에서 어리석은 것들을 사모하며 아무리 방해한다 할지라도, 머뭇거리지 말고 주님이 강림하시기를 기다리자. 주께서 오시기를 그냥 사모하는 정도가 아니라, 그 일을 모든 일 가운데 가장 고귀한 일로 여기고 한숨과 탄식으로 간절히 바라고 기다리도록 할 것이다. 주께서 반드시 구속주로 강림하사 악과 비참이 가득한 이 깊고 깊은 구렁텅이에서 우리를 구원하셔서 그의 생명과 영광의 복된 기업을 얻도록 인도하실 것이다.[4]

교회 밖에는 구원이 없다!

마지막으로 공교회성을 회복하고 보편교회를 강조한다고 해서 유형교회를 무시해야 한다는 말은 전혀 사실이 아닙니다. 왜냐하면 "이 교회 밖에서는 구원의 통상적 가능성이 없"기 때문입니다(웨스트민스터 신앙고백서 제25장 2항). 물론 이 말은 초대교부 키프리안(Cyprian)이 말한 "교회 밖에는 구원이 없다"(Extra ecclesiam nulla

---

4 존 칼빈 『기독교강요, 중』 원광연 역 (경기: 크리스천 다이제스트, 2004), 239-240. (3.9.5.)

salus)는 금언을 반영한 표현입니다.[5] 로마가톨릭교회는 이것을 왜곡하여 로마 교황의 통치 하에 있는 로마가톨릭교회 밖에서는 구원받을 수 없다고 가르쳤습니다. 그러나 웨스트민스터 신앙고백서는 "구원의 통상적인 가능성이 존재하지 않는다"고 올바르게 말합니다. 사람들이 교회 밖에서도 구원을 얻을 가능성이 있지만 그것은 매우 희박한 일입니다. 왜냐하면 앞으로 살펴볼 은혜의 방편으로서의 말씀의 가르침과 사역, 그리고 성례의 시행이 바로 이 유형교회에 맡겨져 있기 때문입니다. 하나님께서 그것을 구원의 방편으로 작정하셨고 교회에 주셨습니다. 스프로울의 표현대로 하자면, "구원을 위한 은혜의 수단이 중심을 이루는 것은 여전히 통상적으로 유형 교회 안에서이며 은혜의 수단이 거기에 집중되어 있기 때문"입니다.[6] 그러므로 공교회를 강조하는 신자는 언제든 유형교회의 신앙생활에 성실해야만 합니다.

그렇다면, 교회라는 간판을 달고 있기만 하면 모든 교회에 구원이 있다는 말입니까? 이단들도 교회라는 이름을 쓰고 있는데 그런 단체에도 구원이 있다는 말일까요? 그렇기에 우리는 이제 이어지는 장에서 참된 교회와 거짓된 교회를 살펴보아야 합니다.

---

5 헤르만 바빙크, 『개혁파 교의학』 998-999. 재인용. 키프리아누스에 따르면 주 하나님이 한 분이신 것처럼 오직 하나의 교회, 하나의 양떼, 한 분의 어머니만 존재하는데, 그 어머니로부터 모든 신자가 태어났으며 이 교회 밖에는 구원이 전혀 없다. Cyprian, *De unitate ecclesiae* (New York and Toronto: Macmillan, 1928), 5, 7.

6 R. C. 스프로울, 『웨스트민스터 신앙고백 해설, 3』 김찬영, 이상웅 역 (서울: 부흥과개혁사, 2000), 76-77.

나눔을 위한 질문

❶ 보편교회의 뜻은 무엇입니까?

❷ 무형교회와 유형교회의 공통점과 차이점을 설명해 봅시다.

❸ 전 세계에 단 하나의 교회가 있다는 것은 무엇을 의미합니까?

❹ 현대교회의 가장 큰 병폐는 무엇이며, 그것은 왜 나쁜 것입니까?

❺ 교회는 이 세상에서 어떤 모습을 보여주어야 합니까? 그 구체적인 실천 방법은 무엇이 있을지 토의해 봅시다.

❻ "교회 밖에는 구원이 없다"는 말의 정확한 의미를 설명해 봅시다.

❼ 칼빈의 "영생에 대한 묵상"은 우리에게 어떤 삶의 자세를 견지하게 만드는지 토의해 봅시다.

3장

참된 교회와 거짓된 교회

웨스트민스터 신앙고백서는 교회가 교회 되게 하는 필수적인 요소의 시행 여부에 따라 순수하거나 덜 순수한 교회가 있다고 말합니다(제25장 4항). 그러나 놀랍게도 신앙고백서는 계속해서 "하늘 아래 가장 순수한 교회라 할지라도 혼합과 오류에서 벗어날 수 없"으며 "일부 교회는 너무 타락하여 그리스도의 교회가 아니라 사탄의 회당이 되기도 한다"고 진술합니다(제25장 5항). 이런 진술은 상상하기 무서운 말이지만 전혀 생소한 말은 아닙니다. 사도 요한 역시 서머나 교회에 편지하면서 "내가 네 환난과 궁핍을 알거니와 실상은 네가 부요한 자니라 자칭 유대인이라 하는 자들의 비방도 알거니와 실상은 유대인이 아니요 사탄의 회당이라"고 선언했기 때문입니다(계 2:9; 3:9). 미국 낙스 신학교의 교회사 교수인 조나단 거스너 박사는 다음과 같이 말한바 있습니다. "사탄은 무엇이든지 위조하는데 천재적인 자질을 가지고 있다. 그는 거짓말쟁이요 거짓의 아비이다. 사탄이 위조해 만들어낸 것 중에 가장 기가 막힌 것은 거짓 교회를 만들어 내는 것이다. 하나님의 말씀은 스스로 '교회' 또는 '회당'이라고 감히 자처하지만 사실상은 사탄의 하수인에 불과한 조직이 존재한다는 점을 분명히 말씀하고 있다." 이런 이유 때문에 "우리는 이 세상에 있는 모든 분파들이 스스로를 교회라는 이름으로 부르고 있기 때문에 참된 교회가 무엇인지 신중하게 분별"해야 한다고 경고하는 것입니다(벨직 신앙고백서 제29항, 참된 교회와 거짓된 교회의 차이점). 교회라는 간판을 달았다고 해서 모두가 참된 교회는 아니라는 말입니다. 벨직 신앙고백서는 이 두 교회, 즉 참된 교회와 거짓된 교회는 "쉽게 알 수 있으며 서로 분명하게 구별된다"고 덧붙입니다.

따라서 우리는 비록 벨직 신앙고백서가 참된 교회와 거짓된 교회로 구분하고 있지만, 웨스트민스터 신앙고백서가 잘 말하고 있듯이 이 두 교회 사이에 순수한 교회와 덜 순수한 교회가 존재할 수 있다는 것을 염두에 두어야 합니다. 뿐만 아니라 어떤 교회가 참된 교회이며, 또 어떤 교회가 거짓된 교회인지를 구별하는 것은 언제나 쉬운 일이 아님을 명심해야 합니다. 아울러 우리는 참된 교회와 거짓된 교회를 구분하는 심판자나 판별자가 아님을 또한 명심해야 합니다. 교회 안에 알곡과 가라지를 구분하고 심판하실 분은 오직 한 분 재림하실 주 예수 그리스도 뿐입니다(마

3:12; 13:25-30). 우리는 다만 역사상 거짓된 교회들의 특징을 살펴보면서 타산지석으로 삼고, 순수하고 참된 교회로 설 수 있도록 부단히 노력할 뿐입니다.

교회 자체의 전통과 법령을 숭배하는 교회들

그렇다면 거짓된 교회는 어떤 특징을 가지고 있을까요? 벨직 신앙고백서 제29항은 거짓된 교회의 네 가지 특징을 진술합니다. 그 첫째로 거짓된 교회는 하나님 말씀보다 자신과 자신의 법령에 더 큰 권세와 권위를 돌리고 그리스도의 멍에 아래 복종하지 않습니다. 하나님 말씀의 권위보다 사람의 말이 더 큰 권위를 갖습니다. 하나님 말씀보다 사람의 말에 복종하게 만든다면 그것은 거짓 교회의 가장 큰 특징입니다. 그렇기에 신앙고백서는 로마가톨릭교회의 교황은 교회의 머리가 아니며 적그리스도라고 신랄하게 비판합니다(웨스트민스터 신앙고백서 제25장 6항). 하나님 말씀에 입각한 장로회 정치를 하지 않고 한 목사나 장로가 또는 어떤 유력한 교인이 혼자 독단적으로 교회를 쥐락펴락 모든 권세를 행사한다면 그것은 결코 참된 교회가 아닙니다. 참된 교회는 도리어 개인과 기관의 모든 판단과 결정을 성경 앞으로 가져와 성경말씀에 복종시킵니다. 왜 그렇게 해야 합니까? 그리스도인은 성경의 충분성, 충족성을 믿는 사람이기 때문입니다. 어떤 교회라도 성경에 충실하지 않다면, 순수할 수 없고 참될 수 없습니다. 우리는 성경에 충실하지 않으면, 언제든지 자신에게 충실한 이기주의적 존재이기 때문입니다. 교회와 그리스도인의 싸움은 언제나 이것이어야 합니다. 바울은 고린도교회에 편지하면서 이렇게 권면합니다. "우리의 싸우는 무기는 육신에 속한 것이 아니요 오직 어떤 견고한 진도 무너뜨리는 하나님의 능력이라 모든 이론을 무너뜨리며 하나님 아는 것을 대적하여 높아진 것을 다 무너뜨리고 모든 생각을 사로잡아 그리스도에게 복종하게 하니"(고후 10:3-4). 그 무엇도 성경을 대체할 법령은 없습니다.

교회의 역사가 쌓이면 전통이 생기고 전통은 고스란히 관습법과 법령의 권위를 지니게 됩니다. 전통은 본래 좋고 유익한 것이지만, 딱 거기까지만입니다. 전통이 성경의 권위를 앞선다면 전통은 우상이 됩니다. 교회의 습관, 사람의 전통이 성경을 대체하면 그 교회는 진리에서 크게 이탈하게 됩니다. 교회가 진리에서 한 번 두 번 이탈하다가 계속 이탈하면, 다시 진리로 귀환할수 없을 정도로 타락하게 됩니다. 그런 교회는 여호와의 영광이 함께 하실 수 없습니다. 하나님은 진리이시기 때문입니다. 그러면, 하나님의 참된 백성들은 그런 교회에서 나와야 합니다. "내 백성아 거기서 나와 그의 죄에 참여하지 말고 그의 받을 재앙들을 받지 말라"(계 18:4)

목회를 하다보면, "우리는 한 번도 그렇게 해본 적이 없어요!", "우리는 그렇게 안 해요!" 라는 말을 종종 듣게 됩니다. 이 말은 성경이 권위가 아니라 "우리"라는 전통이 궁극적 권위라는 말입니다. 권사회에서 반대하여 예배당 휘장(커튼)의 색상을 바꾸는데 몇십 년이 걸린다는 우스갯소리가 있습니다. 당회가 외출이나 휴가를 허락하기 전에는 목사는 언제든지 교회와 사택에 머물러 있어야 한다는 교회도 있다고 합니다. 숨이 막혀서 어디 살 수 있겠습니까? 우리는 본질에는 일치해야 하지만 비본질에는 관용을 베풀 줄 알아야 합니다. 알리스터 맥그라스는 기독교 교리가 본질적 교리와 부차적 또는 이차적 교리로 구성되어 있다고 말합니다.[1] 본질적 교리는 예수 그리스도의 신성과 인성, 성령의 신성, 삼위일체, 칭의와 양자와 같은 구원을 좌우하는 근본적인 교리로서 타협할 수 없는 것입니다. 반면 부차적 교리는 세례의 방법의 차이나, 성찬의 시행 횟수와 같은 것들로서 구원을 좌우하지 않는 교리로서 포용 가능한 것입니다. 우리 주변에는 본질적이고 근본적인 중차대한 교리는 온데간데없고 부차적이고 이차적인 교리에 목숨을 거는 사람들이 있습니다. 마치 하루살이는 걸러내고 낙타는 삼키는 어리석은 맹인의 모습이 아닙니까(마 23:24)? 이것이야말로 외식하는 서기관과 바리새인들의 모습이 아닙니까?

---

1   알리스터 맥그라스, 『기독교 교리이해』 정진오 역 (서울: 기독교문서선교회, 2006) 97-98.

그리스도께서 제정하지 않은 성례를 행하는 교회들

둘째로 거짓된 교회는 그리스도께서 명하신 대로 성례를 집행하지 않으며 자신의 판단에 따라 성례에 무언가를 더하거나 덜어냅니다. 성례의 순수한 집행은 참된 교회의 중대한 표지 가운데 하나입니다. 거짓된 교회는 그리스도께서 제정하신 세례와 성찬 이외에 다른 성례를 더 발명하기도 하고 기존의 성례를 미신적으로 집행하기도 합니다. 중세 로마가톨릭교회는 주님이 제정하신 세례와 성찬 외에 다섯 가지를 더하여 7성례를 시행했습니다. 하나님의 말씀에 무엇인가를 더하거나 빼는 것은 거짓된 교회의 가장 분명한 특징입니다. 그리스도인들은 언제든지 하나님의 모든 말씀을 지켜 행하고 그것에 가감해서는 안 됩니다(신 4:2; 12:32). 종교개혁의 교회는 오지 주님이 직접 제정하신 세례와 성찬식 외에 로마가톨릭교회가 발명한 다섯 가지를 제거하였으며, 세례식과 성찬식조차도 성경적으로 개혁했습니다.

로마가톨릭교회의 성찬 교리를 보통 성변화설(transubstantiation)이라고 부릅니다. 사제가 미사(mass) 의식을 통해 빵과 포도주를 높이 들어 올리는 것을 성체거양식(elevatio)이라 합니다. 바로 그 순간에 빵과 포도주가 문자 그대로 예수의 살과 피로 변한다는 것입니다. 성질이 변한다 해서 성변화설이라고 부르는 것입니다. 화체설보다 성변화설이 훨씬 더 정확한 표현입니다. 하나님 보좌 우편에 계신 그리스도의 몸이 땅으로 내려와 빵과 포도주에 실제로 들어간다는 교리입니다. 결국 빵과 포도주가 들어 올려지는 순간에 예수 그리스도는 이 의식에 다시 한 번 (실제적) 희생양으로 임재한다는 것입니다.[2] 이는 참된 예배가 아닌 예수 그리스도를 두 번 세 번 십자가에 못 박는 신성모독 행위입니다. 그런데 개신교회 목사들이 이런 가톨릭 의식을 아무 거리낌 없이 행합니다. 자신의 판단에 따라 떡을 높이 올리는 성체거양 (elevation)을 시연하거나 다 마신 잔을 교회나 집에다 놓고 오며 가며 복을 빌고 기도하게 하는 것은 성경이 가르치지 않는 우상숭배이며 미신입니다.

교회를 개척하기 몇 년 전에 짧은 시간동안 도움을 주었던 교회가 있었습니다. 그 교회의 한 성도가 문의를 해왔습니다. 성찬식에서 목사님이 떡과 포도주를 높이 들어 올리는 의식을 행한 후에 떡과 포도주를 나누었고, 이어서 마시고 난 잔은 매우 귀중한 것이니 집에 가지고 가서 가장 중요한 장소에 보관하여 아침저녁으로 보면서 마음으로 기도하고 복을 빌라는 것이었습니다. 이것이 과연 성경적이냐는 질문이었습니다. 참으로 아연실색할 노릇이었습니다. 장로교 목사가 로마가톨릭교회 사제처럼 의식을 집례하는 것도 모자라 잔을 숭배하라고 가르치다니요! 그래서 웨스트민스터 신앙고백서는 이런 규례 즉 성례가 시행될 때

---

2 신준형, 『루터와 미켈란젤로』 (서울: 사회평론, 2013), 30-31.

그것이 얼마나 순수하게 그리고 덜 순수하게 이루어지느냐에 따라 순수한 교회 또는 덜 순수한 교회가 되기도 한다고 말한 것입니다.

사람을 의지하는 교회들

셋째, 거짓된 교회는 그리스도보다 사람을 더 의지합니다. 바울은 갈라디아 교회에 편지하면서 "이제 내가 사람들에게 좋게 하랴 하나님께 좋게 하랴 사람들에게 기쁨을 구하랴 내가 지금까지 사람들의 기쁨을 구하였다면 그리스도의 종이 아니니라"고 말했습니다(갈 1:10). 사람을 의지하는 것은 사람의 기쁨을 구하는 것과 같습니다. 하나님을 의식하기보다 사람을 의식하여 하나님보다 사람을 더 기쁘게 하는 것 말입니다. 강단의 설교도 세례와 성찬도 권징도 행정도 결혼식도 장례식도 모두 다 사람들의 귀를 즐겁게 해주는 것이라면 거짓된 교회일 가능성이 농후합니다. 인간의 제일되는 목적은 하나님을 영화롭게 하고 하나님을 즐거워하는 것이지 사람을 즐겁게 하는 것이 아닙니다(소요리문답, 대요리문답 제1번). 이런 의미에서 목회자들은 예배당을 사람들로 가득 채우기 위해 설교하는 것이 아니라 그들을 지옥으로부터 구원하기 위해 설교하는 것이라 말한 로이드-존스 박사의 말을 다시 한 번 새겨들어야 합니다.

교회는 언제든지 사람이 많이 모이는 것을 경계해야 합니다.

목사의 설교가 교인들을 좌우하기도 하지만 교인들이 목사의 설교를 좌우하기도 합니다. 만일 교회에 참된 말씀이 분명하게 선포되지 않아 불신자들이 점점 더 많아진다면 목사의 설교는 자연스럽게 그들을 의식할 수밖에 없습니다. 목사는 그들을 의식하며 그들을 위해 설교하게 될 것이고, 이는 고스란히 의식하든 그렇지 않든 교회 내의 불신자들을 의지하는 교회를 만들게 됩니다. 그렇게 되면 소수의 참된 성도들은 말씀의 기갈을 만나 굶주려 죽거나 교회를 떠나게 됩니다. 교회 안에 참된 성도가 많으면 건강한 교회가 되지만, 불신자가 많으면 그 교회는 어려움을 겪게 됩니다. 어떤 의미에서 고린도교회의 편당은 고린도교회 내의 옳다 인정함을 받은 자들이 나타나게 되는 방편이 됩니다(고전 11:18, 19). 만일 한 교회 내에 분파주의자들이 소수라면 그런 편당을 통해 다수의 성도들로 구성된 교회가 잘 유지됩니다. 마찬가지로 만국 보편교회 내에 편당을 일삼는 교회가 소수라면 그런 편당을 통해 전체 보편 교회가 잘 유지됩니다. 그러나 그런 편당의 세력이 더 우세하게 영향을 끼친다면 한 교회와 전체 보편교회가 아주 큰 어려움을 겪게 됩니다.

성도도 마찬가지이지만 목회자는 더더욱 하나님을 의지하는 목회를 해야 합니다. 목사가 사람을 의지하기 시작하면, 점점 하나님과 말씀이 계셔야 할 자리에 사람을 앉히게 됩니다. 그게 도가 지나치면 사람을 위한, 사람에 의한, 사람의 교회가 됩니다.

그러나 참된 교회는 하나님의 영광을 위한, 하나님에 의한, 하나님의 교회가 되어야만 합니다.

참된 교회를 핍박하는 교회들

마지막으로, 거짓된 교회는 하나님의 말씀에 따라 거룩하게 살면서 거짓된 교회의 오류와 탐욕과 우상숭배를 책망하는 참된 교회를 도리어 핍박합니다. 어두움은 필연적으로 빛을 싫어합니다. 불경건은 거룩을 미워합니다. 거짓은 진리를 핍박합니다. 성경대로 바르게 설교하고 가르치고 전도하고 예배하는 성도들과 참된 교회를 따돌리고 박해합니다. 귀도 드 브레의 시대나 웨스트민스터 신앙고백서 작성 당시의 로마가톨릭교회가 그러했습니다. "성경대로 바르게 하자"라고 말하면 너희만 옳고 바르냐고 조롱하고 조소합니다. 왜 이런 일이 벌어지는 것일까요? 앞서 언급한 대로 거짓 교회 안에는 그리스도의 주인 되심과 그리스도의 복음은 무시하면서도 자신은 하나님을 믿는다고 주장하는 불신자들이 매우 많기 때문입니다. 이런 거짓 교회가 바로 교회 안에 불신자들을 키울 수 있는 가장 최적의 장소입니다. 이것이 사탄의 방식입니다. 참된 교회 옆에 바로 위조된 교회를 세워 혼란을 일으키는 것이 사탄의 전술전략입니다. 그리스도를 개인적인 구세주로 고백하지 않으면서도 교회의 구성원이 되며, 그런 사람들이 많아질 때 교회는 참된 모습을 잃어가게 됩니다. 대요리문답은 복음을 듣고 유형교회 안에서 생활하는 사람들이 다 구원을 얻을 수 있는 것은 아니고 다만 무형교회의 진정한 회원만이 구원을 얻는다고 진술합니다(제61번).[3]

성경은 형제가 형제를, 아버지가 자식을 죽는 데에 내어주며 자식들이 부모를 대적하여 죽게 할 것이라고 경고합니다(마 13:12). 우리는 오늘날 코로나 사태를 맞아 신자가 신자를 비난하고, 목사가 목사를 정죄하며, 교회가 교회를 공격하는 초유의 사태를 경험하고 있습니다. 긍휼과 자비의 마음보다는 분노와 판단과 정죄의 영이 앞서는 시대입니다. 이웃의 생명을 보존하기 위해 현장예배를 잠시 중단한 교회를 너무 쉽게 공예배를 포기한다며 비겁하다고 매도합니다. 철저하게 방역수칙을 지켜가며 눈물겹게 예배를 드리면서 정부나 지자체 정책의 과도함과 불편 부당함을 정당하게 항의하려는 교회를 조리돌림하며 매도합니다. 심지어 교회의 한 대학생이 자신이 출석하고 있는 교회가 예배를 드린다고 신고하여 경찰이 출동했다는 이야기까지 들립니다. 어느 나라 사회와 조직이건 교회와 그리스도인을 죽기보다 싫어하고 미워하는 세력은 존재합니다. 교회와 국가의 관계에 대해서는 후에 좀 더 상세히 살펴볼 것입니다. 여기서는 다만, 우리 모든 그리스도인들이 다른 교회를 향한 날선 칼날을 거두

---

3 J. G. 보스 & G. I. 윌리암슨, 『웨스트민스터 대요리문답 강해』, 류근상, 신호섭 역 (고양: 크리스챤 출판사, 2007), 209-210.

어 자신을 개혁하는 일에 집중하도록 자중하고 절제해야 한다는 말로 대신하겠습니다.

말씀을 통한 영적 교통

그렇다면 어떤 교회가 참된 그리스도의 교회입니까? 로마가톨릭교회는 사도로서의 베드로의 권좌와 권위를 직접 계승한 교황의 사도적 권위가 참된 교회의 표지라고 주장했습니다. 그러나 개혁교회는 말씀을 통한 성도들의 무형적이고 영적인 교통을 참된 교회의 표지로 보았습니다. 종교개혁자들은 교황의 권위를 부인함으로써 교회계급조직의 특권을 포기했고 대신 하나님의 말씀을 택했습니다. 그 이유는 그 어떤 인간의 권위도 참된 교회의 표지를 대신하거나 결정할 수 없기 때문입니다. 그러므로 종교개혁은 교회의 구조나 조직이 아니라 오직 복음만을 참 교회의 기준으로 삼았던 것입니다. 따라서 참 교회를 알아볼 수 있는 표지는 오직 "성경에 대한 충실함" 뿐입니다. 무엇보다도 사도적 복음을 전하는 교회만이 참 교회입니다(행 2:42; 갈 1:8). 그렇다면 교회의 가장 확실한 표지가 말씀의 사역임에는 두말할 여지가 없습니다. 모든 표지는 바로 이 말씀으로부터 흘러나옵니다.

　아브라함 카이퍼 박사는 오직 말씀의 선포와 성례의 시행만을 교회의 표지로 보았습니다. 조직신학자 루이스 벌코프는 권징의 시행이 교회 안에서만 독점적으로 발견되는 것은 아니지만 교회의 순결을 유지하는데 절대적으로 필요하기 때문에 역시 교회의 표지가 된다고 주장합니다. 에드먼드 클라우니 박사는 말씀으로부터 다른 두 표지, 즉 성례와 권징을 이끌어 낼 수 있다고 말합니다. 말씀은 성례의 집행에 의해 보증되어야 하며, 말씀과 성례를 적절히 집행함으로 말미암아 교회의 권징이 수반되게 한다는 것입니다.

즉, 말씀과 성례와 권징의 시행은 유기적으로 연합되어 있습니다. 웨스트민스터 신앙고백서(제25장 4항; 제30장), 벨직 신앙고백서(제29항)가 공히 순수한 복음 교리의 설교, 성례의 순수한 집행, 교회의 권징을 참된 교회임을 알 수 있는 표지로 제시한 것이 바로 이런 이유 때문입니다. 참된 교회는 오직 하나님의 말씀에 따라 가르치고 행정하고 치리하며, 말씀에 반대되는 모든 것을 배격하고 교정하며 오직 주 예수 그리스도만 교회의 유일한 머리로 인정하는 교회입니다. 이런 이유로 우리는 다음 장에서 참된 교회의 3대 표지를 살펴볼 것입니다.

나눔을 위한 질문

❶ 교회에 대한 웨스트민스터 신앙고백서와 벨직 신앙고백서의 진술의 차이점을 말해봅시다.

❷ 거짓된 교회 또는 덜 순수한 교회의 네 가지 특징을 설명해봅시다.

❸ 성경과 전통의 올바른 관계는 무엇입니까?

❹ 개혁교회는 로마가톨릭교회의 7성례를 왜 비성경적이라고 간주하고 배격합니까?

❺ 목사의 설교가 교회를 좌우하고 교인이 목사의 설교를 좌우한다는 말은 무엇입니까?

❻ 참된 교회 옆에 무엇을 세우는 것이 사탄의 전술전략입니까?

❼ 종교개혁은 참된 교회의 표지를 어디에 두었으며, 그것은 왜 중요합니까?

4장

참된 교회의 표지

역사적으로 개혁교회는 순수한 복음 교리의 참된 설교, 성례의 합당한 집행, 권징의 신실한 시행을 참된 교회의 기준으로 제시했습니다. 이 세 가지 특징은 교회의 참된 표지들(marks)라 불리는데, 표지란 무엇인가를 나타내는 표시, 특징, 상징과 같습니다.

우리는 책의 표지를 통해 그 책이 무슨 책인지를 알 수 있습니다. 책의 표지는 실제 책 크기보다 좀 더 크고 넓게 만들어서 안쪽으로 집어넣어 표지 모서리의 손상을 줄이고 책의 강도를 높여주며 본문을 보호해 줍니다. 이를 참된 교회의 표지에 적용하면, 참된 교회의 표지는 교회의 손상을 줄이고 교회의 강도를 높여주며 교회의 활동을 보호해 줍니다. 우리는 이런 표지를 통해 어떤 교회가 참된 교회인지를 가늠할 수 있습니다.

그러나 안타까운 사실은 교회의 3대 표지가 신자 개인과 교회의 영적 상태가 서기도 하고 넘어지기도 하는 매우 중요한 주제임에도 불구하고, 대다수가 교회의 참된 표지에 별 관심이 없다는 것입니다. 어떤 이들은 숫자가 많이 모이고 성장만 하면 그만이지 교회의 표지들에 신경쓸 필요가 무엇이냐고 묻습니다. 그러나 큰 성 바벨론 제국을 교회라 부르지 않습니다(계 13: 3; 18:10). 역사상으로 이단들 역시 엄청난 숫자의 외형과 크기를 자랑했으나 성경은 교회의 외형을 참된 교회를 구별하는 표지로 제시한 적이 없습니다. 참된 교회의 표지를 통해 거짓된 교회를 분별하는 것은 신자 개인의 운명과 교회의 영적 상태에 굉장히 중요하고 필요한 지식입니다.

그렇다면 우리는 왜 참된 교회를 그 표지에서 찾습니까? 이유는 교회의 모든 거룩은 그 교회의 회원들에게서가 아니라 주로 교리 및 객관적 제도, 은혜의 방편들, 그리고 예전에서 발견되는 것이기 때문입니다.[1] 우리가 교회라는 명칭이나 간판에 속지 않으려면 교회라는 명칭을 주장하는 모든 회중을 교회의 참된 표지를 표준으로 삼아 테스트해야만 합니다.[2]

---

1 헤르만 바빙크, 『개혁파 교의학』 999-1000. 바빙크는 이어지는 지면에서 이렇게 말한다. "참된 가시적 교회의 표지는 말씀과 성례의 순전한 시행이다. 교회는 성도들의 교제요 신실한 자들의 모임이다. 말씀이 선포되고 말씀에 따라 성례가 시행되는 곳이라면 요람에 누운 유아들만 있는 곳이라 하더라도 그곳에 하나의 교회가 존재한다고 확언할 수 있다." Ibid., 1001.
2 존 칼빈, 『기독교강요, 하』 25. (4.1.11.)

순수한 복음 교리의 참된 설교

웨스트민스터 신앙고백서(제21장 5, 6항, 제25장 4항)와 벨직 신앙고백서(제29항)는 참된 교회와 거짓된 교회의 분별기준의 수위성으로 복음적 교리의 설교를 말합니다. 바빙크 역시 참된 교회를 판단할 수 있는 유일한 기준은 성경 그 자체라고 말합니다.

> 참된 교회는 진실로 오직 한 가지 표지만을 가지고 있다. 즉 설교와 가르침과 신앙고백과 성례와 삶 속에서 다양하게 시행되고 고백되는 하나님의 말씀이다. 말씀, 오직 말씀만이 진실로 교회의 영혼이다.[3]

말씀이 교회의 영혼이라는 말은 이미 칼뱅이 기독교강요에서 즐겨 사용한 표현입니다. 실로 교회의 모든 사역이 말씀사역이며, 심지어 교회의 권징 역시 말씀에서 비롯됩니다. 말씀이 교회의 영혼이라면, 권징은 몸의 지체들을 하나로 묶어서 제자리를 지키도록 해주는 근육의 역할을 합니다.[4]

참된 하나님의 말씀 설교는 반드시 교리적이어야 하는데, 교리는 하나님의 말씀인 성경의 가르침의 총체이기 때문입니다. 하나님께서 죄인을 구원하시고 구속의 혜택을 전하시고 그들을 거룩케 하시는 은혜의 방편이 복음 설교인데, 죄인 구원과 거룩

---

3 헤르만 바빙크, 『개혁파 교의학』, 1013.
4 존 칼빈, 『기독교강요, 하』, 272. (4. 12. 1.)

케 하는 메시지가 아닌 내용을 전한다면 그것은 순수한 복음의 설교일 수 없습니다(소요리문답 제88-89번). 어떤 교회가 순수한 복음 교리를 설교하려면 합당한 교육적 신임장이라는 자격을 갖춘 설교자가 있어야 하며, 그는 부단히 성경의 순수한 교리들만을 설교하려고 연구하고 노력해야 합니다.

그렇다면, 합법적으로 목사가 되고 그가 성경을 설교한다면 모든 교회가 순수한 교리를 설교한다고 말할 수 있습니까? 결코 그렇지 않습니다. 성경 본문을 읽고도 성경의 가르침, 즉 교리와 관계없는 설교를 하는 자들이 많기 때문입니다. 예를 들면, 강의나 연설이나 훈화나 만담이나 잔소리나 잡담이나 정치적 선동은 설교가 아닙니다. 사람들의 가려운 귀를 간지럽혀주는 기복주의나 번영주의를 목적하는 것 역시 참된 설교가 아닙니다(딤후 4:3-4).

언젠가 우리교회 성도들과 함께 제직세미나에 참석한 적이 있었습니다. 유명하다는 부흥사가 강사로 왔는데 2시간 설교하는 내내 성경과 전혀 상관없는 웃기는 말로 설교시간을 채우는 바람에 참담하기 짝이 없었습니다. 그런 설교 아닌 설교에 배꼽 빠지게 웃으며 10초가 멀다하고 "아멘! 아멘!" 외치는 청중들을 보고 여기는 어디고 나는 누구인지 마치 외딴 섬에 고립된 것 같은 느낌이었습니다. 몇 년 전 우리 아이들이 참석한 중고등부 연합수련회에 온 청바지에 라운드 티에 베레모 빵모자를 쓴 어떤 강사는 (그 복장은 문제 삼지 않고서라도) 설교 시간 내내 반말이었고,

아이들에게 "렛츠 기릿!", "풋유어 핸즈 업", "개쩔음", "핵인싸", "주님과 썸탐", "아이 세이 할렐루야 유 세이 아멘!" 이란 말들을 남발했습니다. 이것이 과연 경건회의 설교 시간인지, 아이돌 가수의 콘서트장인지 분간이 되지 않을 정도였습니다. 아이들의 영혼을 책임지고 있는 담임목사로서 이런 수련회에 아이들을 계속 보내야 하는지 심각하게 고민한 적도 있습니다.

설교는 하나님의 말씀의 주해와 설명과 선포와 책망과 위로와 적용의 요소가 담긴 권면의 말씀입니다. 나는 우리 아이들에게 거룩하신 창조주 하나님의 임재를 경험하게 해 주는 설교를 들려주고 싶습니다. 사람들의 감정을 자극하고 조작하는 콘서트와 같은 설교가 아닌, 하나님의 위엄과 전능하심과 의로우심을 선포하여 사람들이 죄를 회개하고 진실하게 살기를 다짐하게 만드는 설교를 들려주고 싶습니다. 참된 설교는 하나님을 대적하여 죄와 사망에 빠진 죄인들에게 구원의 복된 소식을 선포하는 것입니다. 성경 본문을 읽어놓고 설교 시간 내내 삼류 저질 코미디 같은 만담을 늘어놓는 것은 죽음과 생명의 갈림길에서 죄인들에게 회개하고 복음을 믿으라고 요청해야만 하는 설교단을 모욕하는 것이고, 그런 강단을 맡기신 하나님께도 역시 신성모독입니다. 설교는 내가 원하는 말을 거침없이 내뱉는 것이 아니라 하나님의 말씀만을 가르치며 경책하며 경계하며 권하는 것입니다(딤후 4:1-2).

예배의, 예전의 한 요소로서의 설교 시간은 설교자와 회중이 함께 엄숙하고도 진지하게 하나님께서 천상에서 선포하시는 말씀을 두렵고 떨림으로 경건하게 가르치고 받아들여 순종해야 하는 시간입니다. 교회의 강단에서 하나님의 말씀과 일치하는 교리를 전하지 않는다면, 그런 교회는 적어도 거짓된 교회이거나 순수하지 못한 교회입니다(웨스트민스터 신앙고백서 제25장 4항). 따라서 교회는 모든 면에서 사람의 선호도보다 그리스도의 말씀이 최우선이 되어야 합니다. 심지어 교회 안에 참된 말씀 선포에 대한 여러 저항이 있더라도 교회는 참된 말씀을 전하는 일에 가장 힘써야 합니다. 우리 교회를 찾아오는 대부분의 새가족들이 내게 이구동성으로 하는 말이 있습니다. "성경을 성경대로 설교해 주시는 목사님을 만나고 싶어요!" 목사가 성경을 설교하지 않으면 과연 뭘 설교할 수 있다는 말입니까?

오직 참된 복음 교리의 설교만이 죄인의 죄를 폭로하여 참된 회개로 초청할 수 있습니다. 오직 참된 복음 교리만이 그리스도 예수를 영접하라는 믿음으로 초청할 수 있습니다. 믿음은 들음에서 나고, 들음은 그리스도의 참된 말씀 선포로 말미암습니다. 참된 복음 교리의 설교가 없다면, 참된 교회는 존재하지 않습니다.

성례의 합당한 집행

성례, 즉 세례와 성찬은 그리스도께서 주시는 은택들을 보여주고 그리스도 안에 있는 우리의 권리를 확증하기 위해 하나님께서 직접 제정하신 은혜 언약의 거룩한 표와 인입니다(웨스트민스터 신앙고백서 제27장 1항). 또한 성례는 중생 받은 신자의 믿음을 키우고 강하게 하며 신자의 영적 생명을 유지시키는 영적 식탁과 같습니다(벨직 신앙고백서 제33항, 35항). 그렇기에 성례는 합법적으로 세우심을 받은 말씀의 사역자만이 베풀어야 합니다(마 28:19; 고전 11:20).

전 생애에 유익을 주는 언약의 인장으로서의 세례는 그리스도와 합하는 의식으로 각 성도에게 단 한 번만 베풀어야 합니다. 재 세례는 그리스도의 구속의 은덕을 부인하는 결과를 낳기 때문입니다(딛 3:5). 예수 그리스도는 성부와 성자와 성령의 이름으로 모든 민족으로 제자를 삼아 세례를 베풀라고 명령하셨습니다(마 28:20). 따라서 세례는 그리스도인의 신앙고백과 제자됨과 긴밀한 관계가 있습니다. 종교개혁시대에 어린 아이들은 12세가 되면 교리교육을 받았고, 교리를 배울 때 신앙을 고백해야 했습니다. 그들은 사도신경을 배웠고, 그 배운 것을 설명하고 고백해야 했습니다.[5] 이런 과정을 통해 그들은 세례를 받았습니다. 이렇게 신앙고백을 하고 세례를 받은 자들은 그리스도의 제자도가 무엇인지를 비로소 이해하게 됩니다.

또한 성찬에 있어서 앞서 언급한 바대로 떡과 포도주를 숭배

---

5 휴즈 올리판트 올드, 『성경에 따라 개혁된 예배』, 김상구, 배영민 역 (서울: CLC, 2020), 42.

하거나 숭배할 목적으로 높이 들어 올리는 성체거양식을 시연하거나, 떡이나 포도주를 가지고 여기저기 다니거나, 미신적 목적으로 떡이나 잔을 보관하는 일체의 행위는 모두 우상숭배입니다. 신앙고백서와 교리문답서는 성경의 교리를 따라 성례의 시행을 세상의 끝날까지 엄숙하게 계속 집례할 것을 요구합니다. 참된 교회는 할 수만 있으면 가시적인 말씀인 세례와 성찬을 수시로 시행해야 합니다. 그러나 교회의 외형을 키우기 위한 목적으로 회개하지 않고 신앙을 고백하지 않는 자들에게까지 세례를 베풀고 아무에게나 성찬을 시행한다면 그런 교회야말로 거짓된 교회입니다.

어떤 교회는 예배를 드릴 때마다 성찬을 시행해야 참된 교회요 개혁교회라고 주장합니다. 그들에게 한 달에 한 번 성찬을 시행하는 교회나 일 년에 네 차례 정도 성찬을 시행하는 교회는 참된 교회가 아니거나 덜 순수한 교회로 보일 것입니다. 그러나 성찬의 횟수에 관해서는 정해진 바가 없습니다. 칼뱅은 그로 인해 제네바 시의회와의 갈등하긴 했지만 일 년에 네 차례 성찬을 시행하는 것으로 만족해야 했습니다. 헤르만 바빙크는 성찬 없이 말씀이 선포될 수 있으나 말씀 없이 성찬은 시행될 수 없다고 말함으로, 말씀을 전할 때마다 성찬을 시행할 필요는 없다고 일갈했습니다. 바빙크는 계속해서 다음과 같이 말합니다.

복음을 선포하는 교도권은 로마가톨릭에서처럼 성례에 종속되어서는 안 된다. 성경에 따르면 말씀이 성례보다 앞서기 때문이다. 말씀 없이는 성례가 존재할 수 없지만, 성례 없이도 말씀은 존재한다. 따라서 말씀을 수종드는 자들이 성례를 매번 시행해야 하는 것은 아니다. 말씀이 항상 성례보다 선행한다.[6]

그럼에도 할 수만 있으면 성찬은 자주 시행하는 것이 바람직합니다. 칼뱅도 비록 시의회와의 갈등이 있었으나, 성찬은 형식적으로 일 년에 몇 번 시행되도록 정해진 것이 아니고 모든 그리스도인들이 자주 시행하도록 제정된 것이라 말합니다.

그렇게 함으로써 자주 그리스도의 고난을 기념하고, 그로 말미암아 믿음을 유지하고 강건케 하며, 또한 하나님께 감사의 찬송을 부르고 그의 선하심을 선포하고자 하는 마음이 생겨나도록 하며, 마지막으로 성찬을 통하여 신자들 상호 간의 사랑을 증진시키고, 신자들 가운데서 이러한 사랑을 증거하며, 또한 그리스도의 몸의 하나됨 속에서 그 연합의 끈인 사랑을 분별하도록 하신 것이다.[7]

장로교 헌법은 성찬을 자주 시행하는 것이 좋으나 그 횟수에 관해서는 당회가 교회의 형편에 따라 정할 것이라고 조언합니다.

---

6 헤르만 바빙크, 『개혁파 교의학』, 1065.
7 존 칼빈, 『기독교강요, 하』, 508. (4. 17. 44.)

중요한 사실은 말씀과 성례는 하나님께서 교회에 주신 교회의 항구적인 표지이며 특징들이라는 것입니다. 하나님의 말씀으로서의 성경을 그저 하나님의 계시에 대한 예언적이며 사도적인 증언일 뿐, 하나님의 말씀, 즉 하나님의 계시 그 자체는 아니라고 믿는다면 그런 교회는 참된 교회일 수 없습니다. 마찬가지로 세례와 성찬을 시행하기는 하지만, 삶의 열매를 통해 중생과 거듭남의 확인 없이 그저 사람의 고백에 근거해서만 세례를 베풀고 떡과 포도주의 의미가 무엇인지 설명 없이 그저 종교적 의식(ceremonial)으로만 성찬을 베푼다면, 그 교회 역시 참된 교회일 수 없습니다. 그렇기에 많은 학자들이 교회의 신실한 권징을 참된 교회의 세 번째 본질적 표지로 간주했습니다.

권징의 신실한 시행

권징은 교회의 통치로서 회개하지 않는 자들에게 말씀과 권징으로 천국 문을 닫고 회개하는 자들에게는 권징의 해벌로 천국 문을 열어주는 직분자들의 권세입니다(웨스트민스터 신앙고백서 30장 1−2항; 하이델베르크 요리문답 85번). 참된 교회에 권징이 필요한 이유는 앞선 두 가지 교회의 표지, 즉 순수한 복음 교리의 설교와 성례의 순수한 집행에 있어 무엇보다 중요하기 때문입니다. 권징은 교회에 퍼지는 죄의 누룩을 제거하고 그리스도의 복음을 옹호하고 보호합니다. 교회가 권징을 올바로 시행하지 않는다면 교회는 악명 높고 완고한 범죄자들에게 의해 모독을 받게 되며, 그 결과 쏟아지는 하나님의 진노를 피할 수 없습니다(고전 5:13; 딤전 1:19-20; 유 1:23).

교회의 교인이면서도 교회의 교리적 가르침과 치리에 지속적으로 순종하지 않고 그로 말미암아 수차례 개인적이며 공동적인 권면과 책망을 받았음에도 회개하고 돌이키지 않는다면, 교회(치리회로서의 당회)에 말하고 교회는 하나님의 말씀의 권세와 직분자들에게 주신 권세에 따라서 그러한 범죄자를 권징해야 합니다(마 18:15-18). 따라서 선포되는 말씀의 권세가 어느 정도 권징의 기능을 하지만, 칼뱅은 선포되는 말씀을 듣고도 완고한 악행을 계속 고집하고 교회의 권면을 모욕하는 자들이 있다면 목사와 장로들이 언제나 집집마다 경계하고 권면하는 것이 그들의 임무라고 강조합니다.[8] 권징과 치리를 통해 교회의 거룩을 추구하는 것은 교회 사역자들의 주요한 관심사가 되어야 합니다. 권징의 일반적인 절차는 우선 마태복음의 말씀을 따라 먼저 일대일로 권면하는 것입니다. 형제의 범죄를 인지하게 되었을 경우 동네방네 소문을 내며 비난하기보다 그 형제를 권면하고 돌이키며 회개할 것을 촉구해야 합니다. 그러나 형제가 듣지 않으면 두 사람 세 사람의 증인과 함께 동석하여 회개할 것을 촉구하는 것이 두

---

8 존 칼빈, 『기독교강요, 하』, 273. (4.12.2)

번째 단계입니다. 이 단계에서도 듣지 않으면, 교회에 말해야 하는데 여기 교회는 교회의 치리회인 당회를 의미합니다. 당회에서 이를 범죄사건으로 다루어 합법적인 절차를 거쳐 권면하고 경책하며 기도하는 가운데 돌이키기를 촉구해야 합니다.

이런 방식으로 권징은 말씀과 성례를 보호합니다. 에드먼드 클라우니의 말처럼 말씀과 성례에 의해 교회의 정체성이 드러난다면 교회의 권징은 그것의 정체성을 유지하기 위해 천국의 열쇠를 사용하는 것입니다.[9] 왜냐하면 참되고 진실한 신앙 고백 없는 세례는 참된 교회의 표지가 될 수 없으며, 부주의하고 무질서하게 또는 미신적 이교적으로 집례되는 성찬 역시 그 성찬을 받는 정체성을 올바로 규정하거나 파악할 수 없으므로 참된 교회의 표지가 되지 못하기 때문입니다. 권징이 없이는 말씀과 성례의 순수성이 보호되기가 어렵습니다.

지상 교회의 가장 이상적인 모습은 참되고 순수한 교회가 되는 것입니다. 물론 이것이 지상에서 완전히 이루어지지 않는다 할지라도 교회의 직분자들을 포함한 모든 성도는 그들의 교회가 참되고 순수한 교회가 되기를 열망하고 분별하며 섬기고 봉사해야 합니다. 아울러 출석하고 있는 교회가 3대 표지를 신실하게 수행하려는 교회라면, 그 누구도 사소하거나 인간적 이해관계의

---

9 에드먼드 클라우니, 『교회』, 황영철 역 (서울: IVP, 1999), 122.

문제로 교회를 떠나거나 분리할 권리가 전혀 없습니다(벨직 신앙고백서 제29항). 칼뱅 역시 신앙의 근본적인 조항들이 훼손되지 않는한 설교에 있을 수 있는 오류의 가능성을 허용했고, 성례의 집행에서의 변화 역시 그것을 제정하신 분의 의식 자체를 폐지시키거나 전복시키지 않는 한 교회를 파괴하지 않는다고 했습니다. 그러나 동시에 성경의 근본적인 교리들을 메마르게 하고 생명력을 잃게 만든다면 교회 역시 파멸될 수 있음을 경고했습니다.[10] 계속해서 칼뱅은 이렇게 말합니다.

> 신앙의 기본적인 내용에 거짓이 침입하고 필수적인 교리 체계가 전복되며 성례의 사용이 끊어지면, 마치 사람의 목이 잘리거나 심장에 치명적인 상처를 입었을 때 생명이 끝나는 것처럼 교회는 파멸이라는 분명한 결말을 맞게 된다.[11]

우리에게 하나님께 신령과 진정으로 예배를 드릴 수 있는 참된 교회가 있고, 순수한 복음의 교리를 바르게 설교하는 합법적인 교육적 신임장을 지닌 목사가 있고, 함께 진리 안에서 성찬을 나누고 진리 안에서 권면하는 사랑의 교제를 나눌 형제자매들이 있다는 것만큼 큰 복은 없습니다. 말씀과 성례와 권징은 교회를 교회되게 하는 가장 중대한 본질적 요소입니다. 예배를 예배되

---

10 존 칼빈, 『기독교강요, 하』 273. (4. 12. 2.)
11 존 칼빈, 『기독교강요, 하』 45. (4. 2. 1.)

게, 설교를 설교되게, 기도를 기도되게, 찬양을 찬양되게, 신자를 신자 되게, 교회의 모든 활동을 참된 활동이 되게 하는 근본적인 요소는, 건물도 숫자도 재산도 그 어떤 외형적인 화려함도 아닌 바로 참된 교회의 3대 표지입니다.

하나님의 참된 말씀이 바르게 설교되는 교회, 세례와 성찬이 합당하게 집행되는 교회, 그리고 말씀으로 권면하는 참된 권징이 신실하게 시행되는 교회에서만 하나님의 말씀과 예수 그리스도의 영광이 순수하고 참되게 보호될 것이기 때문입니다.

나눔을 위한 질문

❶ 우리에게 거짓된 교회를 분별하기 위해 필요한 세 가지는 무엇입니까?

❷ 참된 말씀의 선포가 참된 교회의 첫째 표지라면, 어떤 설교가 참된 말씀의 선포입니까?

❸ 주님이 제정하신 두 가지 성례는 무엇이며 신앙고백서는 그것을 무엇이라 정의합니까?

❹ 예배를 드릴 때마다 성찬을 반드시 시행해야 한다는 주장에 대해 어떤 대답을 할 수 있습니까?

❺ 권징에 대한 칼뱅의 정의는 무엇입니까?

❻ 마태복음 18정 15-18절에 근거한 권징의 3단계를 간단히 설명해 봅시다.

❼ 참된 교회의 표지들과 관계하여 교인이 교회를 반드시 떠나야 할 때는 언제인지 토의해 봅시다.

5장
참된 교회에 가입할 의무

참된 신자는 참된 교회가 무엇인지를 신중하게 분별해야 합니다. 또한 자신이 출석하는 교회가 교회의 참된 표지를 신실하게 수행하려는 교회라면, 그 누구도 사소하거나 인간적 이해관계의 문제로 교회를 떠나거나 분리할 권리가 전혀 없습니다. 역사적 개혁파 신조는 이에서 더 나아가 모든 신자가 참된 교회에 가입해야 하고 교회와 연합하여 교회의 하나됨을 적극적으로 유지해야 할 의무가 있다고 강조합니다(벨직 신앙고백서 제28항). 요즈음 유행하고 있는 단어 가운데 하나가 소위 '가나안' 교인입니다. 교회를 나가지는 않지만 교인이라는 것을 강조하는 용어입니다. 교인들이 더 이상 교회를 나가지 않는 이유는 소통부재, 독단적 경영, 세습, 교회재정의 불투명성 등 많습니다. 양희송은 가나안 교인이 많아지는 큰 두 가지 이유를 숨막힘과 위선으로 보았습니다.[1] 그러나 폴 워셔는 사람들이 교회를 떠나는 근본적인 이유는 숨막힘이나 위선 또는 제자훈련을 하지 않았기 때문이 아니라, 아무도 그들의 영혼을 바르게 다루지 않았기 때문이라고 지적합니다.[2] 사람들이 진정으로 주님의 음성을 듣고 순종하지 않는 것은 그들이 아직 회심하지 않았기 때문이며, 그런 회심하지 않은 사람들의 모습을 보고 또 순종하지 않는 악순환이 반복된다는 것입니다.

그럼에도 교회가 참된 교회의 표지를 어느 정도 여전히 견지하고 있다면, 어떤 이유로도 교회를 떠날 명분은 성립되지 않습니다. 더 나아가 가나안 교인 현상은 이유야 무엇이든지 성경적이지 않으며 역사적 신앙의 고백에도 반대되는 현상입니다. 하지만 이런 나의 주장은 작금의 일그러진 교회의 모습과 잊을만하면 불거지는 몇몇 목회자들의 일탈로 볼 때 설득력이 약해 보입니다. 그럼에도 이런 주장을 굽힐 생각은 없습니다. 그 이유는 무엇일까요?

교회 밖에는 구원이 없다

신앙고백서는 보편적이고 우주적인 보이는 교회가 주 예수 그리스도의 왕국이요 하나님의 집이고 가족이라고 정의하면서 "이

---

1 양희송, 『가나안 성도, 교회 밖 신앙』 (서울: 포이에마, 2014), 73-93.
2 폴 워셔, 『현대교회를 향한 10가지 기소장』, 스데반 황 역 (서울: 생명의 말씀사, 2018), 100-101.

교회 밖에서는 구원받을 수 있는 통상적 가능성이 전혀 없다"고 진술하기 때문입니다(웨스트민스터 신앙고백서 제25장 2항). 교회 밖에 구원이 없다는 말은, 흔히 오해하듯이 로마가톨릭교회의 조직이나 또는 교회의 정회원으로 몸담고 있거나 교회당 안에 있지 않으면 구원을 받지 못한다는 말이 아닙니다. 대요리문답이 잘 진술하고 있는 것처럼 그리스도를 개인적 구주로 고백하지 않으면서도 얼마든지 복음을 들으며 보이는 교회의 회원이 될 수도 있기 때문입니다(제61번). 즉, 하나님의 거듭나게 하시는 구원사역을 경험하지 않은 채로 교회의 출석교인이든 등록교인이든 교회를 다니며 예배에 참여하고 각종 교회 활동에 참여할 수도 있습니다. 그렇다고 해서 그들이 모두 구원을 받는 것은 아닙니다. 교회 밖에는 구원이 없다는 말은 은혜의 방편으로서의 교리의 가르침과 사역, 그리고 성례의 시행이 바로 이 보이는 교회에 맡겨져 있기 때문에 이 구원의 방편이 시행되는 교회 밖에는 통상적으로 구원이 불가능하다는 뜻입니다. 바울은 믿음은 들음에서나며 들음은 그리스도의 말씀으로 말미암는다고 말했습니다(롬 10:10, 17). 하나님은 우리를 진공상태에서 부르시지 않습니다. 하나님은 우리의 귀를 사용하여 말씀을 듣게 하심으로 믿음을 발생시키십니다. 전하는 자가 없이는 듣지 못할 것이요 듣지 못한다면 믿을 수 없을 것입니다. 구원을 얻으려면 반드시 하나님의 말씀을 듣는 기회를 얻어야 합니다. 그런데 바로 구원을 위해 반드시 들어야 할 이 그리스도의 말씀 선포가 중심을 이루는 것이 통상적으로 보이는 교회에 집중되어 있기 때문에 교회에 가입해야 한다는 뜻입니다.

벨직 신앙고백서 역시 "우리는 이 거룩한 모임이 구원받은 자들의 집회이므로 이 모임을 벗어나서는 구원이 없으며, 신분이나 지위를 막론하고 누구라도 이 모임에서 탈퇴하거나 따로 떨어져 나와 살아서는 안 된다"고 고백합니다(제28항). 초대교회에는 사도의 가르침이 있었고, 초기 교회 신자들은 사도들의 가르침을 받아 떡을 떼며 교제하며 기도하기를 힘썼습니다(행 2:42). 그들은 떡을 떼며, 교제하며, 기도하는 일을 사도들의 가르침을 통해 수행했습니다. 언제든지 하나님의 말씀이 먼저 나와야 합니다. 그 후에 떡을 떼고 교제하고 기도하는 일이 이루어져야 합니다. 이런 방식으로 그들은 모이기를 힘썼고 공동생활에 힘썼습니다. 확실히 그들은 거의 모든 것을 함께 했습니다. 그들은 날마다 모이기를 힘썼고 믿는 사람들이 다 함께 있었습니다(행 2:44-45). 이것은 초기 교회 신자들의 '코이노니아'(koinonia)였고, 그 자체로 서로 완벽하게 함께 하시고 교제하시는 삼위일체 하나님과의 사귐과 교제를 상징합니다. 하나님은 이런 교회에 날마다 믿는 자들을 더해주셨습니다(행 2:47). 구원과 교회에 가입하는 것은 바르게 이해하는 한, 하나의 짝을 이루는 것입니다. 시대와 문화가 변했다고 해서 성경의 이런 원리는 변하지 않으며,

변한 적도 없습니다.

교회를 통해 하나님의 백성들을 모으신다

앞서 교회는 하나님의 집이요 가족이요 예수 그리스도의 왕국이라 했습니다. 가족의 특징은 함께 모여 산다는 것입니다. 하나님께서는 이 집이 충만하기를 원하시고 완전하기를 원하십니다. 벨직 신앙고백서는 "누구라도 이 모임에서 탈퇴하거나 따로 떨어져 나와 살아서는 안 된다"(제28항)고 말하며 웨스트민스터 신앙고백서는 "이 세상에서 세상 끝날까지 성도들을 모으시고 완전하게 하신다"고 고백합니다(제25장 3항). 하나님께서는 이 일을 위해 교회에 세 가지를 주시는데 그것이 바로 앞으로 계속해서 살펴볼 직분과 말씀과 세례와 성찬과 같은 하나님의 규례들입니다(고전 12:28; 엡 4:11-13; 마 28:19-20). 하나님께서는 "약속을 따라 당신의 임재와 성령님을 통해 이 모든 일을 효과적으로 이루"십니다(웨스트민스터 신앙고백서 제25장 3항). 하나님께서는 신자를 개인적으로 부르시지만 동시에 교회로도 부르십니다. 참된 성도의 부르심은 개인적이며 동시에 교회적입니다. 이것은 교회의 모든 직분자들에게도 동일하게 적용되는 원리입니다. 오랫동안 미국 동부 웨스트민스터 신학대학원의 학장직을 역임했던 에드먼드 클라우니 박사는 "당신이 부르심을 받았다는 것을 분별하기 위해서 당신은 하나님의 아들(예수 그리스도)과 교제해야 하고 하나님의 아들들(교회)과도 교제"해야 한다고 역설합니다. 신자의 구원과 교회 공동체는 불가분리의 관계에 있습니다. 개인적 구원은 개인적이고 주관적인 차원에 머무를 수 없습니다. 아무도 부모 없이 출생하지 않습니다. 출생한 갓난아이가 부모 없이 홀로 살지 않습니다. 영적으로 출생한 갓난아이 역시 마찬가지로 혼자 살 수 없고 혼자 자랄 수 없습니다. 구원받은 신자는 그리스도 안에서 하나님 나라에 속하는 동시에 교회 공동체 안에서 서로에게 속하는 존재입니다. 이런 의미에서 신자에게 고립된 신앙, 교회와 분리된 신앙, 홀로 있는 신앙은 존재하지 않습니다. 가나안 성도라는 개념이 비성경적이라는 것을 증명할 이유는 차고 넘칩니다. 오히려, 신동식 목사가 잘 지적하고 있듯이 그들을 가나안 성도가 아니라 도피성도라고 불러야 옳습니다.[3]

몇 해 전 누군가 SNS에 자랑삼듯 가나안 성도의 주일에 대해 쓴 글을 보았습니다. 그에게 교회는 까페입니다. 그는 홀로 까페에서 예배를 드립니다. 태블릿 PC를 꺼내 전원을 켜며 경건하게 예배를 준비합니다. 헤드폰을 끼고 찬송을 듣습니다. 평소 즐겨듣는 설교자의 라인업 중에 구미가 당기는 설교자의 주일설교 영상을 클릭합니다. 깔끔한 30여 분 정도의 설교에 은혜가 충만합니다. 설교가 끝나면 축도 없이도 예배는 끝납니다. 물론 헌금

---

3 가나안 성도를 도피성도라 부르는 이유에 대해서는 다음 작품을 참조하라. 신동식, 『도피성도』(경기: 우리시대, 2019).

순서도 없습니다. 마음이 감동되면 어느 교회나 단체에 온라인으로 송금합니다. 그에게 성찬식은 치즈케익과 에스프레소 도피오입니다. 까페 창 밖엔 눈이 내립니다. 그 어떤 주일보다 행복한 주일입니다.

하지만 성경에 기초한 역사적 개혁파 신조에 따르면 이런 주일예배는 비정상입니다. 그들이 교회를 떠나는 이유를 백분 이해한다 하더라도 그런 상태를 계속 지속하는 것은 잘못입니다. 까페교회이건, 가정교회이건, 교회공동체로 함께 모이는 생활을 위해 그런 습관은 청산해야 합니다. 지역교회가 참된 교회이기를 포기할 만큼 복음 교리가 심각하게 타락하지 않았다면, 누구라도 그런 교회에서 따로 떨어져 나와 살아서는 안 됩니다. 완전하지 않은 우리 인생살이에 간혹 그런 일이 발생한다 하더라도 다시 속히 건강한 지역교회를 찾아야 합니다. 하나님께서 교회를 통해 성도들을 모으시기 때문입니다. 하나님께서는 교회를 통해 그 성도들을 가르치고 치리하고 섬길 직분자들을 모으십니다. 이런 의미에서 지상의 교회는 하나님께서 주도하시는 구원역사를 수행하시기 위한, 특별한 구속의 기관입니다.

성도가 교회를 떠나야 할 유일한 이유가 있다면 그것은 그 교회가 참된 교회의 표지들을 완전히 잃어버렸거나 참된 교리와 권징에 있어서 성경의 표준에 한참 미치지 못하거나, 비성경적이고 미신적인 것들을 가르칠 때입니다. 칼뱅은 교회의 표지를 근거로 부당하게 교회에서 분리하지 말 것을 강력히 경고합니다.

> 어떠한 모임에 순결한 말씀 사역과 순결한 성례의 시행이 있을
> 때에 그 두 가지가 그 모임을 교회로서 안전하게 포용할 수 있는
> 충족한 보증이 된다. 또한 이러한 원리는 어떤 모임에 다른 온갖
> 결점들이 많이 있다 할지라도 이 표지들이 유지되고 있는 한 그
> 모임을 거부해서는 안 된다는 데까지 확대되는 것이다.[4]

이런 방식으로 그리스도의 복음이 흐릿해지고 복음의 말씀이 선명하게 선포되지 않는다면, 그 교회의 신자들은 영적으로 굶어 죽을 것이고 그런 교회는 참된 교회라 불릴 수 없습니다. 그럴 때 참된 신자들은 아픔을 무릅쓰고 큰 결단과 각오로 그 교회를 떠나야 합니다. 그리스도의 말씀에 신실하기를 거절하는 교회를 떠나 참된 복음의 말씀인 성경에 신실하려는 교회를 찾으려는 노력은 모든 성도의 참된 의무입니다.

교회의 교리와 권징에 복종해야 한다

하나님께서 보이는 교회에 말씀을 주신 이유는 자기 백성을 가르치시기 위함이고, 직분을 주신 것은 자기 백성을 영적 질서로 다스리시기 위함이며, 규례를 주신 것은 자기 백성으로 구별하고 양육하시고 봉사하게 하시기 위함입니다. 그렇기에 말씀과 직분

---

4 존 칼빈, 『기독교강요, 하』 25-26. (4. 1. 12.)

과 규례는 하나님께서 자기 백성을 모으시고 가르치시고 다스리시고 양육하시는 3대 방편입니다. 물론 하나님은 이런 방편 없이도 죄인을 구원하실 능력이 있으신 분이십니다. 그러나 하나님은 이런 수단들을 구원의 방편으로 작정하셨습니다. 그러므로 모든 참된 신자는 그 교회가 복음교리에 충실한 한, "스스로 교회의 교리와 권징에 복종"해야 합니다(벨직 신앙고백서 제28항, 히 13:17).

허순길 박사는 "교회의 회원들은 그리스도께서 세우신 직분자들의 훈계와 권징에 순종하고 순복해야 한다"고 말합니다.[5] 현대 교회의 가장 큰 문제 가운데 하나는 각기 자기소견에 옳은 대로 행하여 도무지 배우거나 가르침 받기를 원하지 않는다는 데 있습니다. 그러나 확실히 초기 교회는 '사도의 가르침'을 받았습니다. 사도의 가르침은 교회생활 일체의 근본적 토대요 기초입니다. 초기 교회는 마치 그리스도의 학교와 같았습니다. 그들은 마치 학생들처럼 사도들에게서 배웠고, 그러한 배움은 이후 사역자들, 즉 교회의 감독된 가르치는 장로들에게 이어졌습니다(행 20:28). 히브리서 기자는 "너희를 인도하는 자들에게 순종하고 복종하라"고 명령합니다(히 13:17). 신자들의 영혼 감독자로서 참되게 말씀을 전하는 사역자들은 얼마나 아름답습니까! 그러나 모든 사역자들에게 무조건 복종하고 순종해야 하는 것은 결코 아

---

5   허순길, 『벨기에 신앙고백 해설』(광주: 레포르만다, 2016), 395.

닙니다. 목회자와 사역자들이 하나님 말씀에 명백히 위배되는 일을 가르치고 명할 때 참된 신자들은 분연히 일어나 불순종해야 하고 항의해야 합니다. 그러나 그 밖의 모든 부분에 대해서 우리는 그들을 향해 매우 관대할 필요가 있습니다. 참된 신자들이 교회의 교리와 권징에 복종하는 것은 예수 그리스도의 멍에를 메는 것과 같기 때문입니다(마 11:28-30). 이런 방식으로 그들은 겸손을 배우고 섬김을 배워 "하나님이 각자에게 주신 재능에 따라 형제를 세우기 위해 봉사"해야 합니다(벨직 신앙고백서 제28항). 그러므로 교회에 가입하는 이유는 어떤 의미에서 일하기 위함입니다. 교회의 형제들을 위해 교제하고 섬기고 봉사하고 구제하는 일입니다. 우리는 이 일을 기쁘고 즐겁게 수행해야 합니다. 하이델베르크 요리문답은 "각 사람은 자신의 은사들을 다른 회원들의 유익을 위해 기꺼이 그리고 즐겁게 사용해야 할 의무"가 있다고 말합니다(제55번). 이것은 아디아포라가 아니라 의무입니다. 선택과목이 아니라 반드시 이수해야 할 필수과목입니다.

그러니 예수님은 사랑하지만 교회는 사랑하지 않는다고 말할 수 없습니다. 개혁신학을 추구한다고 하면서 지역교회에서 목회자와 함께 땀 흘리며 목양을 보좌하고 협력하지 않는다면 그런 예수님 사랑은 그저 립서비스나 허울 좋은 구호에 지나지 않습니다. 몇 년 전 우리 교회를 1년 6개월 출석하고 떠난 부부가 있습니다. 말이 출석이지 주일 오전예배만 간신히 다닌 것이 전부입니다. 이 부부는 저명한 개혁주의 교회의 목사님으로부터 주례를 받아 결혼했습니다. 이사로 인해 교회를 옮겨야 했으며, 우리 교회 인근에 소재한 개혁교회에 몇 개월 출석하다가 담임목사님과 언쟁이 있었고 우리 교회를 찾았습니다. 나는 그들의 이야기를 충분히 들어주었고 상처가 많은 그들을 배려하여 주일예배에 출석하는 것을 허락했습니다. 그렇게 6개월이 지났지만 그들은 여전히 주일 오전예배만 드리고 성도들과는 단 한마디 말도 섞지 않았습니다. 그렇게 또 6개월이 흘러 1년이 되었고 나는 그들에게 이제 점심식사도 하도 성도들과 교제도 나누라고 권면했습니다. 다음 주부터 그렇게 하겠다고 말한 이 부부는 그렇게 또 똑같은 상태로 또 다시 6개월을 보냈습니다. 그러는 동안 당회원들에게는 이 부부가 상처가 많아서 그러니 조금 더 기다려주자고 양해를 구했습니다. 그렇게 1년 6개월이 지나 해가 바뀌던 어간에 영혼을 감독하는 목사로서 더 이상 모른 척 할 수 없기에 이제는 출석교인 상태를 청산하고 교회에 등록하여 봉사하며 섬기라고 권면했습니다. 그러자 이 부부는 놀랍게도 그 다음 주부터 더 이상 교회에 출석하지 않았습니다. 무려 1년 6개월을 인내하며 기다리고 권면했지만 이들은 아무런 봉사도 섬김도 교제도 나누지 않는 무늬만 그리스도인이었습니다. 물론 십일조를 포함 헌금생활 역시 전혀 실천하지 않았습니다. 그러면서 입만 열면 개혁주의가 어떻고, 청교도가 어떻고, 안토니 버지스가 어떻고, 아론의 싹난 지팡이가 어떻고 등의 궤변을 늘어놓았습니다. 그렇기에 나는 말뿐인 개혁주의를 믿지 않습니다. 입만 살아있는 개혁주의는 바리새주의보다 못합니다. 자신의 게으름을 합리화하고 경건의 모양은 있으나 능력을 부인하는 자들이 얼마나 많습니까!

왜 이런 사람들이 많은 것일까요? 상투적으로 들릴지 모르겠지만 교만하게 머리만 커졌고 심장은 차가워졌기 때문입니다. 또한 우리 주변에 그렇게 머리만 키우고 비난과 비판과 정죄하기만 일삼는 우리 귀를 간지럽혀주는 수많은 선생들이 있기 때문입니다. 인터넷과 SNS의 발달로 오늘날 일부 목사들은 온라인 상에서 마치 자신이 모든 신학적인 이슈의 재판장처럼 군림합니다. 그들은 존 오웬과 리처드 백스터를 비판하고 로이드-존스와 조나단 에드워즈를 깎아내립니다. 근래에 들어서는 바빙크까지 비판합니다. 한두 가지의 만족스럽지 못한 부분만 있으면 집요하게 물고 늘어지며 나는 그들과 다르게 정통이라고 은연중에 자랑합니다. 그런데 그런 류의 주장을 가만히 들여다보면 자기만의 주장입니다. 인용문도 없고 대부분 정확한 학문적인 설명도 없습니다. 이런 글들을 보면 교조주의의 냄새가 납니다. 수많은 사람들이 이런 글에 직간접적으로 영향을 받습니다. 17세기 청교도와 개혁주의 신학자들의 책들을 면밀히 읽지도 않은 채, 조직신학과 교회사와 전기를 충분히 다루지도 않은 채 그저 어디서 누가 그렇게 말했다는 식으로 비판합니다. 지역 교회의 담임목사는 자기 교회를 목회하는 사람입니다. 다른 교회의 성도들을 목회하거나 가르쳐서는 안 됩니다. 인터넷에 글을 쓸 때도 조심해야 하며 겸손해야 합니다. 자신의 글이 분리주의나 분열을 일으키는 글은 아닌지 돌아보아야 합니다. 그런데 요즘은 SNS에서 목회하는 사람들이 많은 것 같습니다. 자기 생각 정도를 소소하게 나누는 것이야 좋은 일이지만, 뭘 자꾸 가르치려 드는지 모르겠습니다. 유명한 셀럽의 이야기들을 들으며 유익을 얻는 것은 물론 좋은 일이겠지만, 오늘날 교인들이 여러 SNS 교회를 돌아다니며 귀와 머리만 커지고 심장은 차가워지는 것은 아닌지 성찰해 보아야 합니다.

글의 논조가 조금 빗나갔습니다. 다시 돌아와서 클라우니의 말처럼 "적그리스도가 있다고 해서 자신을 구주와 멀어지게 해서는 안 되는 것처럼, 우리는 거짓 교회의 존재가 자신을 참된 교회로부터 멀어지게 해서는 안"됩니다. 키프리아누스는 "교회를 어머니로 갖지 않는 한 하나님을 아버지로 가질 수 없다"고 했으며, 칼뱅은 "어머니 같은 교회의 품을 떠나서는 죄 사함을 받거나 구원을 바랄 수 없다"고 했습니다. 오늘날 교회가 여러 방면에서 비난과 공격의 대상이 되고 있긴 하지만 그것이 교회에 가입해야 할 의무를 조금도 면제시켜 주지는 않습니다. 적그리스도의 교회도 아니고 거짓 교회도 아닌 말씀이 참되게 선포되고 성례가 정당하게 시행되는 참된 교회가 있다면 누구든지 그 교회에 가입하여 하나님께서 맡겨주신 재능으로 하나님이 임명하신 직분을 충성스럽게 수행하며 교회를 섬기고 봉사해야 합니다.

교회를 떠돌아 다니는 사람들

교회 목회를 하면서 교회를 찾아 떠돌아다니는 교인들을 만나노라면 너무나 마음이 아픕니다. 교회를 찾는 사람들 가운데는 이사한 분들을 제외하고는 이전에 섬기던 교회에서 큰 상처를 받은 분들이 대부분입니다. 개척 초기에는 우리 교회를 찾아오는 교인들에게 "여기저기 좋은 교회들이 많이 있으니 모두 둘러보시고 좋은 교회를 선택하세요" 라고 말하곤 했습니다. 하지만 주일마다 교회를 찾아다녀야 하는 그 막막함을 잘 알기에 이제는 "딱히 싫지 않으면 예배드리면서 우리 교회에 등록하여 하나님 나라를 섬기세요"라고 권면합니다. 결정 장애가 있는 분들에게는 목사의 이런 권면이 등록을 결정하는데 큰 힘이 되기도 합니다. 그러나 모든 교인이 다 참된 교회를 찾기에 간절한 것은 아닙니다. 그 중에는 헛된 망상에 사로잡혀 있는 사람들도 있습니다.

몇 년 전의 일입니다. 중년의 한 부부가 수요일과 주일 오후에 몇 주 동안 예배를 드렸습니다. 그렇게 한 두어 달 지났을까요? 그제서야 목사에게 면담을 요청하면서 본인들이 어떤 사람인지를 밝혔습니다. 알만한 교회의 1호 안수집사였고 20년 가까이 그 교회를 섬기다가 떠났다고 합니다. 그 이후 2-3년 동안 이분들이 거쳐 간 교회만 7개입니다. 마지막으로 출석한 세 교회 역시 하나는 저명한 교수님이 목회하는 교회이고 하나는 가까이 지내는 후배 교회였고 다른 하나는 부천에 소재한 교회였습니다. 교회를 떠난 이유를 물으니 "모교회는 율법주의여서, 두 번째 교회는 당회도 없고 원칙도 없고 자유분방해서, 세 번째 교회는 앞의 두 가지 교회 모두 다여서, 네 번째 교회는 남전도회가 회비를 걷는다고 해서, 마지막 교회는 3개월 동안 목사가 지옥에 관한 설교를 해서"라고 대답했습니다. 그러면서 "호라티우스 보나르 목사님 같은 분을 만나 신앙생활 하는 것이 꿈입니다"라는 말까지 덧붙였습니다. 나는 그들에게 "그런 목사님 만나려면 천국가야 합니다. 보나르 목사님은 천국에 계십니다. 그러니 이제 더 이상 시간낭비 하지 말고 하나님 나라와 주님의 몸 된 교회를 위해 죽기까지 충성하며 의미 있게 살아야 합니다"라고 권면했습니다. 목사의 심방을 받은 자리에서 이들은 그동안 목사님들을 평가한 자신들이 교만했었다며 앞으로는 열심히 겸손히 신앙생활 하겠다고 다짐했습니다. 그렇게 3개월이 흘렀고 해가 바뀌자 이들은 더 이상 교회를 나오지 않았습니다. 남편의 마음의 문이 열리지 않는다며 기도해 달라는 부인의 장문의 카톡 메시지가 마지막이었습니다. 그들은 꽤 상당한 금액의 십일조 헌금을 내는 가정이었습니다. 우리 교회처럼 크지는 않지만 단단한 교회는 타격이 없겠지만, 작은 교회에 그런 헌금은 분명 매력적으로 느껴질 것입니다. 나는 지금도 가끔 그들을 위하여 기도합니다. 그들이 더 이상 교회를 어지럽히지 말고 바른 교회에 정착하여 바른 교리와 권징에 복종하고 바르게 섬기고 봉사하게 되기를 말입니다.

바라기는 모든 성도가 참된 교회에 가입하여 교회의 교리와 치리에 복종하며 마침내 하나님의 영원한 나라에 이를 때까지 형제자매를 세우기 위해 봉사하는 성도들이 되기를 소망합니다.

나눔을 위한 질문

❶ 교인들이 교회를 떠나는 이유를 무엇이라고 생각합니까?

❷ 가나안 교인이 그른 이유는 무엇입니까?

❸ 참된 교회에 가입(등록)하여 신앙생활을 해야하는 이유는 무엇입니까?

❹ 가나안 성도 현상의 문제점에는 어떤 것들이 있는지 토의해 봅시다.

❺ 성도들은 왜 말씀을 전하는 사역자들에게 순종하고 복종해야 하며, 어떤 경우에 그렇게 해야 합니까?

❻ "예수님은 사랑하지만 교회는 사랑하지 않는다"는 말은 왜 잘못된 말입니까?

❼ 저자는 입만 살아있는 개혁주의는 바리새주의보다 못하다고 말하는데, 그렇게 말하는 이유는 무엇인지 토의해 봅시다.

6장

교회와 하나님 나라

우리는 이제까지 교회의 정의와 참된 교회와 거짓된 교회의 분별, 참된 교회의 세 가지 표지, 그리고 참된 교회에 가입할 신자의 의무에 대해 살펴보았습니다. 이제 이런 참된 교회는 어떻게 정치되어야 하는지를 다루기 전에 한 가지 더, 교회와 하나님 나라와의 관계를 먼저 살펴보고자 합니다.

교회와 하나님 나라는 성경의 가장 중대한 주제 가운데 하나입니다. 세례요한의 첫 번째 설교의 주제가 바로 회개와 하나님 나라였습니다(마 3:2). 요한이 잡힌 후에 예수께서 갈릴리에 오셔서 전하신 복음도 하나님 나라였습니다(막 1:14-15). 그 증거 가운데 하나가 하나님의 성령을 힘입어 귀신을 쫓아내는 것이었습니다(마 12:28). 이 하나님 나라는 여기 저기 있는 것이 아니라 너희 안에 있다고 말씀하시므로 하나님 나라의 특징이 하나님의 통치가 임하는 신자의 영혼이라는 점을 분명히 하셨습니다(눅 17:21). 더욱이 예수께서 재림이 가까운 종말의 때에 발생할 징조를 보게 되거든 "하나님의 나라가 가까운 줄을 알라"고 말씀하시므로 이 나라가 이미 시작되었지만 아직 완성되지 않았음을 밝히셨습니다(눅 21:31).

교회, 하나님 나라의 가시적 표현

신약의 서신들, 특히 바울서신에는 교회에 대한 강조가 두드러집니다. 교회는 그리스도의 몸이며, 만물을 충만케 하시는 충만입니다(엡 1:23). 히브리서 기자는 이 교회를 가리켜 "살아 계신 하나님의 도성인 하늘의 예루살렘과 천만 천사와 하늘에 기록된 장자들의 모임과 교회"라고 말합니다(히 12:22-23). 예수님은 베드로에게 "이 반석 위에 내 교회를 세우"겠다 하셨고, 베드로는 이 교회의 백성들을 가리켜 "택하신 족속이요 왕 같은 제사장들이요 거룩한 나라요 그의 소유가 된 백성", 즉 하나님의 백성이라 불렀습니다(마 16:18-19; 벧전 2:9-10). 바울은 그리스도의 남은 고난을 그의 몸 된 교회를 위해 자신의 육체에 채운다고 했고, 자신을 교회의 일꾼이라 불렀습니다(골 1:24-25). 바울은 교회를 위한 이런 고난이야말로 "하나님의 나라에 합당한 자로 여기심"을 얻게 하기 위한 방편이라 여겼고, 따라서 데살로니가교회 교인들에게 "그 나라"를 위해 고난을 받아야 한다고 권면했습니다(살후 1:15).

이 나라에 들어갈 백성들의 이름이 기록된 책도 있습니다(계 13:8; 20:12). 웨스트민스터 신앙고백서는 보편적이며 우주적인 교회는 눈에 보이지 않지만 모든 택함받은 사람으로 이루어져 있다고 말합니다(제25장 1항). 그러나 "보이는 교회도 보편적이며 우주적 교회로서 참 신앙을 고백하는 온 세계의 모든 사람과 그들의 자녀들로 이루어져" 있고, "이 교회는 주 예수 그리스도의 왕국"이라고 말합니다(제25장 2항). 이로 볼 때, 확실히 지상의 교회에는 하나님 나라의 요소가 다분히 있습니다. 심지어 허순길 박사는 "땅 위의 교회에 회원으로 등록하는 것은 하늘에 등록된 원형의 반영이라 생각할 수 있다"고까지 말합니다.[1] 땅 위의 교회 즉 지상교회가 전적으로 하나님의 나라인 천국은 아니지만 교회에는 천국의 모습이 있습니다. 이미(already)와 아직(not yet)의 긴장 관계에 있지만 교회는 눈에 보이는 하나님 나라, 즉 천국이라 할 수 있습니다.

하나님 나라 완성을 위한 구속기관

그렇다면 이렇게 밀접한 교회와 하나님 나라의 관계의 특징은 무엇입니까? 엄밀한 의미에서 하나님의 나라는 통치 영역을 뜻합니다. 하나님 나라는 만물을 다스리시는 하나님의 주권적인 통치를 의미합니다. 구약에서 하나님은 한 나라를 구성하셨고

---

1 허순길, 『벨기에 신앙고백 해설』, 393.

그 나라를 통치하셨습니다.

세계가 다 내게 속하였나니 너희가 내 말을 잘 듣고 내 언약을 지
키면 너희는 모든 민족 중에서 내 소유가 되겠고 너희가 내게 대
하여 제사장 나라가 되며 거룩한 백성이 되리라 너는 이 말을 이
스라엘 자손에게 전할지니라_출 19:5-6

딸 내 백성의 심히 먼 땅에서 부르짖는 소리로다 여호와께서 시
온에 계시지 아니한가 그의 왕이 그 가운데 계시지 아니한가 그
들이 어찌하여 그 조각한 신상과 이방의 헛된 것들로 나를 격노
하게 하였는고 하시니_렘 8:19

내가 영원히 그를 내 집과 내 나라에 세우리니 그의 왕위가 영원
히 견고하리라 하셨다 하라_대상 17:14

그러나 신약에 와서 하나님의 나라는 그 영원하신 작정의 완성
을 위해 더욱 확장됩니다.

그 때에는 그 소리가 땅을 진동하였거니와 이제는 약속하여 이
르시되 내가 또 한 번 땅만 아니라 하늘도 진동하리라 하셨느니
라 이 또 한 번이라 하심은 진동하지 아니하는 것을 영존하게 하
기 위하여 진동할 것들 곧 만드신 것들이 변동될 것을 나타내심
이라 그러므로 우리가 흔들리지 않는 나라를 받았은즉 은혜를
받자 이로 말미암아 경건함과 두려움으로 하나님을 기쁘시게 섬

길지니 우리 하나님은 소멸하는 불이심이라_히 12:26-29

그러나 하나님의 말씀이 폐하여진 것 같지 않도다 이스라엘에게
서 난 그들이 다 이스라엘이 아니요 또한 아브라함의 씨가 다 그
의 자녀가 아니라 오직 이삭으로부터 난 자라야 네 씨라 불리리
라 하셨으니 곧 육신의 자녀가 하나님의 자녀가 아니요 오직 약
속의 자녀가 씨로 여기심을 받느니라_롬 9:6-8
이 그릇은 우리니 곧 유대인 중에서뿐 아니라 이방인 중에서도
부르신 자니라 호세아의 글에도 이르기를 내가 내 백성 아닌 자
를 내 백성이라, 사랑하지 아니한 자를 사랑한 자라 부르리라 너
희는 내 백성이 아니라 한 그 곳에서 그들이 살아 계신 하나님의
아들이라 일컬음을 받으리라 함과 같으니라_롬 9:24-26

앞서 언급한대로 신약에서 예수님은 "회개하라 천국이 가까웠느
니라"고(마 3:2; 4:17) 선포하셨고 하나님 나라가 너희에게 이미 임
했다고 선언하셨습니다(마 12:28-30; 눅 11:20). 이처럼 하나님의 나
라는 이미(already) 임했습니다. 하나님 나라의 왕이신 그리스도
예수께서 오셨기 때문입니다. 그리고 그 나라는 지금 이 땅에 임
하고 있습니다. 예수께서 오고 계시기 때문입니다. 그리고 하나
님 나라는 아직(yet) 완성되지 않았고 앞으로 임하고 완성될 것입
니다. 예수께서 다시 오실 것이기 때문입니다. "불의를 행하는
자는 그대로 불의를 행하고 더러운 자는 그대로 더럽고 의로운
자는 그대로 의를 행하고 거룩한 자는 그대로 거룩하게 하라 보

라 내가 속히 오리니 내가 줄 상이 내게 있어 각 사람에게 그가 행한 대로 갚아 주리라 나는 알파와 오메가요 처음과 마지막이요 시작과 마침이라"(계 22:11-13). 그리스도의 재림과 더불어 완성될 이 나라는 교회를 통해 영적 이스라엘의 택한 백성을 계속해서 부르심으로 완성될 것입니다. 그것은 눈에 보이는 지상의 교회를 통해 계속되는 일입니다. 이런 의미에서 지상의 교회는 하나님 나라의 공동체입니다. 에드먼드 클라우니 박사는 이를 이 세상 가운데서 감추어질 수 없는 언덕 위의 도성이라고 했습니다. 하나님 나라는 교회를 포함합니다. 교회는 하나님 나라의 일부분이며 하나님 나라는 전체입니다. 하나님 나라는 교회보다 더 넓고 큰 개념입니다. 교회는 하나님 왕국의 일부분입니다. 참된 교회가 존재하는 곳마다 하나님의 통치가 존재하며 그곳이 하나님의 나라가 됩니다.

하나님의 나라는 왕국이 있으며 왕이 존재하십니다. 하나님은 온 우주를 다스리시고 통치하시지만 특별히 자기 백성과 교회, 즉 당신의 나라를 통치하십니다. 교회는 그 하나님 나라의 한 영역으로서 하나님의 통치 아래 있는 신자의 공동체입니다. 따라서 하나님의 나라가 교회를 창조하는 것이며, 교회를 통해 하나님 나라가 완성되어 갑니다. 이런 의미에서 교회는 하나님 나라를 증거하는 하나님 나라의 기관이라 할 수 있습니다. 이 하나님의 나라는 '이미'와 '아직'의 긴장된 관계 속에서 계속해서 그

택자들의 구원 완성을 향해 나아가는 하나님의 통치권입니다. 주기도문의 '뜻이 하늘에서 이룬 것 같이 땅에서도 이루어지다'는 의미가 바로 그것입니다. 인간의 죄와 타락으로 훼손된 하나님 나라가 과거 율법 시대 아래에 이스라엘 민족을 통해, 이제 참신앙을 고백하는 온 세계의 사람들과 그 자녀들로 구성된 교회를 통해 완성되어 갑니다. 구약시대에 이 하나님의 왕국이 이스라엘의 신정국가로 예시되었을 뿐입니다. 새 시대의 도래와 함께 구약의 그림자는 지나가버렸는데, 그 중의 하나가 신정 국가인 이스라엘입니다. 루이스 벌코프는 이를 가리켜 영적 왕국이라 부릅니다. 그는 계속해서 "그리스도의 은혜의 왕국은 신약 성경에서 하나님의 나라 또는 천국으로 부르고 있는 것과 동일하다. 그리스도는 이 나라의 중보자적 왕"이시라고 말합니다.[2]

비록 세상에서 이 나라가 고통을 당하고 여러 악과 죄는 여전히 계속되겠지만, 그리스도의 재림과 함께 새 하늘과 새 땅이 도래할 것입니다. 비록 지상교회가 여전히 복음을 전하고 공법과 정의를 하수같이 흐르게 해야 하겠지만 성경은 복음전파와 사회정의구현을 통해 이 세상이 완전히 의롭게 변모될 것이라 말하지 않습니다. 도리어 주님께서 그 고난의 날들을 감하지 않으신다면, 죄와 악을 통한 환란은 더욱 극심해질 것입니다(마 24:21-

---

2 루이스 벌코프, 『벌코프 조직신학』, 권수경, 이상원 역 (고양: 크리스천 다이제스트, 2001), 654.

22). 이런 의미에서 성경은 종말의 인간사회의 상태에 대해 낙관적이기보다 비관적입니다. 인간의 죄로 말미암은 타락과 악이 이 세상을 이렇게 만들었습니다. 악한 사람들과 속이는 자들은 더욱 악하여져서 속이기도 하며 속기도 할 것입니다(딤후 3:12). 예수 그리스도께서 "내 나라는 이 세상에 속한 것이 아니니라"고 말씀하신 것 역시 바로 이 때문입니다. 하나님의 나라는 완전히 새롭게 임할 것입니다(계 21:1). 거룩한 성 새 예루살렘이 하늘에서부터 내려올 것입니다(계 21:2). 우리는 그 새 하늘과 새 땅을 소망해야 합니다(벧후 3:13).

이런 의미에서 지상의 교회는 천상을 향한 하나님의 장엄한 목적이며 위대한 계획입니다. 사람들의 마음에서부터 시작된 현재적 하나님의 통치가 그리스도의 재림으로 완성될 미래적 하나님의 통치를 기대하고 있습니다. 따라서 마크 데버의 다음과 같은 결론은 본장의 결론이기도 합니다. "천성에서 그리스도인들은 영원토록 온전히 하나님의 사랑 안에 들어갈 것입니다. 오늘날 지상의 교회는 이 다가오는 실재를 점점 더 밝게 비추어가는 존재입니다."[3] 이 천국은 인간뿐 아니라 모든 우주만물을 하나님의 형상으로 회복시킵니다. 아니 그 이상입니다. 하나님 나라는 처음 하늘과 처음 땅은 없어지고 완전히 새롭게 하심으로 완

---

3 마크 데버, 『더 처치』, 김태곤 역 (서울: 아가페북스, 2016), 136.

성됩니다(계 21:1-4). 이런 의미에서 하나님 나라 완성을 위한 구속기관으로서의 지상 교회의 존재 목적은 창조상태로의 회복 그 이상입니다. 교회가 이런 하나님 나라를 드러내는 일에 마음을 모을 때 개교회 성장주의라는 왜곡된 열정을 떨쳐내고 바르게 성장하는 한국교회를 꾀할 수 있습니다.[4]

하나님이 보시는 교회, 사람이 보는 교회

하나님께서는 바로 "이 보이는 (지상 또는 지역)교회에 직분과 말씀과 규례들을 주셔서 이 세상 끝날까지 성도들을 모으시고 완전하게" 하십니다(웨스트민스터 신앙고백서 제25장 3항). 이 보이는 교회는 세상 끝날에 완전하게 완성될 눈에 보이지 않는 하나님 나라를 위해 존재합니다. 앞서 잠시 언급했듯이 지금 우리는 한편으로는 보이지만 다른 한편으로는 보이지 않는 교회에 대해 말하고 있습니다. 이는 하나의 예수 그리스도의 교회가 가지는 다른 두 양상입니다. 눈에 보이지 않는 교회는 하나님이 보시는 교회입니다. 보이는 교회는 사람이 보는 교회입니다. 사람은 신앙을 외적으로 고백함으로 사람이 보는 교회의 회원이 되지만, 하나님이 보시는 교회의 회원은 하나님의 영원하신 작정으로 말미암습니다. 사람이 보는 교회의 숫자는 증가하기도 하고 감소하기

---

4 유태화, 부록: 코비드 19상황 종식 이후 교회의 존재와 삶, 샘 올베리, 『교회, 나에게 필요한가?』 홍병룡 역 (아바서원, 2020), 150.

도 하지만 하나님이 보시는 교회의 숫자는 고정되어 있고 결코 변하지 않습니다. 사람이 보는 교회에 알곡과 가라지가 섞여 있는 이유도 바로 이 때문입니다(마 13:1-30). 신앙고백서가 "하늘 아래 가장 순수한 교회라 할지라도 혼합과 오류에서 벗어날 수 없다"고 말한 이유도 이 때문입니다(웨스트민스터 신앙고백서 제25장 5항). 그렇기에 칼뱅은 다음과 같이 말합니다.

> 여기에는 오직 양자됨의 은혜를 입어 하나님의 자녀들이요 성령의 거룩하게 하심으로 말미암아 그리스도의 참된 지체들인 자들 이외에는 어느 누구도 속할 수가 없다. 이렇게 볼 때, 이 교회에는 현재 이 땅에 살고 있는 성도들만이 아니라 세상이 시작된 이래 모든 택하심을 받은 자들이 포함되는 것이다.[5]

따라서 우리는 사람이 보는 교회의 연약과 결점으로 하나님이 보시는 교회를 경솔하게 비난하고 정죄하는 일반화의 오류를 저지르지 말아야 합니다. 그렇다고 해서 지역 교회의 혼합과 오류를 합리화해서도 안 됩니다. 교회는 그리스도의 몸이요 신부이기 때문에 거룩하고 경건하고 정결해야 합니다. 참된 교회와 교회의 지도자들은 보이는 교회의 숫자의 증감여부에 일희일비하기보다 하나님께서 보시는 무형교회의 부흥을 위해 진력해야 합

---

5   존 칼빈, 『기독교강요, 하』 21. (4.1.7.)

니다. 교회를 섬기고 봉사하는 교인들 역시 늘 하나님이 보시는 교회를 염두에 두고 신앙생활해야 합니다. 나아가 개교회 중심주의를 넘어 종국에 완성될 하나님의 나라를 바라보며 신앙고백서가 공히 고백하는 것처럼 "아멘 주 예수여 오시옵소서!"라고 열렬히 고백하면서 언제든 준비하며 살아야 합니다(웨스트민스터 신앙고백서 제33장 3항; 벨직 신앙고백서 제37항).

완성될 하나님의 나라를 고대하며 주 예수 그리스도의 재림을 열렬히 기다리는 동시에 인간적인 방심에 빠지지 않고 언제든 준비하며 살아가는 교회가 될 때만 한편으로는 율법폐기론주의에 다른 한편으로는 율법주의에 빠지지 않고 균형 잡힌 신앙생활을 수행할 수 있습니다.

나눔을 위한 질문

❶ 지상 교회에 천국의 모습이 있다는 것은 무엇을 의미합니까?

❷ 교회와 하나님 나라 가운데 무엇이 더 큽니까? 그 이유는 무엇입니까?

❸ 하나님의 나라와 교회를 이미(already)와 아직(not yet)이라는 단어로 설명해 봅시다.

❹ 지상 교회 안에 알곡과 가라지가 섞여 있는 이유는 무엇입니까?

❺ 하나님이 보시는 교회와 사람이 보는 교회가 무엇인지 설명해 봅시다.

❻ 교회와 하나님 나라는 우리가 교회를 어떤 관점으로 섬겨야할 것을 암시하는지 토의해 봅시다.

2부
직분

7장

교회의 질서와 정치

교회는 하나님 나라의 가시적 기관이며 하나님 나라 완성을 위한 구속기관이라 했습니다. 그렇기에 교회의 특징 가운데 하나는 보이기도 하며 또한 보이지 않기도 하는 것입니다. 달리 말하면 하나님이 보시는 교회가 있으며 사람이 보는 교회가 있습니다. 하나님 나라는 보이지 않으며, 교회는 보입니다. 하나님 나라와 교회의 이런 특징은 교회의 질서와 정치에도 동일하게 적용됩니다. 이런 의미에서 교회의 질서와 정치 역시 보이지 않는 국면이 있고 동시에 보이는 국면이 있습니다. 교회 정치의 보이지 않는 국면과 보이는 국면을 균형 있게 강조해야만 올바른 교회 정치체제를 이해할 수 있습니다.

교회는 질서 있는 기관

우선 교회 정치에 대해 잘못된 오해 하나를 제거하면서 시작해야겠습니다. 적지 않은 사람들이 교회와 정치는 아무런 관련이 없다고 생각합니다. 이런 생각의 기저에는 교회는 정치적 집단이 아니라는 생각이 자리합니다. 물론 교회는 전문적인 정치적 집단이 아닙니다. 그러나 교회에도 역시 정치는 필요합니다. 정치란 무엇입니까? 정치란 크게는 나라를 다스리는 일이고, 작게는 공동체를 다스리는 일입니다. 나라나 공동체를 다스리려면 행정 절차의 형태를 갖춘 정치적 조직체가 필요합니다. 교회정치 역시 예외가 아닙니다.

사람들이 생각하는 '교회' 하면 떠올리는 단어는 일반적으로 사랑입니다. 하나님 역시 '사랑'의 하나님이십니다. 의심의 여지 없이 사랑은 하나님의 위대하신 속성 가운데 하나입니다. 그렇기에 적지 않은 사람들이 교회 내에 어떤 문제가 발생한다 할지라도, 하나님은 사랑이시며 교회는 사랑을 실천해야 하기 때문에 무조건 다 포용하고 이해해 주어야 한다고 생각합니다. 이런 생각은 하나님의 다스림을 오해하는 생각입니다. 하나님은 사랑의 하나님이신 동시에 공의의 하나님이시기 때문입니다. 동일하게 하나님은 어지러움이 아니라 질서의 하나님이십니다(고전 14:33). 이는 교회의 예배와 행정과 정치 모두에 적용됩니다. 즉, 하나님의 나라와 교회는 사랑이라는 명목하게 사람들이 각기 자기 소견에 옳은 대로 행하는 곳이 아닌 매우 질서 있는 기관이며, 다스림이 필요한 조직체라는 것입니다.

그런데 교회정치는 세상 정치와 달리 그 성격이 영적입니다. 벨직 신앙고백서에 따르면 참된 교회는 주님이 가르치신 "영적 질서"에 따라 다스려져야 합니다(제30항). 어떤 의미에서 그리스도인은 두 가지 정치체제 아래에서 살아가는데 하나는 세속의 정치체제이며 다른 하나는 영적 정치체제입니다. 우리는 작게는 대한민국의 시민이며 크게는 하나님 나라의 신민입니다. 대한민국의 시민이 헌법의 질서에 따라 살아가듯 하나님 나라의 백성들은 영적 정치체제인 하나님의 말씀에 따라 살아갑니다. 초점은 교회가 질서 있는 기관이며, 영적 다스림을 받아야 할 기관이라는 것입니다. 이 다스림을 위해 하나님께서는 말씀을 주셨고 성례를 주셨습니다. 교회는 말씀을 중심하여 권징을 시행함으로 교회와 교회의 회원들이 고요하고 단정한 신앙생활을 하도록 돕습니다. 벨직 신앙고백서는 이런 방식으로 참된 신앙이 보존되며 참된 교리가 전파되고 죄를 범한 자들은 형벌과 제재를 받는다고 진술합니다. 말씀과 성례와 권징이 시행되지 않는다면, 교회는 올바로 다스림을 받지 못할 것이며 매우 무질서하게 됩니다. 참된 교리가 전파되고 죄를 형벌하고 제재할 때, 교회 안의 모든 일이 정당하고 질서 있게 이루어집니다. 교회는 질서 있는 기관인데, 그것은 개인주의적 질서도 민주주의적 질서도 공산주의적 질서도 아닌 그리스도의 말씀이 통치하는 질서입니다.

직분으로 구현되는 영적 질서

그렇다면, 주님이 말씀으로 가르치신 '영적 질서'란 구체적으로
무엇일까요? 웨스트민스터 신앙고백서는 그리스도께서 이 보편
적인 보이는 교회에 "직분과 말씀과 하나님의 규례들을 주셔서
이 세상에서 세상 끝날까지 성도들을 모으시고 완전하게 하신
다"라고 고백합니다(제25장 3항). 교회의 존재 목적이 이 세상 끝날
까지 성도들을 모으고 완전하게 하는 것인데, 그 방법이 직분과
말씀과 규례들이라는 말입니다. 이제까지 우리는 교회가 그리스
도를 머리로 하는 그의 몸이요 지체들이라고 말했습니다(골 1:18;
고전 6:15; 12:12). 그렇다면 지체된 교회는 머리된 그리스도의 다스
리심에 순종할 책무가 있습니다. 그런데 그리스도의 영적 다스
리심이 시행되는 방식이 직분과 말씀과 하나님의 규례들입니다.
그렇기에 교회에는 "하나님의 말씀을 설교하고 성례를 집례하는
목사들 또는 사역자들"과, 교회의 회의를 구성하는 "장로들과 집
사들"이 있어야 합니다(벨직 신앙고백서 제30항).

　　그리스도께서 다스리시는 영적 질서는 목사와 장로와 집사라
는 직분자들을 통해서 구현됩니다. 눈에 보이지 않지만 역사하
는 그리스도의 보이지 않는 통치가 눈에 보이는 직분자들의 정
치를 통해 이루어집니다. 바울은 그리스도께서 교회에 사도, 선

지자, 복음전하는 자와 목사와 교사를 주셨고, 장로(감독)과 집사를 주셨다고 말합니다(엡 4:11-12; 딤전 3:1-10). 이런 직분들은 모두 봉사와 섬김의 직분들입니다. 그렇기에 칼뱅은 교회가 오직 주께서 다스리고 통치하셔야 하며 그리스도만이 최고의 자리와 권위를 차지하셔야 한다고 올바르게 말합니다. 하지만 우리 주님이 가시적으로 거하시지 않기 때문에 사역자들을 일종의 대리자로 사용하여 그분의 뜻을 공개적으로 선포하게 하시는 것이라고 말합니다. 하나님은 이런 방식으로 교회를 돌아보십니다. 이를 통해 교회의 성도들은 겸손을 실천하고 훈련하게 됩니다. 왜냐하면 우리와 똑같은 사람들을 통해서 −때로는 우리보다 비천한 사람들을 통해서 까지도− 주의 말씀이 전해진다 할지라도 우리로 하여금 그 말씀을 순종하는 일에 익숙하도록 만드시기 때문입니다.[1] 그러므로 교회의 직분은 세속적 의미에서의 계급적 권위가 아닌, 영적 질서가 부여하는 파생적 권위를 지닙니다. 종종 이런 질서와 다스림을 배격하고 폐지하려는 사람들을 보게 됩니다. 하지만 누구든지 어떤 이유에서든 이런 질서와 다스림이 필요 없다거나 나아가 나쁘다고 말하는 자가 있다면 그 사람이야말로 교회를 망치고 파괴시키기 위해 애쓰고 있는 자입니다.[2]

교회에 영적 질서가 바로 잡히고 주님의 다스림이 온전히 시

---

1 존 칼빈, 『기독교강요, 하』 61. (4.3.1.)
2 존 칼빈, 『기독교강요, 하』 63. (4.3.2.)

행되려면 목사는 자기 말이나 세상의 말이 아니라 하나님의 말씀의 가르침의 총체인 교리를 부지런히 가르치고 성례를 시행해야 합니다. 장로는 목사의 설교와 치리와 교훈이 성도들에게 잘 적용되고 있는지 성도들을 심방하며 돌아보고 다스려야 합니다. 집사는 교회 안에 가난한 자들과 아픈 자들을 돌보는 구제 사역에 힘써야 합니다. 그렇기에 직분자들이 자신이 위탁받은 직분의 엄중한 중요성과 그 직무의 내용이 무엇인지 정확히 알고 있어야 합니다. 각자가 자신의 직무가 무엇이며 다른 이들의 직무가 무엇인지를 알지 못한다면, 교회는 무질서해지고 혼란에 빠집니다.

교회의 질서와 정치의 목적

그렇다면 그리스도께서는 왜 교회에 직분자들을 두시는 것입니까? 그것은 교회를 질서있게 다스려 교회와 성도들을 온전케 하여 그리스도의 몸을 세우기 위함입니다(엡 4:12-14). 교회에 질서가 없다면 참된 신앙이 보존될 수 없습니다. 교회에 목사가 없거나, 있더라도 목사의 고유한 성경적 기능을 하고 있지 못하다면, 그 교회는 신앙적으로 매우 허약해집니다. 성경적 설교와 세례와 성찬의 집례는 목사의 고유역할입니다. 보이지 않는 기록된 하나님의 말씀과 보이는 하나님의 말씀인 세례와 성찬을 집례하며 맡겨주신 영혼들을 가르치고 감독하는 영혼의 목자입니다.

장로는 목사와 함께 교회를 치리하고 다스립니다. 죄와 악으로부터 참된 신앙을 보호합니다. 필요하다면 죄를 범한 자들을 형벌하고 제재하여 그리스도의 영광과 교회의 순수성을 보호해야 합니다. 집사는 성도들의 물질적 필요를 돌아보고 개인적으로 구제하며 공적으로 구제하여 교회의 참된 신앙이 보존될 수 있도록 봉사하고 협력합니다.

이런 방식으로 교회는 든든하게 세워져 갑니다. 이로 볼 때 교회에 질서와 정치가 필요한 이유는 참된 신앙을 보존하고 참된 교리를 전파하며, 범죄한 자를 향해 형벌과 제재를 가하며 가난한 자와 비탄에 빠진 자에게 도움과 위로를 제공하여 교회를 그리스도의 장성한 분량에 충만하기까지 자라게 하기 위함입니다(엡 4:13-16). 따라서 교회의 참된 직분자들과 성도들은 이런 교회의 질서를 잘 이해하고 있어야 합니다. 목사는 목사의 직무를, 장로는 장로의 직무를, 집사는 집사의 직무를 해야 합니다. 그 고유한 직무에 있어서 집사가 목사일 수 없고 장로가 목사일 수 없으며 목사가 집사일 수 없습니다.

오늘날 당회와 제직회 공동의회 외에 교회 안에 운영위원회를 비롯한 각종 위원회와 연합회가 우후죽순처럼 등장했고, 이런 기관들이 교회를 다스리고 정치하려 하며 직간접적으로 영향을 끼치려 합니다. 그러나 참된 교회의 영적 질서의 직분은 목사와 장로와 집사이며, 치리회 기관은 당회와 노회와 총회입니다

(웨스트민스터 신앙고백서 제30장 1항; 제31장 1항). 따라서 오늘날의 교회에 가장 시급하게 요구되는 것은 참된 성경적 직분에 관한 교육이며, 더불어 실추된 치리회 기관의 영적 도덕적 권위를 성경적으로 세워가는 것이라 할 수 있습니다.

교회정치체제

이제까지 장로교회의 간략한 정치체제를 설명했습니다. 그러나 교회 정치체제는 장로교회만 있는 것은 아닙니다. 교회를 정치체제로 구분했을 때 크게 세 가지, 즉 감독정치, 회중정치 그리고 장로회정치로 나눕니다. 물론 역사상 교회정치체제를 거부하는 퀘이커파나 다비파와 시민정부 즉 국가가 감독하는 에라스투스 정치제도가 있었지만, 현재 그 모습은 몇몇 국가를 제외하고는 거의 사라지고 존재하지 않습니다.[3] 반면에 감독, 회중, 장로회 정치체제는 지금까지 계속되고 있습니다. 감독정치, 회중정치, 장로회정치는 문자 그대로 감독과 회중과 장로가 각각 정치하는 교회의 조직체계를 의미합니다.

감독정치는 교회의 감독에게 가장 큰 권위구조를 부여합니다. 감독 정치체제 하에서는 감독과 일반 목사라는 두 계급으로

---

3 루이스 벌코프, 『벌코프 조직신학』 837. 벌코프는 어떤 종류의 정치체제도 거부하는 퀘이커파와 다비파는 "유형교회를 조직하는 것을 일종의 죄악"으로 간주하고 있으며, 에라스투스 정치 제제 하에서 목사와 같은 교회의 직원은 "교회를 다스릴 권한이나 능력"이 없다고 말한다. 이런 정치체제는 "예수 그리스도의 머리 되심이라는 근본적인 원리와 충돌하는 것이다." ibid., 837.

나뉘어져 감독에게 상위의 권한을 줍니다.[4] 대표적으로 로마가
톨릭교회와 감리교회가 있습니다. 로마가톨릭교회에서는 교황
이 최고 감독이 됩니다. 교황, 대주교, 주교, 사제, 부제라는 소
위 계급구조(hierachie)를 철저히 따릅니다. 반면, 감리교회 역시
감독제이지만 감독의 권한이 로마가톨릭교회에 비해 현저히 약
합니다. 그러나 여전히 계급적 구조를 가지고 있으며 감독회장
의 권한과 영향력은 실제로 막강합니다. 감독정치체제 하에서
목사는 회중을 목양하지만 감독은 목사들을 다스립니다. 하지
만 모든 목사가 동등하며 목사와 목사 사이에 그 어떤 차별이나
계급이 존재하지 않는 장로교회와 달리 계급적 직분을 강조하는
감독정치, 특별히 로마가톨릭교회의 정치제제는 성경적이지 않
습니다. 성경은 구별된 고위계급의 성직자 집단의 존재를 말하
지 않기 때문입니다.[5]

　반면에 독립파라고도 불리는 회중정치는 모든 교회 정치의
현안을 회중들이 자율적으로 결정합니다. 회중정치체제 하에서
의 한 교회는 완전히 독립된 교회입니다. 물론 회중교회도 지방
회와 총회와 같은 연합체를 구성하기는 하지만 교회의 치리는

---

4 전희준, 『기독교 교파 한눈에 보기』 (고양: 이레서원, 2020), 114.
5 신호섭, 『벨직 신앙고백서 강해』 (서울: 좋은씨앗, 2019), 45. "하나님의 말씀을 맡은 사역자
들은 모두 온 세상의 유일한 감독이자 교회의 유일한 머리이신 그리스도께 속한 목사들이기
때문에 어느 위치에 있든지 동등한 권세와 권위를 지닙니다"(벨직 신앙고백서 제31항, 목사
장로, 그리고 집사).

전적으로 지교회의 회원들에게 있습니다. 이런 정치 체제 하에
서 목사와 같은 교회의 직원들은 가르침과 교회 일반의 관리를
위한 직분일 뿐 그 이상 다스릴 권한이 없습니다. 더욱이 지방회
나 총회와 같은 연합체의 결정 사항은 지교회가 참고할만한 권
고 사항일 뿐 권위를 가진 결정이 되지 못합니다. 벌코프는 개교
회가 다른 교회들로부터 독립되어 있다는 이론은 교회의 통일
성을 표현하기 어려우며, 온갖 독단성의 문을 열어놓을 가능성
으로 인해 이런 정치체제는 하나님의 말씀과 일치하지 않는다고
주장합니다.[6]

　반면에 장로회 정치체제는 장로회가 정치하는 체제입니다.
성경에 기록된 장로와 감독은 동일한 개념과 기능을 수행하는
다른 용어입니다. 신약성경은 장로의 직무과 별개인 감독의 직
무를 따로 세우지 않았습니다.[7] 감독은 장로에 대한 또 다른 호칭
입니다. 바울은 에베소 장로들을 향해 성령께서 그들을 감독자
로 삼고 하나님이 자기 피로 사신 교회를 보살피게 하셨다고 말
합니다(행 20:28). 바울은 여러 곳에서 장로를 감독으로 부릅니다
(딤전 3:1-4; 딛 1:5, 7). 따라서 감독된 장로들은 교회를 감독하고 다
스리고 가르치도록 부르심을 받았습니다. 물론 이들은 말씀과
가르침에 수고하는 장로들이요, 교회를 감독하고 다스리는 장로

6　루이스 벌코프『벌코프 조직신학』 839.
7　가이 워터스,『장로교회의 정치원리』 윤재석 역 (서울: P&R, 2014), 188.

들입니다. 미국장로교회의 헌법은 이에 대해 다음과 같이 말합니다.

> "장로들은 가르치는 것을 포함하여 **연합해서 교회를 치리하고 영적으로 감독한다.** 하나님께로부터 가르치도록 특별하게 은사와 소명을 받고 훈련을 받은 장로들만이 강도장로로서 봉사할 수 있다."[8]

물론 미국 남장로교회는 장로와 집사의 두 직무설을, 북장로교회는 목사 장로 집사의 세 직무설을 주장하는데, 이에 대해서는 목사와 장로직분을 다루는 장에서 더 상세하게 살펴보기로 하고 여기서는 다만 이런 직무들이 교회를 잘 다스리고 감독하는 일에 관계되어 있다고 말하는 것으로 만족해야 하겠습니다. 중요한 점은 장로교회 정치체제는 성경적이고, 초기교회 역사에서 발전한 것이라는 사실입니다(행 15:1-2; 딤전 4:4). 그리스도께서는 만일 형제가 범죄하거든 가서 너와 그 사람과만 상대하여 권고하라고 명령하십니다(마 18:15). 그러나 범죄한 자가 회개하기를 거부한다면 두세 증인을 데리고 말마다 확증하게 하라고 말씀하셨습니다(마 18:16). 그러나 그 죄인이 또 다시 회개를 거부하고 계속해서 완고하게 고집을 피운다면 이제는 그것을 "교회에 말하

---

8 BCO, 7-2. 미국장로교회의 헌법.

라"고 말씀하십니다(마 18:17). 우리는 이를 통해 앞서 잠시 언급한 권징의 3단계를 볼 수 있습니다. 첫째로, 개인적인 권징입니다. 둘째로 증인을 동반한 권징입니다. 셋째로 교회 치리회에 의한 권징입니다. 교회의 말도 듣지 않거든 그런 사람을 이방인과 세리와 같이 여기라고 하셨습니다. 범죄한 자의 권징이 교회에 맡겨져 있습니다. 히브리서 기록자는 "너희를 인도하는 자들에게 순종하고 복종하라 그들은 너희 영혼을 위하여 경성하기를 자신들이 청산할 자인 것 같이 하느니라"고 말합니다(히 13:17). 이 말씀들은 교회가 권징을 포함한 정치를 소유하고 있음을 잘 보여줍니다.

이로 볼 때, 교회는 무질서하지 않으며, 교회를 다스릴 정치 조직체를 지닌 기관입니다. 웨스트민스터 대요리문답 제18문답은 이런 교회의 정치와 질서를 하나님의 섭리사역과 관련하여 다음과 같이 설명합니다.

> 하나님의 섭리 사역은 자신의 모든 피조물을 가장 거룩하고 지혜롭고 힘 있게 보존하고 다스리시는 것이며, 하나님 자신의 영광을 위하여 그 모든 피조물들과 그것들의 모든 운동에 질서를 부여하시는 것이다.

어떤 이들이 생각하듯이 교회는 조직이나 정치기능이 없는 흐물흐물한 연체동물이 아닙니다. 교회는 그 자체로 탄탄하며 강력한 질서와 정치를 소유합니다. 하나님은 그 자신의 영광을 위하여 교회를 다스리는데 말씀과 직분과 규례를 수단으로 통치하십니다. 그렇다면, 이런 통치에 마땅히 순복하는 것이야말로 하나님의 가장 거룩하고 지혜롭고 힘 있는 섭리사역에 순종하는 것이 됩니다.

이런 장로교회의 질서와 정치의 목적은 예수 그리스도께서 친히 다스리시는 교회, 즉 성도들을 하나님의 아들을 믿는 것과 아는 일에 하나가 되어 온전한 사람으로 장성하게 하기 위함입니다(엡 4:13). 교회들마다 그리스도의 말씀이 가르치신 대로 영적 질서를 따라 다스려지는 성경적 교회들이 되기를 소망합니다.

나눔을 위한 질문

❶ 교회에 왜 정치가 필요하며, 교회정치의 특징은 무엇입니까?

❷ 교회의 영적 질서는 무엇을 방편으로 수행됩니까?

❸ 칼뱅은 교회정치와 다스림이 필요없고 심지어 나쁘다고 주장하는 사람들을 가리켜 어떤 사람이라고 규정하고 있습니까?

❹ 교회에 정치와 질서가 필요한 이유와 목적은 무엇입니까?

❺ 교회역사에 존재했던 교회정치체제를 크게 세 가지로 구분하여 설명해 봅시다.

❻ 저자가 장로회 정치체제가 가장 성경적이라고 주장하는 이유는 무엇입니까?

8장

교회의 직무와 직분

교회는 질서 있는 기관이며, 이런 교회의 질서는 직분자를 통해 구현되는 영적 질서로서 성도들을 온전케 하여 그리스도의 몸을 세웁니다(엡 4:12-14). 교회에 있어서 그 직무와 그것을 수행하는 직분자들의 중요성은 아무리 강조해도 지나치지 않습니다. 모든 직분자는 자신의 직무가 무엇인지 알아야 하며, 그 직무대로 봉사해야 교회다운 교회가 될 수 있으며, 세상의 소금과 빛이 될 수 있습니다.

앞서 교회는 질서 있는 기관이며, 하나님은 영적 질서를 통해 교회를 다스리신다고 했습니다. 하나님의 다스림으로서의 영적 질서는 눈에 보이지 않지만 눈에 보이는 교회 정치를 통해 구현되는데, 그 정치의 핵심에 교회의 직무(church office)를 수행하는 직분자들이 있습니다. 바울은 에베소 교회에 편지하면서 교회의 직분자들을 가리켜 사도, 선지자, 복음 전하는 자, 목사와 교사를 말한바 있습니다(엡 4:11). 이들은 모두 하나님의 말씀을 통해 그리스도의 몸된 교회를 온전히 세우는 일을 수행합니다. 일반적으로 사도와 선지자와 복음 전하는 자는 구약시대와 신약시대의 초기에 존재했던 직분으로, 교회시대인 오늘날에도 계속되거나 유지되는 직무가 아닙니다.

특별직무 일반직무

선지자들은 하나님이 부르셔서 계시의 말씀을 대언한 자들이었고, 사도들은 예수님이 직접 부르셔서 복음의 기초를 놓았으며, 누가나 디모데, 디도와 같은 복음 전하는 자들을 통해서는 초대 교회를 탄생하게 하셨습니다. 성경계시가 완성되고 초대 교회가 탄생되었기에 선지와 사도들, 그리고 특별한 목적으로 존재했던 복음 전하는 자들의 사역은 끝났습니다. 계시의 완성은 계시 전달자로서의 사도와 선지자의 중지를 뜻합니다. 특별히 선지와 사도의 직무가 끝난 사실은 신약에서 그들의 직무 계승을 위한 그 어떤 준비에 대해서도 찾아볼 수 없다는 사실에서 확인됩니다.[1] 이런 직분을 가리켜 특별직무 또는 일시적 직무라 부릅니다.

반면에 하나님께서는 교회 시대에 일반직무 또는 영구한 직무를 주셨는데 그것은 바로 목사와 교사입니다. 교사는 목사의 또

---

1 가이 워터스, 『장로교회의 정치원리』, 181.

다른 직무이며 기능입니다. 신약성경의 다른 부분들을 통해 우리는 감독으로서의 장로와 집사의 직분 역시 일반직무임을 확인하게 됩니다(딤전 3장; 딛 1장). 특별히 성경은 목사를 감독, 목자, 장로, 사역자, 전도자 등으로 다양하게 묘사합니다(행 20:28; 엡 4:11; 벧전 5:1-4; 고후 3:6; 딤후 4:5). 하나님께서는 이 신약의 직분자들에게 은사들을 부여하시고 특별히 부르셔서 주님이 다시 오실 때까지 주님의 몸된 교회를 치리하고 감독하게 다스리게 하셨습니다. 이들이 없으면 교회가 절대로 앞으로 나아갈 수가 없습니다.[2]

오늘날 소위 신사도주의자라 불리는 사람들이 있습니다. 그리스도께서 직접 부르신 사도직이 오늘날에도 계승된다고 주장하는 자들입니다. 이들은 주로 병을 고치고 여러 이적과 은사를 베풀며 미래를 예언하고 하나님의 말씀을 대언한다고 주장합니다. 이들은 하나님께서 자신들과 대화하시고 자신들에게 전파할 말씀을 직접 주신다고 말합니다. 만일 그렇다면 성경계시는 최종적으로 완성된 것이 아니며, 불완전한 계시가 됨으로 믿을 수 없게 됩니다. 아울러 하나님이 지금도 그들에게 직접 당신의 뜻을 말씀하신다면, 그 말씀이야말로 최종적 권위를 가지게 됩니다. 그러나 이것은 명백한 이단이요 반성경적인 주장들입니다. 사도요한은 영들을 다 믿지 말고 영들이 그리스도께 속하였나

---

2 존 칼빈, 『기독교강요, 하』 65. (4.3.4.)

분별하여 보라고 했습니다(요일 4:1). 또한 바울은 기록된 말씀 밖에 넘어가지 말라고 경고하기도 합니다(고전 4:6). 보혜사이신 성령님조차 이 세상에 오셔서 우리를 모든 진리 가운데로 인도하시며 스스로 말하지 않고 들은 것을 말씀하십니다(요 16:13). 주님께서도 그가 내 것을 가지고 너희에게 알리실 것이라 하셨습니다(요 16:13-14).

하나님의 정치와 질서는 언제든지 하나님의 말씀과 관계되어 있습니다. 하나님께서는 오늘날 기록된 신약과 구약 성경말씀과 직분자들과 규례들을 주셔서 교회를 다스리게 하십니다. 그러므로 교회는 무슨 신령하고 신비한 환상이나 예언이나 꿈이나 황홀경과 같은 것들을 미신적으로 추구하지 말고, 교회에 허락하신 직분자들의 일반적인 다스림에 순종해야 합니다.

직분자는 하나님이 세우심

그렇다면 일반 직무를 수행하는 직분자들은 어떻게 세워집니까? 일반적으로 우리는 교회가 필요로 해서 직분자를 세운다고 생각하는 경향이 있습니다. 사람의 시각에서 보자면 맞는 말이기도 하지만, 엄밀히 말해 직분자는 하나님이 세우십니다. 신앙고백서는 "그리스도께서는 이 보편적인 보이는 교회에 직분과 말씀과 하나님의 규례들을 주셔서" 성도들을 모으시고 완전하게 하신다고 말합니다(웨스트민스터 신앙고백서 제25장 3항). 교회 중에 직분자를 세우시는 분은 하나님이십니다(고전 12:28; 히 5:4-5). 직분자를 하나님이 세우신다는 말이 무슨 뜻일까요? 직분자는 교회가 필요하기 때문에 교회가 임명하거나, 회중들이 선호도에 따라 임의로 임명하는 것이 아니라는 말입니다. 하나님께서 세상 끝날까지 당신의 교회의 완전함을 이루기 위해 세우시는 것이 바로 교회의 직분이라는 말입니다. 아볼로나 바울은 주께서 각각 주신 대로 믿게 한 사역자들이었습니다(고전 3:5). 이런 의미에서 교회의 사역자들은 하나님의 일의 동역자들이 됩니다(고전 3:9). 주님께서는 추수할 것은 많되 일군은 적으니 추수할 일군을 보내어 달라고 하나님께 기도하라 명하셨습니다(눅 10:1-2).

이런 의미에서 직분자를 세우시는 하나님의 목적을 의식하지 않는 직분자 임직을 통한 매관매직은 신성모독입니다. 단순히 영향력이 크거나 재물이 많거나 신앙생활의 경력이 매우 오래 되었다고 해서 하나님의 부르심이 없고 자격이 되지도 않으며, 성도들의 인정을 받지도 못하는 자들을 결코 직분자로 세울 수는 없습니다. 왜냐하면, 지상교회에는 사람들이 자의 반 타의 반 부적절한 방법으로 직분을 취하기 위해 밀고 들어오는 일들이 수없이 발생하기 때문입니다. 어떤 이들은 제법 나이가 들었기에 직분을 받는 것을 당연히 여깁니다. 또 어떤 이들은 직분을 높은 계급으로 여겨 직분을 받으려 합니다. 또 다른 이들은 교회 일에 열심히 관여하고 봉사하고 섬기기 때문에 부르심이 없어도 직분 받는 것을 마땅히 여깁니다. 이런 사람들이 그릇된 동기로 직분을 받으려 할 때 그런 일들을 묵인하고 적당히 타협한다면 참된 교회를 구현하기 어렵습니다. 직분자들을 너무 세우지 않는 것도 문제지만, 자격없는 직분자를 너무 자주 많이 세우는 것도 심각한 문제입니다.

웬만한 규모의 교회들은 정기적으로 장로 권사 안수집사를 피택하고 임직합니다. 어떤 경우에는 수십, 수백 명에 육박하기도 합니다. 임직을 받을 때 장로와 안수집사와 권사가 수천만원에서 수백만원에 이르기까지 임직헌금을 규정해 놓은 교회들도 심심찮게 발견할 수 있습니다. 물론 임직자가 피택에 감사해 교회와 성도와 이웃을 위해 자원하여 기쁨으로 연보하고 섬기는 일은 바람직하며, 막을 필요가 없습니다. 이런 일로 피택자가 상담을 요청한다면, 목회자가 기꺼이 조언하고 권면할 수 있습니다. 그러나 교회가 일정 금액의 피택 헌금이나 피택 예산을 정해놓는 일은 전혀 바람직하지 않습니다. 우선 하나님은 사람을 직분자로 부르실 때 그가 가진 재물에 좌우되지 않으시기 때문입니다. 둘째, 만일 상당한 액수의 임직 연보를 정해놓는다면 그것이 피택의 기준이 될 것이며, 재력이 없는 상대적으로 가난한 이들은 피택과정에서 제외될 것이기 때문입니다. 셋째, 그렇다면 마지막으로 이는 성경적 기준이 아닌 인간적 기준으로 직분자를 세우는 결과를 낳습니다. 이런 방식으로 직분자 피택이 왜곡되고 남용될 수 있습니다.

직분자는 사람이 세우는 것이 아니며 심지어 교회가 필요해서 세우는 것도 아니며, 교회의 재정이나 비품을 충당하기 위해 세우는 것도 결코 아님을 명심해야 합니다. 직분자는 하나님께서 당신의 교회를 다스리시고 가르치시고 양육하시기 위해 하나님이 세우시는 것입니다.

누가 직분자의 소명을 받는가?

바로 이점에 있어서 직분자를 세우는데 성경과 신앙고백이 공히 강조하는 것이 바로 하나님의 부르심입니다. 누가 이 거룩한 직무를 수행할 직분자여야 하는가? 직분으로의 부르심, 즉 소명이 있어야 합니다. 그렇기에 벨직 신앙고백서는 "하나님이 자신을 부르심에 증거를 가지고, 그 부르심을 확신할 수 있도록 하나님이 그를 부르시기를 기뻐하실 때까지 기다려야" 한다고 말합니다(제31항, 목사, 장로, 그리고 집사). 구약에서 하나님은 선지자들을 직접 부르셨고, 신약에서도 그리스도께서 사도들을 직접 부르셨습니다. 안디옥 교회는 직분자를 세울 때 주를 섬겨 금식하며 기도했습니다(행 13:2-3). 바울은 디모데에게 아무에게나 경솔히 안수하지 말라고 권면합니다(딤전 5:22).

하나님이 부르신 자들을 기도 가운데 찾고 그들에게 안수하여 직분을 세워야 한다는 것입니다. 또한 직분자로 부르심을 받은 자들은 자신에게 그 직분을 사모하는 내적인 강한 확신과 열망과 기쁨, 그리고 하나님의 강권하심이 있는지 확인해야 합니다. 직분을 사모한다는 것은 단순히 그 직분의 지위를 탐내는 것이 아니라, 직분을 통해 섬기고 봉사하려는 마음을 견지하는 것을 뜻합니다. 주님의 몸 된 교회를 사랑하고 성도들을 아끼며, 교회와 성도를 위해 봉사하고 일하는 것이 기쁘고 즐거운 것이 되어야 합니다. 이것이 선한 일을 사모하는 것의 의미입니다. 선한 일을 사모하는 마음이 없이 직분자가 될 수는 없습니다(딤전 3:1). "미쁘다 이 말이여, 곧 사람이 감독의 직분을 얻으려 함은 선한 일을 사모하는 것이라 함이로다"(딤전 3:1). 이를 가리켜 신학적 용어로 내적 부르심이라고 합니다. 하나님께서 직분자가 될 사람의 마음에 선한 일을 사모하도록 역사하시는데, 이런 부르심을 입은 자들은 그것을 느끼고 확신하게 됩니다. 따라서 이런 자들은 직분자로 임직을 받기도 전에 이미 그럴 준비가 되어 있는 자들입니다.

동시에 그런 내적 부르심이 있는 자들이 과연 성령과 지혜가 충만한 자들이며 성도들에게 칭찬을 받고 있는지 확인해야 합니다. 이것을 우리는 교회의 회중들을 통해 확인되는 외적 부르심이라 할 수 있습니다. 왜냐하면, 때때로 강력한 자기 확신은 자신을 기만할 수 있기 때문입니다. 하나님이 부르시지 않았는데 얼마든지 부르셨다고 생각할 수 있기 때문입니다. 그 가장 대표적인 실례가 단순한 감정적 확신과 교만입니다. 하나님의 내적 부르심을 입은 자들의 특징은 그 은혜에 감격하고 감사하는 것과 동시에 하나같이 감히 자신이 그것을 감당할 자격이 없다는 상태에 직면합니다. 그러나 자기 스스로 하나님이 자신을 부르셨다고 생각하는 사람은 겸손한 감격보다는 자기 확신에 기초한 교만이 그 마음에 똬리를 틀고 있습니다. 신구약 성경 전체를 볼 때 언제든지 하나님의 참되신 부르심을 입은 자들의 공통적 특징은 교만이 아니라 겸손입니다. 이런 겸손은 섬기는 교회의 성도들을 통해 확인됩니다. 교회의 성도 누가 보아도 교만하다고 여겨지는 자가 직분자가 될 수 없습니다. 참된 부르심을 입은 자들은 교회의 성도 누가 보아도 겸손하다는 평가를 받게 됩니다. 교회는 합법적인 선거와 투표라는 외적 부르심을 통해 피택자들의 내적 부르심을 확증하고 확인합니다. 피택자들은 그 결과가 어떠하든지 합법적인 선거의 결과를 통해 하나님의 뜻이 드러났음을 겸허히 인정하고 받아들여야 합니다.

따라서 이런 방식으로 직분자가 임명되지 않는다면, 교회는 무질서해지고 혼란에 빠질 수 있습니다. 시쳇말로 중직자들이 사고를 치지 초신자가 사고치는 법은 많지 않다고들 말합니다. 중세 로마 가톨릭 시대의 계급 구조 속에서 직분이 매관매직되었고, 그러다보니 재세례파와 같은 극단주의자들은 직분의 권위를 파괴했으며, 교회의 마땅한 질서를 훼손했습니다. 따라서 우리는 칼뱅의 다음과 같은 말을 새겨들을 필요가 있습니다. "부르심을 받지 않은 상태에서 교회의 공적인 직분을 차지하는 일이 없도록 특별히 주의해야 한다. 어떤 사람이 교회의 참된 사역자로 여겨지려면 정당하게 소명을 받아야 하며 그 후에 그의 소명에 응답해야 한다. 즉 주어진 임무를 수행해야 한다."[3]

교회는 진실한 직분자들을 피택해야

그렇기에 교회가 직분자들을 피택하려면 직분을 받을 자들이 자신의 부르심이 하나님으로부터 온다는 굳건한 확신과, 성령과 지혜가 충만하여 성도들의 칭찬을 받고 있는지를 확인해야 합니다. 아무나 쉽게 직분자를 임명해서는 안 됩니다. 한국 교회의 가장 큰 문제 가운데 하나가 무분별한 직분자 임직입니다. 대형교회에서 안수집사로 피택을 받아 수천만원 임직헌금을 하고 안수를 받았음에도 지금은 신앙생활을 하지 않는 이들을 주변에서 심심찮게 발견할 수 있습니다. 이로 볼 때 직분자의 임명은 매우 엄중하고 까다로워야 합니다. 그럼에도 교회는 진실한 직분자들을 세우는 일을 주저해서는 안 됩니다. 인간의 판단과 기호와 선입견과 이해관계가 성경과 교리의 기준보다 높아서는 안 됩니다. 어떤 교회는 개척한지 20년이 되었고 교인수도 이천여 명에 육박하는데, 그때까지 여전히 시무장로가 존재하지 않습니다.

---

[3] 존 칼빈, 『기독교강요, 하』, 70. (4. 3. 10.)

신기하고 놀라운 일입니다. 이유는 장로 될 만한 자격을 갖춘 사람이 전혀 없다는 것이었습니다. 나는 정말 궁금합니다. 과연 그 교회의 목사는 목사가 될만한 자격을 완전히 다 갖추었을까? 장로교회가 10년 20년이 지났는데도 장로가 없고 안수집사와 같은 직분자가 없다면 여전히 미조직 교회이고, 엄밀한 의미에서 장로회의 치리가 없는 교회이며, 장로교회라 불릴 수 없습니다. 장로 자격이 없어 장로를 세우지 못했다면, 그런 장로 후보자를 양육하지 못한 목사의 자격 미달이 도마에 올라야 합니다.

교회를 개척하고 몇 년 지나지 않았을 때의 일입니다. 어떤 목사가 내게 "장로 뽑아 놓으면 골치 아프니까 앞으로 목회하면서 절대로 장로는 세우지 말라"고 걱정스런 눈빛으로 말한 적이 있습니다. 정말 그렇다면 장로교회 말고 다른 회중교회나 다른 교회를 목회해야 하지 않을까요? 알고 보니 그 교회의 장로가 연세가 지긋한 손위 친척이었고 사사건건 목회자를 힘들게 한다는 말을 나중에서야 듣게 되었습니다. 그 장로가 돌아가실 때까지만 참고 기다린다는 비참하고 슬픈 이야기를 들었습니다. 비록 직분의 왜곡으로 말미암아 직분자들 사이의 오해, 암투, 소통의 부재, 시기, 질투, 반목이 존재하지만, 그런 것이 무서워 직분자를 세우는 일을 소홀히 하거나 주저한다면 교회는 건강하게 성장하지 못합니다.

그러므로 교회는 합법적인 선거를 통해 피택자를 각자의 직무에 선출하고 이 일을 하나님의 말씀이 가르치는 '질서'와 주님의 이름을 부르는 '기도' 가운데 행해야 합니다(벨직 신앙고백서 제31항). 그렇게 할 때 직분자들은 자신이 받은 직무가 엄중한 것이며 교회를 세우는 봉사의 직분임을 깨달아 겸손히 사역하게 됩니다. 허순길 박사는 오래 전에 직분자의 삼중적 봉사의 직무에 대해 다음과 같이 말한바 있습니다. "목사 장로 집사는 교회의 주이신 그리스도의 부름을 받은 그리스도의 종들이다. 목사는 그분의 말씀을 전함으로 그분의 선지자적 사역을, 장로는 그분의 교회를 다스리고 돌봄으로 그분의 왕적 사역을, 집사는 그분의 교회에서 자비를 베풀어 그분의 대제사장적 사역을 봉사한다."[4] 물론 이는 각 직분의 독특한 특징을 강조한 전형적인 네덜란드 개혁교회적 표현입니다. 그럼에도 주님은 이런 방식으로 교회와 자기 백성을 돌보시는 것은 사실입니다. 그렇기에 "직분을 알면 교회가 보이는 것"입니다.[5] 목사와 장로와 집사는 머리가 되신 주님의 몸 된 교회를 위해 봉사하는 직분입니다.

하나님께서 교회에 이렇게 직분을 주셨다는 것은 그리스도께서 교회의 머리가 되신다는 고백의 표현입니다. 직분자들과 그들의 직무, 그리고 그들이 선출되는 방식에 대해 올바로 알아야 그리스도께서 어떤 방식으로 교회를 다스리시는지를 알게 됩니

---

4 허순길, 『벨기에 신앙고백 해설』, 424.
5 이성호, 『직분을 알면 교회가 보인다』(서울: 좋은씨앗, 2019).

다. 또한 그럴 때에 성도들은 "하나님의 말씀을 맡은 목사와 교회의 장로들을 그들의 사역으로 인해 특별히 존경"할 수 있으며 왜 "가능한 한 다툼과 논쟁 없이 그들과 화목해야" 하는지를 이해할 수 있습니다(벨직 신앙고백서 제31항). 바울은 데살로니가 교회의 성도들에게 "너희 가운데서 수고하고 주 안에서 너희를 다스리며 권하는 자들을 너희가 알고 그들의 역사로 말미암아 사랑 안에서 가장 귀히 여기며 너희끼리 화목하라"고 명령했고, "가르침을 받는 자는 말씀을 가르치는 자와 모든 좋은 것을 함께 하라"고 권면했습니다(살전 5:12-13; 갈 6:6). 그러므로 참된 주님의 교회에 직분자들이 없다는 것은 상상할 수 없습니다. 목사 장로가 없는 교회는 가르침과 책망함이 없습니다. 집사가 없는 교회는 구제와 섬김과 사랑의 봉사가 약합니다. 직분자들이 없는 교회는 무질서해지기 쉽습니다. 그리고 무슨 일이든 무질서하게 자기 마음대로 행동하는 것보다 더 큰 위험은 없습니다. 하나님의 부르심을 받고 성도들에게 칭찬을 들어 합법적인 절차와 선거에 의해 임직받는 성령과 지혜가 충만한 직분자들이 한국 교회에 더욱 많아지기를 기대합니다.

나눔을 위한 질문

❶ 교회에 맡겨진 직무를 특별직무와 일반직무로 구분하여 설명해 봅시다.

❷ 신사도주의자들의 주장이 이단적인 이유는 무엇입니까?

❸ 직분자는 하나님이 세우신다는 것은 무엇을 의미합니까?

❹ 직분을 받을 때 미리 책정해 놓는 임직헌금은 왜 문제가 됩니까?

❺ 직분을 받는 자는 하나님의 부르심을 소유하는데, 내적 외적 부르심의 측면에서 설명해 봅시다.

❻ 참된 교회에 직분자가 없다는 것은 상상할 수가 없습니다. 그 이유를 배운 내용에 따라 토의해 봅시다.

9장

목사

이전 장에서 교회의 직분자는 하나님이 세우시며, 교회는 하나님이 세우시는 신실한 직분자들을 많이 피택해야 한다고 말한바 있습니다. 피택자들은 하나님이 자신을 부르셨다는 내적 압도감을 지녀야 하며, 동시에 성령과 지혜가 충만한 자로 교회의 승인을 받아야 합니다. 이 가운데 목사의 직분이 있습니다. 모든 직분이 중요하지만 교회에서 차지하는 목사직의 중요성은 아무리 강조해도 지나치지 않습니다. 최초의 장로교 신앙고백서인 프랑스 신앙고백서(1559년)는 교회를 "하나님의 말씀과 그 말씀이 가르치는 순수한 교리에 순종하는 일에 하나가 된 믿는 자들의 회집"이라고 고백합니다(제27항). 성도는 그 말씀 안에서 전 생애에 걸쳐 성숙하고 발전해야 할 사람입니다. 그런데 전 생애에 걸쳐 성도를 성숙하고 발전시켜야 할 그 말씀을 설교하고 가르치는 자가 바로 다름 아닌 목사입니다. 이런 의미에서 프랑스 신앙고백서는 심지어 "목사 없이 교회는 존속할 수 없다"고까지 말합니다(제25항). 이는 교회와 직분에 있어서 목사직무가 얼마나 중대한지를 잘 보여주는 대목입니다.

아무리 강조해도 지나치지 않을 목사직의 중요성

하나님께서는 성도들을 모으시고 완전하게 하시기 위해 직분과 말씀을 주셨고 이 직분자들에게 천국열쇠를 맡기셨습니다(웨스트민스터 신앙고백서 제25장 3항; 제30장 2항). 목사는 구약의 선지자와 같고 신약의 사도와 같습니다. 이 말은 목사가 선지자나 사도라는 의미가 아닙니다. 선지자와 사도들이 수행했던 사역, 즉 하나님의 말씀을 전하는 사역을 목사가 수행한다는 것입니다. 모세는 여호와 하나님께서 자신과 같은 선지자 하나를 일으키시리니 너희는 그의 말을 들으라고 명합니다(신 18:15). 이 말은 이스라엘 백성들이 모세의 말을 들어야 했음을 의미합니다. 또한 하나님께서는 배역한 이스라엘을 위해 하나님 마음에 합한 목자를 보낼 텐데 그들이 지식과 명철로 이스라엘을 양육할 것이라고 말씀하셨습니다(렘 3:15). 초대교회에서 유대인 그리스도인들은 사도의 가르침을 받아야 했습니다(행 2:42). 바울은 디모데의 연소함을 업신여기지 못하게 하고 가르치는 일에 전념하라고 디모데에게 권면합니다(딤전 4:12-13). 구약에서 선지자가 하나님 말씀을 대언하고 신약에서 사도들이 그 말씀을 가르쳤다면, 오늘날 목사들이 기록으로 완성된 하나님의 말씀인 성경을 가르칩니다. 목사는 보이지 않는 하나님의 말씀인 성경을 가르치고, 보이는 말씀인 성례를 통해 하나님의 말씀을 가르칩니다.

오늘날의 목사에 관한 일반적인 평판이나 상황과는 달리 역사적 개혁파 신앙고백서들은 목사를 명예롭게 대하고 존경하는 마음으로 그의 말을 들어야 한다고 권면합니다. 모든 사람은 목사와 장로들을 그들의 사역으로 인해 특별히 존경해야 하며, 가능한 한 다툼과 논쟁 없이 화목해야 합니다(벨직 신앙고백서 제31항). 이유는 목사가 하나님의 말씀을 설교하고 가르치기 위해 부르심을 받았기 때문입니다. 그가 교회의 양무리를 지도하기 위해 합법적인 절차를 통해 정식으로 청빙되었고 그 직책을 충실하게 수행하기 때문입니다. 물론 하나님은 이런 수단이 없이도 역사하실 수 있으시지만 이런 방법으로 우리를 다스리시는 것을 작정하셨고 그것을 좋게 여기십니다. 그러므로 목사는 그 무엇보다도 말씀의 사역자여야 합니다.

자주 교제하는 후배 목사들을 만나면 다양한 정보와 이야기들을 듣게 됩니다. 좀 과장된 이야기일지는 몰라도 수도권의 한 초대형교회 부목사는 3년 동안 주일예배에 참석하기 위해 차를 몰고 오는 교인들의 주차 봉사를 하는 것이 자신의 주 업무였다고 합니다. 어떤 후배 목사는 하루 종일 락스로 예배당 청소하다가 시간을 보내야 해서 자신이 목사인지 청소하는 사람인지 구분할 수 없을 정도였다고 합니다. 물론 우리는 주차관리도 하고 예배당을 청소하여 쾌적한 환경을 만들어야 합니다. 그러나 그것이 목사의 주 업무가 되어서는 곤란합니다. 이는 주객이 전도된 일입니다. 목사의 하루 또는 일주일을 시간 단위로 쪼개어 어떤 일에 가장 많은 시간을 보내는지 보면 그가 무엇을 가장 많이 하고 있는지 알 수 있습니다. 가장 많이 하고 있는 일이 바로 가장 중요한 일입니다. 그리고 목사에게 그 일은 하나님의 말씀을 설교하고 가르치며 기도하는 일에 관계된 일이어야만 합니다.

말씀사역자로서의 부르심

목사의 여러 사역 가운데 가장 중대한 사역은 의심의 여지없이 말씀 사역입니다. 벨직 신앙고백서는 목사를 세 차례나 하나님의 말씀을 맡은 "말씀사역자"로 묘사하고 있습니다(제31항, 목사, 장로, 그리고 집사). 목사는 그 무엇보다도 하나님의 말씀의 봉사자입니다. 하나님 말씀의 공적 설교는 "충분한 은사를 받았을 뿐만 아니라 정식으로 공인되어 이 직분에 부름을 받은 자"만이 설교할 수 있습니다(대요리문답 제158번). 앞서 모든 직분자가 합법적인 절차를 통해 선출되어야 한다고 말했는데, 이는 목사직분에도 동일하게 적용됩니다.

벨직 신앙고백서는 유독 기도와 말씀에 규정된 대로 선한 질서 안에서 교회의 합법적인 선거를 통해 직분에 선출되어야 한다는 점을 강조합니다. 이유는 오늘날에도 여전히 그렇지만 벨직 신앙고백서를 작성할 당시에도 합법적이지 않으며 자격 없는 설교자들이 등장했기 때문입니다. 17세기 재세례파가 그 대표적인 예입니다. 재세례파는 기성교회의 직분과 질서를 부인하면서 누구든지 설교자로 부름을 받을 수 있으며, 누구든지 설교할 수 있다고 가르쳤습니다. 재세례파의 이런 주장으로 많은 교회들이 혼란에 빠졌습니다. 누구든지 자신이 성경을 읽다가 은혜를 받고 감동을 받아 설교할 수 있다고 느끼면 스스로 설교자가 되었습니다. 이런 생각은 교회에 혼란을 가중시키고 하나님께서 부여하신 질서를 무너뜨리는 행위입니다. 이런 견해를 정식으로 가르치는 목사도 있고 교회들도 있습니다. 로이드–존스 박사는 이렇게 사람들을 설교하는 자리로 떠미는 경향이 계속 이어진 원인의 상당 부분이 새신자에게 할·일을 주어야 한다는 생각에 골몰했던 무디와 찰스 피니의 영향력에서 찾아볼 수 있다고 분석합니다.[1] 하지만 이런 생각은 그리스도인으로 복음을 전할 수 있는 것과 설교하는 것을 혼동하는 데서 온 것입니다. 모든 그리스도인은 자신이 어떻게 그리스도인이 되었는지 설명할 수 있어야 하며, 복음을 전하는 전도의 사역을 할 수 있습니다. 또한 자

---

1 마틴 로이드-존스, 『설교와 설교자』 정근두 역 (서울: 복있는사람, 2006), 159.

신의 마음속에 있는 소망에 관해 묻는 자들에게 대답해 줄 수 있어야 합니다(벧전 3:15). 그러나 모든 그리스도인이 설교할 수 있는 것은 아닙니다. 엄밀한 의미에서 설교는 설교자로 부르심을 받은 목사에게 주어진 특권이요 의무입니다. 치리 장로나 안수집사는 설교할 수 없으며 설교해서도 안 됩니다. 다만 설교자 유고시 목사의 지도하에 목사 대신 예배를 진행하고 설교를 대독할 수 있습니다. 교회의 직분자들은 모두 합법적인 선거를 통해 직분자로 임명되어야 합니다. 특별히 목사는 대학과 신학수업을 마치고 노회에서 강도사 인허를 받아 비로소 설교할 권리를 부여받으며, 목사가 될 때까지 섬기는 교회의 담임목사로부터 목회수련을 받다가 목사 임직을 받습니다. 목사가 되면 그는 비로소 합법적인 말씀 봉사자가 되는 것입니다.

따라서 아무리 실력이 뛰어나고 학식이 높으며 식견이 있다 하더라도 목사가 해야 할 말씀 봉사를 장로가 대신할 수는 없습니다. 간혹 오늘날 장로가 목회하는 교회들을 보게 됩니다. 장로가 마치 조선시대 사극에 나올법한 왕 위에 군림하는 상왕처럼 모든 일을 결정하며 심지어 목사를 가르치는 경우도 보게 됩니다. 장로는 다음 장에서 살펴보겠지만 목사와 협력하여 교회를 치리하는 일에 집중해야지, 말씀을 가르치고 영혼을 감독하며 목회하는 일에 집중해서는 안 됩니다. 그것은 목사의 고유 사역이며 전문 사역이기 때문입니다. 매우 예외적인 상황을 제외하고서는 장로는 설교를 할 수 없으며, 집사도 마찬가지입니다. 종종 집사가 목사를 가르치는 상황들을 접하게 됩니다. 또는 목사들이 집사에게 배우는 경우를 듣게 됩니다. 이유가 무엇이든 이런 상황은 교회질서를 왜곡하는 것입니다. 장로나 집사가 목사에게 다른 것을 가르치고 도움을 줄 수는 있어도, 말씀이나 교리를 가르칠 수는 없습니다. 그것은 그들의 고유직무나 전문사역이 아니기 때문입니다. 백번 양보해서 장로나 집사에게 말씀과 교리를 배워야 하는 목사라면, 목사 임직을 받기 전이나 목회를 하기 전이어야 합니다. 시대가 아무리 바뀌었어도 바뀌지 않는 것들이 있습니다. 바로 교회 직분의 직무와 질서입니다.

공적으로 임직을 받지 않은 자들은 사적으로나 공적으로 기회가 주어졌을 때 그리스도의 증인이 될 수는 있지만 공적인 설교사역을 감당할 수는 없습니다. 이런 의미에서 모든 신자가 그리스도의 제자로 부르심을 받지만 모든 신자가 말씀을 설교하라는 특정한 부르심을 받지는 않습니다. 목회사역에는 신적인 소명과 교회의 부르심이 있습니다(행 13:2-4). 그리고 이런 부르심은 한결같이 하나님의 말씀사역과 관계가 있습니다(엡 4:11). 그런 부르심을 받은 자들이 신학교에 입학하여 목회의 훈련을 받아야 합니다. 신학교는 신학생들이 자신의 부르심과 택하심이 과연 확실한지 더욱 열심을 다해 굳게 해야 하는 곳입니다. 신학교는 소명을 받은 자들이 오는 곳이지, 와서 소명을 받는 곳이 아닙니다. 교회와 노회는 소위 사람 만들려고 자격 없는 자를 신학교로 보내서는 결코 안 됩니다. 아주 먼 옛날, 술담배를 끊으려고 신학교 오는 사람, 사고치고 모난 성격을 고치려고 오는 사람, 원하는 대학에 떨어져 신학교나 가야지 하는 사람들이 있었습니다. 그러나 신학교는 그런 사람들이 오는 곳이 아니어야 합니다. 교회와 노회는 설교자로의 내적 외적 부르심이 확실하고 성품이 원만하며 평범한 수준 이상의 지적 능력을 지닌 경건한 자들을 신학교로 보내야 합니다. 이 말은 학벌이 좋아야 한다거나 학위가 있어야 한다는 말이 아닙니다. 하나님이 부르신 자들은 육체를 따라 지혜로운 자가 많지 않고 능한 자나 문벌 좋은 자가 많지 않습니다. 이유는 하나님께서 미련하고 약한 것들을 택하사 지혜로운 자와 강한 자를 부끄럽게 하시기 위함입니다(고전 1:26-27). 그러나 이 말씀은 공부하기를 싫어하고 지적 능력이 없는 자를 의미하지 않습니다. 또한 자신의 무지나 무식을 합리화하기 위해 오용해서도 안 됩니다. 하나님이 부르신 선지자와 사도들은 하나님의 계시를 받았고, 은혜와 진리가 충만한 예수 그리스도로부터 배웠으며, 그로부터 훈련을 받았습니다. 그들은 모두 신구약 성경을 기록하는 은혜와 진리의 사람들이 되었습니다. 따라서 교회에서의 목사의 직무가 그토록 중대하다면, 그들을 훈련하는 과정과 기간 역시 매우 중대하다 할 수 있습니다.

성경을 설교하는 설교자로서의 목사

그렇게 일정기간 목회 훈련을 받고 합법적인 과정을 거쳐 목사가 되었다면 이제 그는 성경말씀을 가르치는 사역에 전무해야 합니다. 목사는 다른 일이 아닌 말씀사역에 부름을 받았습니다. 말씀 사역에 부름을 받은 목사는 바른 교리를 부지런히 가르치며 충성스럽게 하나님의 모든 뜻을 알게 해야 합니다(대요리문답 제159번). 설교자는 하나님의 말씀을 전하라고 위임받은 청지기입니다. 이는 목사에게 두 가지를 교훈합니다. 하나는 오직 하나님의 말씀만을(sola scriptura) 전해야 하며, 다른 하나는 하나님의 말씀 전체를(tota scriptura) 설교하는 것입니다. 목사는 성경분문과 상관없는 자기 말을 하거나 본문에 대한 자기 생각을 전하는 자가 아닙니다. 설교는 강의나 연설이 아니고 훈화나 잔소리나 만담의 시간이 아닙니다. 정치적 선동의 도구는 더더욱 아닙니다. 개인적 간증이나 체험이나 정치적 입장이나 견해는 엄중한 설교시간에 지양되어야 합니다. 제네바 목사회의 칼뱅과 베자는 평생 설교하면서 사적인 언급을 한 횟수가 손에 꼽을 정도였습니다. 설교자는 하나님의 말씀을 대언하는 대사(ambassador) 또는 청지기(steward)입니다.

하나님이 하신 모든 말씀 전체를 평생 부지런히 전하기에도 바쁠텐데 사적인 이야기를 할 시간이 어디 있겠습니까? 그런데 오늘날 강단에서 얼마나 성경과 동떨어진 이야기들이 흘러나오고 있습니까! 참된 성도들은 설교자의 손자 손녀 이야기를 듣고 싶어하지 않습니다. 어디에 가서 뭘 먹고 어떤 사람을 만났는지를 듣고 싶어하지 않습니다. 참된 성도들은 하나님의 말씀을 듣고 싶어합니다. 온갖 교훈의 풍조에 밀려 요동하며 사욕을 좇을 스승이 많은(엡 4:14; 딤후 4:3) 오늘날의 교회와 성도들을 건강하게 성장시키는 유일한 방법은 오직 하나님 말씀 전체를 부지런히 체계적으로 설교하며 가르치는 길 뿐입니다. 구약 창세기부터 신약 요한계시록에 이르기까지 평생 모든 성경을 다 설교할 각오로 말씀을 연구하고 전해야 합니다. 칼뱅을 추방했던 제네바 시의회가 다시 칼뱅을 모셔왔을 때, 칼뱅이 행한 첫 설교 역시 추방당하기 이전의 본문에 이은 성경강해 설교였습니다. 칼뱅은 제네바 시의회가 얼마나 부당한 일을 했는지, 자신이 추방당한 기간 동안 얼마나 외롭고 힘들었는지 등에 대해 말하지 않았습니다. 칼뱅은 하나님의 말씀 전체를 설교했을 뿐입니다.

그렇다면, 목사가 성경을 설교하기 위해 얼마나 성경에 박식해야 할까요? 교회와 노회가 목사후보생을 신학교에 보낼 때 평범한 수준 이상의 지적 능력을 가진 자를 보낼 이유가 여기에 있습니다. 공부하기를 싫어하는 자는 결코 목사가 되어서는 안 됩니다. 목사는 성경을 공부하고 연구하여 설교하고 가르치는 사람이기 때문입니다. 세상에 쉬운 건 하나도 없습니다. 공부 역시 마찬가지입니다. 공부가 결코 쉽지는 않지만 공부 자체를 싫어

한다면 목사 말고 다른 직업을 찾는 편이 낫습니다. 목사는 성경과 교리에 정통해야 합니다. 따라서 정기적으로 성경을 읽고 교리를 연구해야 합니다. 성경과 교리와 교리사와 교회역사와 교회정치에 박식해야 합니다. 꾸준히 성경을 읽어야 하고 성경을 책별로 연구하며 강해해야 합니다. 마틴 로이드–존스 박사는 가장 좋지 않은 목사의 습관이 바로 설교 준비할 때만 성경을 읽는 것이라고 했습니다. 늘 성경을 읽고 연구하고 공부하는 목사는 설교할 주제를 찾기 위해 고민하며 성경을 읽을 필요가 없습니다. 평소 성경을 읽을 때 설교의 주제가 무궁무진하게 제공되기 때문입니다.

따라서 목사가 설교나 말씀을 가르치는 여러 종류의 사역에 관계된 일 이외에 다른 일로 너무 바빠서는 안 됩니다. 목사가 바쁜 이유는 크게 두 가지입니다. 목사 스스로 다른 일에 정신이 팔려 바쁜 경우입니다. 어떤 목사는 말씀을 준비하는 서재보다 헬스장이나 탁구장 또는 테니스장이나 골프장에 있는 시간이 더 많습니다. 목회를 더욱 열심히 하기 위해 적당한 운동을 하는 것은 매우 필요한 일이지만 과도한 운동은 항상 문제가 됩니다. 어떤 목사는 놀랍게도 게임을 하기 위해 목양실에 인터넷 전용선을 깔았다고도 합니다. 웃어야 할지 울어야 할지 모르겠습니다. 또 어떤 목사는 인터넷 공간에서 위대한 신앙의 선배들의 문제점들만을 부각시키고 비난하고 정죄하며, 유튜브 영상을 통해 오늘날 다른 이들을 비판하고 험담하는 일에 온통 시간을 쏟습니다. 그들의 메시지에는 복음이 없고 진리가 없으며, 더욱이 사랑으로 말하는 진리가 없습니다. 우리가 말하는 진리도 중요하지만 진리를 어떻게 말하느냐 역시 동일하게 중대합니다. 우리 목사들이 늘 하는 말이지만 목사가 자기 교회 목회가 바쁘면 그런 짓을 못합니다. 그런 일을 할 시간적 여유가 없기 때문입니다.

다른 하나는 교인들이 목사를 바쁘게 합니다. 교인들이 크고 작은 경조사에 목사를 초청하여 축복받기를 원합니다. 물론 교인들이 목사를 필요로 하는 일은 매우 좋은 일이고 권장할만한 일입니다. 그러나 지나칠 경우 그것은 도리어 목사뿐만 아니라 교인들에게도 전혀 유익하지 않습니다. 예배와 설교, 성례식 집례와 결혼식 및 장례식 인도와 같은 일들은 목사가 수행해야 할 고유 사역입니다. 그 외 각종 경조사에 많이 불려 다닌다면 목사가 너무 분주하여 말씀을 연구하고 준비하는 일에 집중하지 못함으로 그 폐해는 고스란히 교인들에게 돌아갑니다. 그러므로 교회는 목사가 말씀을 연구하고 설교를 충분히 준비할 수 있도록 시간적인 배려를 해주어야 합니다.

지역 교회의 목사의 수준이 그 교회의 수준이라 할 수 있습니다. 교회가 교회다운 교회로 참되게 성장하려면 목사가 성장해야 합니다. 왜냐하면 하나님은 목사를 세워 하나님의 말씀을 가르치게 함으로 교회(성도)를 제자훈련하게 하셨기 때문입니다.[2] 만일 목사를 통해 하나님의 바른 말씀이 공급되지 않는 교회라 면 어쩌면 당신은 교회를 옮겨야 될지도 모릅니다. 성도의 삶에 서 하나님의 말씀만큼 중요한 것은 없기 때문입니다. 마크 데버 는 이런 결정은 "자신의 영혼을 위한 중대한 결정일 뿐 아니라, 다른 사람을 돕기 위한 중요한 결정일 수도 있다"고 말합니다.[3]

양떼들의 영혼 감독자로서의 목사

하나님의 말씀의 참된 설교가 목사의 고유 직무라면 말씀 설교 자로서의 목사가 지녀야 할 특징은 의심의 여지없이 영혼에 대한 사랑입니다. 양떼의 영혼을 향한 사랑은 목사로의 부르심의 증거 가운데 하나입니다. 루이스 앨런은 목사로의 부르심의 세 가지 표지를 '설교에 대한 강력한 압도감', 말씀이 필요한 자들을 향한 '깊은 사랑', 그리고 '고난' 받을 준비라고 말합니다.[4] 여기에 필요 한 것이 온유와 겸손입니다. 우리 주님은 마음이 온유하고 겸손 하셨습니다(마 11:29). 이런 그리스도의 사랑으로 충만한 온유와 겸 손은 모든 그리스도인의 덕목이자 특별히 설교자의 덕목이어야 합니다. 설교자는 사랑으로 참된 것을 말하는 사람입니다(엡 4:15). 따라서 목사는 양떼들을 목양할 때 마치 유모가 아이를 돌보는 것

2 마크 데버, 『제자훈련』 김태형 역 (서울: 부흥과개혁사, 2017), 84.
3 마크 데버, 『제자훈련』 85.
4 루이스 앨런, 『설교자의 요리문답』 정상윤 역 (서울: 복있는사람, 2020), 76-78.

처럼 유순할 필요가 있습니다(살전 2:7). 비록 목사가 교회를 치리하고 때로는 범죄한 형제들을 권면하고 책망하며 권징해야만 하는 엄중한 상황에 직면할 때도 있지만 그 모든 일을 사랑으로 행해야 합니다(고전 16:14). 권징조차도 형제에게 회개하고 돌이킬 기회를 주어 그를 돌아오게 하는 사랑의 책망이기 때문입니다. 그것이 양떼를 목양하는 방식이요 궁극적으로 예수 그리스도를 사랑하는 방식입니다(요 21:15-17). 사랑이 없이 자녀를 낳고 양육할 수 없듯이 사랑 없이는 영혼을 목회할 수 없습니다.

목사는 전문경영인이 아닙니다. 목사는 기업을 운영하는 이사회의 이사장이 아닙니다. 목사는 예배당 안에 사람들을 더 많이 모이게 하려 설교하는 사업가가 아니라 그들을 죄와 지옥의 형벌에서 구원하여 내기 위해 설교하는 자입니다. 이 일을 위해 골방에서 기도하고 인내하며, 때로는 고난 받으면서까지 사랑의 수고를 감당하는 것입니다(살전 1:2-4). 예배 인도자, 성례집례자, 권징을 위한 치리자, 교회의 교사 등 목사에 대해 수없이 더 많은 말을 할 수 있겠지만, 양떼의 영혼을 위한 애절한 사랑이 없다면 영혼 감독자로서의 참된 목양은 불가능합니다. 설교의 황태자라 불리는 찰스 해돈 스펄전은 목사의 개인적 자질과 관련하여 다음과 같은 좌우명을 남겼습니다. "전진하라(Go forward). 개인적 학식 면에서 전진하라. 은사와 은혜 면에서 전진하라. 사역을 감당할 능력 면에서 전진하라. 예수님의 형상을 닮아가는 면에서 전진하라!"

목사직은 자기 과시나 성취의 도구가 아니라 "내 양을 먹이라"는 주님의 엄중한 명령에 복종하는 직분입니다. 이 일을 위해 부지런히 배우고 은사를 배양하며, 능력을 간구하고 예수님을 닮아가는 겸손한 목사들이 점점 더 많아지기를 기도합니다.

목사를 위한 교회의 준비

이렇게 말씀 사역을 위해 부르심을 받아 오직 성경 말씀만 바르게 설교하며 영혼을 사랑으로 목회하는 목사를 가진 교회는 얼마나 복되겠습니까! 목사가 바른 성도들을 만들기도 하지만 성도들이 바른 목사를 만들기도 한다는 말은 사실입니다. 우선 교회는 목사가 위에 언급한 목양 사역에 전념할 수 있도록 생계, 즉 살림을 살아나갈 비용을 지원해야 합니다. 네덜란드 개혁교회는 개혁교회질서 제3편 11조 적당한 생활비 편에서 "회중을 대표하고 있는 당회는 그 교회의 목사들을 위해 적당한 생활비를 제공해야 한다"고 쓰고 있습니다.[5] 목사가 충분한 생활비를 받지 못해 생활이 안정되지 못하면 가족들을 위해 다른 일을 찾아 돈을 벌어야 하기 때문에 온전히 교회 목회사역에 전념할 수 없게 됩니다. 특별한 이유와 목적 때문에 천막 만드는 일을 했던 바울의 경우를 볼 때(행 18:8, 20:33-35; 고전 9:12) 목사가 세상에서 다른 일을 하는 것 자체는 전혀 문제될 일 없지만, 간혹 목회도 하고 세상의

---

5 허순길, 『개혁교회 질서 해설』 (광주: 셈페르 레포르만다, 2017), 174.

직장도 갖고 있는 목사들을 보면 정신적으로 육체적으로 시간적으로 목회에 전념하기 어렵습니다. 또한 세상의 직장에서 받는 돈으로 인해 목회에 온전히 헌신하지 않아도 생계를 유지할 수 있게 된다는 인상을 줄 수 있습니다. 이런 의미에서 당회나 교회는 재정에 부담이 되지 않는다는 이유로 목사가 다른 직업을 가지고 돈을 버는 일을 결코 좋아해서는 안 됩니다.

교회는 목사가 하나님의 내적 외적 부르심의 초소를 생계로 인해 떠나지 않도록 충분히 공급해야 합니다. "적당한 생활비"는 목사가 큰 염려 없이 평안한 마음으로 그의 직책에 헌신할 수 있게 하는 정도의 생활비를 의미합니다.[6] 따라서 회중을 대표하는 당회는 목사와 목사의 가정 경제에 어떤 어려움이 있는지 잘 살펴서 그 필요를 채워주기 위해 기도하고 노력해야 합니다. 더 나아가 교회는 세속적 노동의 대가가 아니라 말씀과 가르침에 수고하는 이들을 존경하고 사랑하는 마음으로 생활비를 책정해야 합니다. 왜냐하면, 목사를 위한 적당한 생활비는 목사에 대한 교회의 진심 어린 존경의 표이자 증거이기 때문입니다.[7] 바빙크는 목회자가 교회로부터 적당한 생활비를 받는 것을 주님이 세우신 직분자가 수행해야 할 권세로 보았는데 그 권세 가운데는 복음의 선포, 성례의 집전, 다양한 이적수행, 죄를 두거나 용서하는

6   허순길, 『개혁교회 질서 해설』, 175.
7   권기현, 『장로들을 통해 찾아오시는 우리 하나님』 (경산: 도서출판 R&F, 2020), 179.

일, 권징의 시행, 양들을 먹임, 구제, 그리고 복음 선포를 통해 생계를 유지할 권한과 관계합니다.[8]

둘째로, 계속하여 성경과 교리를 연구할 수 있는 기회와 환경을 제공해야 합니다. 목사가 목회 사역을 내실있게 수행하려면 계속 공부해야 합니다. 비록 목사가 신학 수업을 마치고 목사안수를 받아 합법적인 교육적 신임을 얻고 나아가 학위를 받았다 할지라도 목사는 계속 배워야 합니다. 시시각각 변화하는 문화와 발전하는 학문에 대한 이해도를 높여야 합니다. 새롭게 출간되는 책들을 구해 읽어야 하고 인문학에 대해서도 어느 정도 소양을 갖추어야 합니다. 인문학은 세상과 인간의 문화와 사상을 다루는 학문입니다. 따라서 목사는 신학 서적만 탐독할 것이 아니라 인문학 서적들도 읽어 사람들이 만들어가는 시대의 문화와 사상을 파악할 수 있어야 합니다.[9] 이런 독서는 목사로 하여금 설교의 적용을 더욱 풍성하게 해줍니다. 나아가 목사가 계속해서 성장하고 발전할 수 있는 컨퍼런스나 세미나 또는 교육 프로그

---

8 헤르만 바빙크, 『개혁파 교의학』, 1063.
9 필자가 유익하게 읽었던 책들은, 박웅현의 『책은 도끼다』, 이기주의 『말의 품격』, 이정일의 『문학은 어떻게 신앙인을 더 깊게 만드는가』, 윤광준의 『내가 사랑한 공간들』, 이영석의 『잠시 멈춘 세계 앞에서』, 최태성의 『역사의 쓸모』, 한재우의 『노력이라 쓰고 버티기라 읽는』, 이원홍의 『남의 마음을 흔드는 건 다 카피다』 등이다. 이 외에도 시와 소설 수필 등은 목사의 설교준비에 도움을 줄 것이다. 우리 교회는 전임사역자 뿐만 아니라 목회자 후보생들에게도 일정금액의 도서비를 책정하여 실비로 지급함으로 반드시 책을 사서 읽도록 하고 있다. 도서비를 책정하여 지급하는 것은 목회자를 위한 일이기도 하지만 동시에 개혁주의 도서들을 출간하는 출판사들을 돕는 일이기도 하다. 아울러 우리 교회는 몇 곳의 개혁주의 출판사들을 매달 후원하고 있다.

램이 있다면, 교회는 안식년이나 안식월, 또는 연구주간을 활용하여 재충전할 수 있도록 도와야 합니다.

셋째로, 말씀 연구와 설교와 목양사역을 효과적으로 잘 감당하기 위해 목회활동비를 책정하여 목사 스스로 적당하고 건강한 문화생활을 하며 아울러 찾아오는 많은 사람들을 섬기고 대접할 수 있게 해야 합니다. 목회를 하다보면 선후배 목사들뿐만 아니라 교회를 방문하는 적지 않은 사람들이 있습니다. 나의 경우에는 신학교에서 강의를 하고 있기에 목회자 후보생들도 심심찮게 만나게 됩니다. 물론 종종 성도들을 심방하기도 하고 식사 교제를 나누는 일들도 있습니다. 이들을 섬기려면 얼마간의 물질이 필요합니다. 그렇지 않으면 목사가 섬김을 받으며 늘 신세를 지게 되니 바람직하지 않습니다. 목사는 항상 밥을 얻어먹는 사람이 아닙니다. 목사도 밥을 사야하고 대접할 줄 알아야 합니다. 목사가 너무 과도하게 배불러서 하나님을 잊어버리는 것도 문제이지만, 너무 가난하고 궁색하여 하나님의 이름을 욕되게 하는 것 역시 바람직하지 않습니다. 이런 의미에서 아굴의 기도는 모든 성도들의 기도이지만 목사의 기도이기도 합니다(잠 30:8-9). 목사가 사심없이 진실되게 말씀을 연구하고 설교하고 가르치고 성도들을 사랑하며 목회한다면, 성도들은 그런 목사를 모른척하지 않을 것이며 존경하고 사랑하게 됩니다.

바빙크는 「설교와 예배」라는 작은 글의 결론에서 이렇게 말합니다.

> 좋은 설교는 반드시 보상을 받습니다. 만일 회중들이 우리가 설교자로서 그들에게 우리 자신을 준다는 사실을 알게 된다면, 그들 역시 우리에게 그들 자신을 헌신하게 될 것입니다. 만일 우리가 그들의 영적 구원을 위해 일한다면, 그들은 우리의 육체적 삶의 결핍을 그냥 두고 모른 체하지 않을 것입니다. 회중들의 설교자로서 우리가 하나님의 영광과 그들의 영혼 구원을 위해 설교한다면, 그들은 감사를 모르는 냉담한 사람들이 되지 않을 것입니다.[10]

그러나 그리 아니하실지라도 목사는 영혼을 사랑하는 마음으로 하나님의 말씀을 말씀 그대로 가장 단순하고 진실되게, 그리고 열정적으로 설교해야 합니다. 지금 여기서가 아니라면, 마지막 날에 우리 주님으로부터 "잘하였도다 착하고 충성된 종아"라는 칭찬을 듣게 되고, 목사는 그것만으로 충분하기 때문입니다(마 25:21). 아울러 목사는 이런 교회의 배려와 헌신에 감사해야 하고 맡겨주신 주님께 충성해야 합니다. 하나님께서 사역지를 정하여 주셨다면 목사는 그 사역지에 매여 있다는 사실을 명심해야 합니다. 오늘날 인간적인 선호도와 상황에 따라 교회 사역을 마음대로 떠나고 옮기는 일들이 비일비재하게 발생합니다. 얼마 전

---

10 헤르만 바빙크, 『헤르만 바빙크의 설교론』, 신호섭 역 (군포: 도서출판 다함, 2021), 154.

어떤 젊은 교역자는 한 교회에서 사역을 시작한지 1년도 채 안되어 다른 교회로 옮기고 또 옮기고 또 옮겨서 3년 동안 무려 3번이나 교회를 옮겼습니다. 나는 그 후배에게 그렇게 자주 사역지를 옮기고 교회를 떠나는 것은 하나님과 교회 앞에서 바람직하지 않으며, 심지어 사역 중에 다른 교회를 알아보는 것은 섬기는 그 교회와 목회자와 성도들에게도 예의가 아니라고 권면한 적이 있습니다. 하지만 돌아온 대답은 다른 동기들도 다 그렇게 하고 심지어 다른 목사들도 대부분 그렇게 한다는 것이었습니다. 그에게 표준은 하나님의 말씀이 아니라 다른 동기들과 목사들의 그릇된 관습이었습니다. 그러나 우리 개혁주의 신앙의 선배이신 칼뱅의 대답은 정반대입니다.

> 어떤 곳으로 부르심을 받은 자는 자기에게 유리하다고 해서 그곳을 떠나기를 생각하거나 거기서 벗어나기를 구해서는 안 된다는 것이다. 그리고 다른 곳으로 임지를 바꾸는 것이 합당한 경우에도, 그 사람 스스로 자기의 사사로운 결단으로 그 일을 시행해서는 안 되고 반드시 공적인 권위를 기다려야 하는 것이다.[11]

더 나은 조건, 더 나은 대우, 더 나은 환경을 싫어할 사람은 아무도 없습니다. 풍성한 사례, 크고 넓은 사택, 안락한 자동차를 누

---

[11] 존 칼빈, 『기독교강요, 하』 68. (4.3.7.)

가 싫어하겠습니까? 그러나 목회자의 사역이 하나님으로부터 부여받은 임무라면, 그가 그 임무를 망각하고 좌충우돌하며 교회를 세우는 일보다 자기 개인적인 이익에 더 관심을 갖는 것은 하나님을 기쁘시게 하는 일이 결코 아닙니다.[12] 모든 그리스도인이 그렇지만 특별히 목사는 언제든지 하나님의 말씀의 법에 매여 있어야 하며, 그 법에 따라 가라 하면 가고 멈추어 서라 하면 서야 할 사람입니다. 그것은 우리가 사나 죽으나 그리스도의 것이며, 그리스도를 위해 사명을 감당해야 할 설교자로, 영혼의 감독자로 부르심을 받았기 때문입니다. 오늘날 사명감에 투철한 목사들을 찾아보기 어렵습니다. 목사들이 직업인으로 전락한 느낌입니다. 그럼에도 불구하고 세상 풍조에 입맞추지 아니한 하나님께서 숨겨두신 칠천인의 신실한 목사들이 있으리라 굳게 믿습니다(왕상 19:18).

---

12 존 칼빈, 『기독교강요, 하』 68. (4.3.7.)

나눔을 위한 질문

❶ 프랑스 신앙고백서는 "목사 없이 교회는 존속할 수 없다"고 했는데, 그 이유는 무엇입니까?

❷ 목사의 직무에 있어서 최우선으로 강조되어야 할 사역은 무엇입니까?

❸ 17세기 재세례파는 왜 모든 교인이 설교자로 부름을 받고 설교할 수 있다고 가르쳤는지 생각해봅시다.

❹ 장로나 집사가 목사의 설교를 대신할 수 없는 이유는 무엇입니까?

❺ 그리스도에 관한 증인사역과 설교사역의 차이를 설명해 봅시다.

❻ 목사가 오직 성경(sola scriptura)과 전체 성경(tota scriptura)만을 설교해야 한다는 것은 무엇을 의미합니까?

❼ 목사가 목양사역에 전념할 수 있도록 교회와 성도들은 어떤 지원과 배려를 할 수 있는지 토의해 봅시다.

10장

장로

나는 교회정치체제에 관한 한 성경적 요소들이 있는 다른 교회 정치제제를 부인하지 않습니다. 그러나 어떤 교회정치체제가 가장 성경적이냐는 문제는 여전히 토론의 여지가 있는 문제입니다. 나는 교회의 여러 정치체제 가운데 장로교회가 가장 성경적인 정치체제라고 믿습니다. 교회의 교리나 의식이나 정치형태나 조직은 하나님께 속한 것이지 사람에게 속한 것이 아닙니다. 이런 의미에서 교회정치체제는 인간의 방편(human expediency)이 아니라 하나님의 신적 임명(divine appointment)에 근거를 두고 있습니다.[1] 하나님은 구약과 신약시대에 장로를 임명하여 교회를 정치하십니다. 장로교회는 성경과 교회사 속에서 하나님의 뜻으로

---

1 James Bannerman, *The Church of Christ: A Treatise on the nature, Power, Ordinances, Discipline and Government of the Christian Church*, 3 vols, (London: Banner of truth trust, 1960), 2:202-204.

창설되어 이어져 오는 성경적 교회입니다.[2]

장로의 기원과 종류

장로교회는 장로가 치리하고 감독하는 교회입니다. 장로는 구약의 이스라엘 백성들을 다스리시기 위해 세우신 정치체제이고, 신약의 교회를 치리하기 위해 세우신 직분입니다. 구약의 이스라엘 장로들은 여호와 하나님께서 행하신 말씀을 전달받아 백성들에게 전하고 그들을 통해 이스라엘 자손을 돌보시기 위해 세워졌습니다(출 3:16-18; 4:29-31). 구약시대의 장로들은 이스라엘 백성을 다스렸고 재판을 수행했으며, 백성들을 방문하여 하나님의 말씀을 전했습니다(출 12:21).

신약시대는 이미 베드로와 야고보와 요한과 같은 저명한 사도들과 장로들이 있었고 이들이 예루살렘 교회를 다스렸습니다(행 11:27-30). 뿐만 아니라 유명한 예루살렘 공의회에서 사도와 장로들이 함께 할례와 구원에 관한 문제를 "의논"하러 모였고 사도와 장로가 사람을 "택하여" 바나바와 바울과 함께 보내기를 만장일치로 가결했습니다(행 15:6, 25). 이로 볼 때 사도와 장로는 초기 교회시대부터 존재했던 정치체제입니다. 사도 바울의 주요 사역 가운데 하나 역시 각 교회에 장로들을 세우는 것이었습니다(행 14:23). 바울이 디도를 그레데 섬에 남겨둔 이유도 그 섬의

---

2 권기현, 『장로를 통해 찾아오시는 우리 하나님』, 34.

각 성에 하나님의 청지기로서 교회를 다스리는 장로들을 세우게 하기 위함이었습니다(딛 1:5).

장로교 헌법은 이런 장로직의 기원에 대해 "율법 시대에 장로가 있었음과 같이 복음 시대에도 목사와 협력하여 교회에 치리하는 자를 선정하였으니 곧 치리장로이다"라고 밝힙니다.[3] 장로는 성령께서 감독자로 삼아 하나님이 자기 피로 사신 교회를 치게(다스리게) 한 직분입니다. 이런 장로가 우리가 이미 살펴본 바와 같이 신약성경에서 목사와 감독과 같은 의미로 사용되었습니다(행 20:17; 딛 1:5-7; 벧전 5:1-5). 우리가 두 직무설(장로직과 집사직)을 지지하든 세 직무설(목사직, 장로직, 집사직)을 지지하든 목사와 장로가 동일하게 교회의 감독자들이라는 사실에는 일치합니다. 미국 남장로교회의 헌법에 따르면 장로직무에는 두 장로가 있는데 통상적으로 이를 교훈(강도)장로(teaching elder)와 치리장로(ruling elder)라고 부릅니다. 남장로교회에서는 교훈장로와 치리장로가 기능에 대해서는 다르나 장로직무에 대해서는 다르지 않다고 주장합니다. 반면, 세 직무를 주장하는 북장로교회는 교훈장로(목사)와 치리장로는 그 기능과 직무에 있어서 아예 다른 별개의 직무라고 설명합니다. 나는 목사와 장로가 같은 직무의 다른 두 기능을 수행하는 두 직무설을 옹호하지만, 두 개의 별개 직무이든 같은 직무의 두

---

3 대한예수교장로회 고신총회 헌법개정위원회, 『헌법』 (서울: 대한예수교장로회 고신총회 출판국, 2016), 279.

가지 다른 지위와 기능을 수행하든 목사와 장로가 하는 일이 구분되어 있기에 크게 중요하다고 생각하지는 않습니다.

목사는 가르치는 장로로서 예배와 말씀 사역을 전담하는 목회자들을 의미하며, 장로는 교회를 잘 관리하고 치리하는 사역을 부여받은 감독들을 가리킵니다. 본 장에서는 교회를 치리하는 장로에 대해 살펴보고자 합니다.

교회를 감독하고 치리하는 장로

우선 무엇보다도 치리장로는 교회의 목회적 직무 가운데 하나로서 성도들을 영적으로 감독하는 일에 부르심을 받았습니다. 바울은 "잘 다스리는 장로들을 배나 존경할 자로 알되 말씀과 가르침에 수고하는 이들을 더할 것이니라"고 말하므로 장로 직무의 본질이 다스리는 것임을 분명히 했습니다(디모데전서 5:17). 장로가 다스리는 자이기 때문에 장로를 존경해야 하는 것이 교회의 마땅한 의무입니다. 존경과 사랑이 없다면 다스림에 복종하지 않을 것이기 때문입니다. 잘 다스리는 장로들은 얼마나 아름답습니까! 잘 다스리는 장로들은 실로 배나 존경해 마지않는 자들이 아닙니까! 그렇기에 바울은 장로의 자격을 논하면서 자기 집(가정)을 잘 다스려 자녀들로 모든 공손함으로 복종하게 하는 자라고 말합니다(딤전 3:4-5). 자기 가정을 올바로 다스리지 못하는 자는 장로의 직무를 수행할 수 없다는 말입니다. 자기 집도 다스리지 못하는 자가 어떻게 하나님의 집인 교회를 다스릴 수 있겠습니까!

이런 다스림은 무엇과 관계되어 있을까요? 그것은 교회의 행정과 권징을 관리하고, 영적 상태를 살피며, 성도들이 선포된 하나님의 말씀대로 잘 살아가고 있는지는 살피는 방식으로 수행됩니다. 교회정치 역시 치리장로는 "목사와 협력하여 행정과 권징을 관리하며, 교회의 영적 상태를 살피고, 교인들이 설교대로 신앙생활을 하고 있는지 그 여부를 살피는 자"라고 말하므로 장로의 직무의 엄중함을 적시하고 있습니다.[4] 따라서 장로들은 교회를 어떻게 성경적으로 감독하고 치리해야 할지에 대해 정통해야 합니다. 우선 하나님의 말씀인 성경에 정통해야 하고, 성경이 가르치는 교리에 정통해야 하며, 헌법과 교회정치에 박식해야 합니다. 이 모든 일을 교회의 치리회인 당회를 중심으로 수행해야 하기에 회의법에도 능숙해야 합니다. 신앙고백서는 참된 교회가 되려면 "목사들과 함께 교회의 회의를 구성하는 장로들이" 있어야 한다고 말하며, 동시에 이런 직분을 통해 성도들을 모으시고 완전하게 하신다고 진술합니다(벨직 신앙고백서 제30항, 교회의 정치와 직무; 웨스트민스터 신앙고백서 장25장 교회 제3항).

그러나 이때 장로는 언제든지 겸손하게 하나님께 맡겨주신

---

4 대한예수교장로회 고신총회 헌법개정위원회, 『헌법』, 280.

청지기적 정신으로 이 일을 수행해야 합니다. 구약에서 이스라엘의 장로는 이스라엘을 통치하는 왕으로 묘사되었습니다. 그러나 신약에서 장로는 교회를 감독하고 치리하고 돌보는 목자의 특징을 지닙니다. 장로직무에는 왕과 목자의 정신이 깃들어 있습니다. 따라서 장로는 치리장로이든 교훈장로이든 지배자의 심리가 아니라 봉사자의 심리로 겸손하게 교회를 치리해야 합니다 (고후 4:5). 우리 구주 예수님도 섬김을 받으러 오신 것이 아니요 섬기러 오셨습니다(마 20:28). 교회의 감독직을 받은 사람은 우선 그 지위나 권한을 탐할 것이 아니라 교회의 실제적인 유익을 위하여 봉사하는 자세로 임해야 합니다.

교인들을 심방하고 위로하는 장로

앞서 감독자로서의 장로의 직무를 강조했다면, 이번에는 목자로서의 장로 직무가 강조되어야 합니다. 교회정치에 따르면, 장로는 "교인을 심방하고 위로하며 교훈하고 언약의 자녀들을 양육하고 교인을 위해 기도하고 전도"해야 합니다. 장로에게는 질병과 슬픔을 당한 자와 회개하는 자와 특별히 구조 받을 자가 있을 때 목사에게 알려야 할 사명이 있습니다. 목사는 하나님의 말씀을 설교하고 가르치며, 장로는 성도들이 그 말씀에 합당하게 반응하며 하나님을 참되게 예배하고 있는지 살펴야 합니다. 장로는 단순히 돈을 많이 벌어 많이 헌금하는 사람이 아닙니다. 물론 감독의 자격 가운데 하나가 나그네를 잘 대접하는 것이기에 자기 손으로 일하여 어느 정도 베풀 수 있는 여력이 있으면 더 좋겠지만(딤전 3:2), 장로의 주요한 직무는 양떼들 즉 성도들을 돌아보는 것입니다. 우리 장로교 헌법은 장로의 사역을 "교인을 심방, 위로, 교훈하는 일"이라고 말하므로 교인 심방을 장로의 주요 직무로 지적합니다. 교인을 심방하고 위로하고 교훈하며, 언약의 자녀들을 양육하고 교인을 위해 기도하고 전도하려면 장로가 얼마나 부지런해야 하겠습니까?

하지만 오늘날 교회에서의 교인 심방은 목사와 부교역자들, 심방전도사들의 주요 직무가 되어 버렸습니다. 우리 교단을 포함한 모든 장로교단에서 장로가 심방하는 교회가 과연 얼마나 될지 궁금합니다. 헌법이 교인심방을 장로의 직무라고 적시했다면, 이제부터라도 장로들이 양떼들을 어떻게 심방하고 그들을 어떻게 위로하며 섬겨야 할지를 교회에서 잘 가르쳐야 하지 않을까요? 하지만 장로들조차도 교인 심방은 목사의 전유물이지 자신이 할 일이 아니라고 생각합니다. 심지어 그런 골치 아픈 일들을 처리하라고 우리가 목사를 청빙한 것 아닌가라고 생각할 수도 있습니다.[5] 그러나 사실 장로는 사례를 받는 교훈장로(목사)만큼이나 교회 목양을 위해 분주해야 할 사람입니다. 목사는 말

---

5 제러미 린, 『교회의 장로』, 정혜인 역 (서울: 부흥과개혁사, 2016), 46.

씀과 기도에 전무하며, 장로는 교인들을 돌아보고 그 심방의 결과를 목사에게 알리며 함께 기도한다면, 목사와 장로가 더욱 양떼들을 잘 목양할 수 있습니다.

장로가 교인 심방을 어려워하기도 합니다. 장로들이 교인을 심방할 때, 반드시 심방예배를 드릴 필요는 없습니다. 교인들 곁에 있고 그들과 함께 해주는 것이 장로의 심방입니다. 말이 없이 늘 내성적인 것 같은 교인에게 먼저 다가가 말을 걸고, 사업으로 힘들어 하는 집사에게 조언하고 위로하며, 젊은 부부를 초청하여 식사를 대접하면서 그리스도를 더 잘 따르도록 돕고, 청년들을 환대하고 격려하는 것이 심방입니다. 이런 일을 하면서 장로는 자신의 역량 밖의 일과 관계로 인해 시험에 빠질 수도 있고 문제에 봉착할 수도 있습니다. 그러나 그럴 때마다 하나님께서 나를 장로로 세우셨다면, 동시에 하나님께서 나를 통해 역사하실 것이라는 믿음을 가져야 합니다. 아울러 교인을 심방하면서 교인들의 문제를 모두 해결해주어야 한다는 일종의 의무감을 가질 필요도 없습니다. 심방이란 문제를 해결하는 것이 아니라 그들과 함께 있어 그들을 위로하고 교훈하는 것이기 때문입니다. 그리고 정말 해결하기 어려운 일이 있다면 걱정할 필요가 무엇입니까? 장로의 곁에 목사가 있지 않습니까! 슬픔에 빠진 자, 심각한 질병에 걸린 자, 회개하는 자, 구조(구제)받을 자 등이 있다면 목사와 상의하고 함께 기도하며 문제를 해결할 수 있습니다. 또한 우리에게는 우리의 모든 형편과 사정을 아시는 전지하시고 전능하신 하나님이 계시지 않습니까!

상당한 신학적 지식과 덕망을 위해 배우는 장로

그렇기에 장로는 이에 대한 상당한 신학적 덕망과 지식을 갖추어야 합니다. 목사와 협동하여 행정과 권징을 관리하며, 지교회 혹은 전국 교회의 신령한 관계를 총찰하며, 주께 부탁 받은 양무리가 교리를 오해하거나 도덕상 부패에 이르지 않도록 권면하기 위해서는 성경과 참된 교리에 관한 상당한 지식이 반드시 필요하기 때문입니다. 장로는 목사와 함께 당회의 구성원일 뿐만 아니라 노회와 총회의 총대원이기도 합니다. 그렇기에 교회정치는 장로의 자격에 대해 "40세 이상 만 65세 이하의 남자 세례교인으로 무흠 7년과 그 교회에서 3년을 경과하고 신앙과 행위가 복음적이고 본이 되며, 상당한 식견과 통솔력이 있으며, 공적 사적 생활에 부끄러울 것이 없고 성품이 원만하며 덕망이 있는 자"여야 한다고 말하는 것입니다.[6] 장로는 재력이 상당하다고 신앙 경력이 오래되었거나 단순히 나이가 많다고 마음대로 취할 수 있는 직분이 결코 아닙니다. 구약과 신약, 개혁파 신조와 교리에 대한 상당한 이해, 교회정치와 예배 모범을 포함한 장로교 헌법에 정통해야 합니다. 그래야만 교회를 올바로 치리할 수 있기 때

---

6 대한예수교장로회 고신총회 헌법개정위원회, 『헌법』, 280.

문입니다. 성경해석과 교회 정치에 대한 잘못된 이해와 해석을 가진 자가 장로가 된다면 그 교회의 운명은 위태롭게 됩니다.

여기에 반드시 부가되어야 할 필수적 자격이 바로 덕망을 갖추는 것, 즉 성품의 원만함입니다. 덕망이란 도덕적 감화력과 세인의 평판입니다. 장로가 아무리 상당한 지식이 있다 할지라도 덕망이 없다면 유익을 끼치지 못합니다. 성품이 원만하다는 것은 진리 문제가 아닌 것에 쓸데없이 고집을 피우지 않는다는 말입니다. 본질에는 목숨을, 비본질에는 관용을 베풀라는 말이 있습니다. 본질은 진리, 즉 하나님의 말씀인 성경과 구원을 좌우할만한 것에 관한 것입니다. 그러나 비본질은 구원을 좌우하지 못하는 문제들을 가리킵니다. 장로가 진리 문제가 아닌 얼마든지 관용을 베풀고 융통성을 발휘할 수 있는 문제에 목숨을 건다면, 교회는 숨막히고 피곤해집니다. 이는 장로의 인품과도 직결됩니다.

따라서 장로는 대인관계가 좋아야 하며, 말이나 행실에 있어서 많은 이들에게 존경을 받아야 합니다. 바울은 심지어 감독은 '외인에게서도 선한 증거를 받은 자'라야 한다고까지 말합니다(딤전 3:7). 목사를 포함하여 모든 감독된 자는 교회 공동체뿐만 아니라 비신자들에게서도 선한 증거, 즉 칭찬을 받아야 합니다. 왜냐하면 감독된 자들은 공인으로서 신자뿐 아니라 불신자에게도 주목의 대상이 되기 때문입니다. 교회의 장로가 세속 사회의 직장과 사업처와 비신자와의 관계에서 정직하지 못하고 거짓을 말하며 부당한 말과 행동을 한다면, 그가 비방을 받는 자리에 머물게 되며 복음 전파는 훼방을 받게 되고 결국 그리스도의 교회에 악영향을 끼치게 되기 때문입니다. 그러므로 아무나 감독이 되어서는 안 됩니다. 감독이란 자신의 영혼뿐만 아니라 타인의 영혼까지 책임지고 지도하는 막중한 임무를 부여받은 자이기 때문입니다.

초대교회가 장로를 임명할 때 투표로 택하여 금식하며 기도하고 주께 부탁한 것은 장로 피택의 엄중성을 잘 보여줍니다(행 14:23). 감독인 장로에게는 책망할 것이 없어야 하기 때문입니다(딤전 3:1-2, 10). 따라서 교회가 당회와 공동의회의 투표를 거쳐 장로 후보자를 피택하면, 노회는 이들 후보생들을 교육하고 시취 면접(시험과 문답)을 통해 검증하고 자격 있는 자를 합격시키는 것입니다. 이 모든 과정이 장로후보자들이 장로가 되기 위해 거쳐야 할 검증 과정입니다. 교회는 이렇게 모든 검증 과정을 통과한 자들을 장로의 회를 통해 안수하여 법적으로 공식적으로 장로의 봉사에 임직되었음을 확인합니다. 이렇게 안수받은 장로는 장로의 회에서 안수받을 때 하나님의 말씀을 통해 받은 사명과 귀한 사명 맡겨주신 하나님의 은사에 대한 감격을 늘 기억하여 주님의 몸된 교회를 위해 목사와 함께 죽기까지 충성해야 합니다.

목사와 장로의 관계

목사와 장로는 교회의 직분에 있어서 매우 중대합니다. 목사와 장로가 서로 신뢰하고 배려하며 도울 때, 그 교회에 평화와 은혜가 넘칩니다. 목사는 말씀과 기도에 전무함으로 목사 본연의 일을 하고, 장로는 그런 목사의 목회에 필요한 제반사항을 목사에게 상의하고 도와야 합니다. 목사와 장로는 대립과 갈등의 관계가 아니라 신뢰와 사랑의 관계여야 합니다. 그렇기에 그들은 자신을 위해, 그리고 온 양떼를 위해 자신의 언행심사를 삼가 조심해야 합니다(행 20:28). 무엇보다 주장하는 자세보다는 양무리의 본이 되도록 노력해야 합니다(벧전 5:3).

이 책을 마무리하는 동안 나는 심한 허리근육통증으로 고생한 적이 있습니다. 여느 날과 같이 토요일 오전에 출근해서 주일을 준비하며 커피를 내리고 원두 분진을 청소하다가 허리 왼쪽 뒷근육에 마치 전기가 흐르는 듯한 충격으로 따끔하더니 몸이 바닥에 주저앉았습니다. 몸을 추스르고 간신히 책상 의자에 앉아 쉬다가 일찍 퇴근해 집으로 돌아와 누웠습니다. 과거에도 그 강도는 약했으나 한두 번 이런 경험이 있었으니 하룻밤 자고 나면 괜찮아지리라 생각하며 찜질을 하고 일찍 잠자리에 들었습니다. 그래도 혹시 모를 비상시를 대비해 설교문을 대독할 문장으로 모두 바꾸어 놓고 저장 버튼을 눌렀습니다. 다음날 아침 주일, 허리 통증은 더욱 심해졌고 머리는 아프고 속은 메스껍고 온 몸을 꼼짝도 할 수 없었습니다. 도무지 주일예배를 인도하러 예배당으로 나갈 수 없는 상태였습니다. 상황이 심각함을 몸이 먼저 알아차리고 뇌로 신호를 보냈습니다. 교회를 개척한지 7년 동안 단 한 차례도 아파서 예배인도를 못한 적이 없는데 오늘이 바로 그날이었습니다. 그것마저 나의 '의'로 포장하며 자랑하고 다닐 나를 위한 하나의 섭리가 아닐까 생각하며 그 날 침대에 누워 쉬기로 했습니다. 예배 시작 2시간 전에 장로님에게 전화를 드려 상황을 설명하고 예배 인도를 부탁하고 교역자에게 설교문을 보냈습니다. 그 날 나는 회중이 되어 아픈 허리를 부여잡고 유튜브로 생중계되는 주일예배와 설교를 들으며 예배를 드렸습니다.

우리 교회 두 분의 장로님은 목사의 갑작스러운 유고에도 당황하지 않으시고 예배인도와 대표기도와 설교문 낭독을 통해 주일예배를 은혜 가운데 마쳤고 나를 포함하여 많은 성도가 큰 은혜를 받았습니다. 이 일로 장로님은 목사님이 얼마나 중요한지 그리고 예배가 얼마나 소중한지를 다시 한 번 새삼 깨달았다고 고백했습니다. 많은 다른 성도들도 동일한 고백이었을 것입니다. 나는 우리 교회에 훌륭하신 두 분의 장로님을 주신 것에 정말 감사합니다. 지난 7년 동안 당회를 인도하면서 단 한 번도 언성을 높인 일이 없음에 감사합니다. 목사를 존중하고 아끼며 성도들을 사랑하고 인자하시며 경건하신 두 분과 함께 목회하는 것은 나의 목회의 즐거움 가운데 하나입니다. 목사와 장로의 직무를 은퇴하는 그 날에도 동일한 고백을 하게 되기를 늘 기도하며 소망합니다.

당회는 이사회

이와는 반대로 목사와 장로의 관계가 원만하지 못한 교회가 너무 많습니다. 언제부터인가 당회가 이사회와 같은 기능을 한다는 조롱 섞인 비판이 존재해 왔습니다. 하지만 이는 전적으로 교회에 대한 이해가 전혀 없는 세상 사람들이 일반적으로 바라보는 세속적 교회의 모습입니다. 이런 이들의 생각에 따르면 당회는 이사회이며 이사회의 대표이사는 목사입니다. 장로들인 당회원들은 이사들이며, 교인들은 주주들이자 충성스러운 고객들입니다. 그런데 놀랍게도 한국의 적지 않은 교회들이 이런 이사회의 구조를 가지고 있습니다. 이런 이유로 교회의 구조를 이사회 기능을 수행하는 정치기관으로 생각하는 신자들이 늘고 있습니다.

장로들이 주축이 되어 있는 이사회에서 유능한 대표인 목사를 선출하여 조직을 이끌게 하고 재정을 감사하며 사업을 평가합니다. 1년마다 사업과 수익 평가를 하고 성장하거나 수익을 내지 못하면 대표이사를 해임하고 자신들이 마음에 드는 더 유능한 대표를 데려옵니다. 너무 과한 평가라고 생각하십니까? 심지어 성공한 다른 대표이사를 영입하려는 시도들도 비일비재합니다. 하지만 이것이 적지 않은 교회의 현실입니다! 사실 이런 현상은 한국

뿐 아니라 미국의 교회에서도 동일하게 발생합니다.[7] 물론 당회의 기능 가운데 상당 부분이 안건 논의와 결의에 관계하고 있음은 부인할 수 없습니다. 그러나 장로의 직무와 사역은 정치적 현안에 대한 결의나 성장 프로그램에 대한 수익성이나 회의 그 자체에 있지 않고, 위에서 살펴본 바와 같이 목양의 대상인 사람 즉 성도에 있습니다. 장로는 목사 뿐 아니라 양무리들과 함께 해야 하며, 그들과 시간을 보내고 삶을 함께 하며 존재를 나누어야 합니다. 수많은 안건과 결의도 이 일에 초점을 맞추어야 합니다. 장로가 자신을 이사회의 일원으로 생각한다면, 사람보다는 관리와 업무와 수익성에 초점을 맞추게 됩니다. 그러나 장로가 교회를 감독하고 치리하며 양떼를 심방하고 위로하며 신학적 영적 도덕성을 갖추는 일에 초점을 맞추면 목양의 대상인 사람이 보입니다. 그렇게 할 때 장로는 교회의 숫자의 성장이 아닌 사람의 성장, 즉 성도의 성장을 위해 더 큰 노력을 기울이게 됩니다.

우리 조국 교회들마다 성경과 교리에 입각하여 감독하고 치리하는 자신의 직무를 잘 알고 부지런히 교인들을 심방하고 위로하며, 겸손히 배우며 덕을 끼치는 멋진 장로들이 더욱 많아지기를 기도하고 소망합니다.

---

7 제러미 린, 『교회의 장로』, 38.

나눔을 위한 질문

❶ 구약의 장로들은 어떤 사역을 감당했는지 설명해 봅시다.

❷ 장로의 두 반, 즉 교훈장로와 치리장로를 구분하여 설명해 봅시다.

❸ 장로의 주요 직무는 무엇입니까?

❹ 목자로서의 장로의 직무는 교인을 심방하고 위로하는 것인데, 어떻게 하는 것이 장로의 심방과 위로인지 토의해 봅시다.

❺ 장로의 직무를 감당하기 위해 장로가 쌓아야 할 큰 두 가지는 무엇입니까?

❻ 가장 바람직한 목사와 장로의 관계는 어떠해야 하는지 토의해 봅시다.

11장

집사, 권사, 서리집사

아마 한국교회에 가장 많은 숫자를 가진 직분이 바로 집사일 것
입니다. 교회 직분자들의 중요성은 아무리 강조해도 지나치지
않습니다. 그렇다면 가장 많은 직분을 차지하는 직분인 집사의
중요성은 두말할 필요가 없겠지요. 하지만 집사의 직무만큼 왜
곡된 직분도 없습니다.

앞서 언급한 대로 집사 직분은 참된 교회 안에 존재하는 표지
를 잘 보여주며, 예수 그리스도의 여러 직분들 중 하나인 제사장
적 직무를 반영하는 매우 중대한 직분입니다. 그렇기에 집사 직
분의 중심 사상은 희생에 있습니다. 네덜란드 개혁교회에서 특
히 강조되는 요점입니다. 구약의 레위인들은 하나님께 올리는
제사를 시행하는 사역자들이었습니다. 그러나 주님이 오셔서 단
번에 십자가에서 희생제사를 올리셨습니다. 신약의 성도들은 이

제 더 이상 구약의 성도들처럼 제사하지 않습니다. 더욱이 신약의 집사들은 성도들이 가져온 열매와 연보들을 교회의 가난하고 궁핍한 자들을 위해 구제합니다. 이런 방식으로 신약의 집사들은 구약의 레위인의 제사적 직무를 수행합니다.[1]

집사, 안수집사 서리집사

우선 무엇보다도 우리가 먼저 논하고자 하는 집사는 서리집사가 아니라 안수집사입니다. 집사는 부르심을 받고 피택을 받아 교육을 이수하고 안수로 임직을 받습니다. 이것은 특별한 사명과 직무로 구별되었다는 것을 뜻합니다. 이것은 목사와 장로의 안수에서와 마찬가지로 하나님께 드린다는 것을 의미합니다. 따라서 집사 역시 아무나 받아서는 안 되는 매우 중대한 직분입니다. 장로교 헌법은 집사의 자격에 대해 "35세 이상 65세 이하의 남자 세례교인으로 무흠하게 5년을 경과하고 좋은 명성과 진실한 믿음과 지혜와 분별력이 있어야 하며, 행위가 복음적이고 생활에 모범이 되는 자(딤전 3:8-13)로서 본 교회에 등록한 후 2년 이상 경과된 자"라고 규정합니다. 반면에 서리 집사는 남녀의 구분 없이 "개체교회의 형편에 따라 당회나 목사가 진실한 세례교인 중에서 선임하여 집사의 직무를 하게 하는 자로서 임기는 1년"입니다.[2]

---

1 제랄드 벌고프, 레스터 데 코스터, 『집사 핸드북』, 황영철 역 (서울: 개혁된실천사, 2020), 81.
2 대한예수교장로회 고신총회 헌법개정위원회, 『헌법』, 289.

목사 장로 안수집사가 성경적 직분이라 한다면, 서리집사 권사 권찰 등은 헌법적 직분이라 할 수 있습니다. 논쟁의 여지가 있지만 일반적으로 집사의 기원은 사도행전 6장에서 찾아볼 수 있는데 사도들이 말씀선포와 기도 사역에 전무하기 위해 성령과 지혜가 충만한 사람들 중에 택하여 세운 직분입니다(행 6:1-1-4). 사도들은 그들이 맡고 있는 직무의 엄중성으로 인해 그들이 주님의 직분을 받은 사역자들이라는 표식으로 안수하여 세웠습니다. 빌립보 교회에는 사도와 감독들과 집사들이라는 직무가 실행되고 있었고 바울은 그런 교회에 편지했습니다(빌 1:1). 집사의 직분은 신약의 사도 시대부터 있어 왔고, 오늘날 우리 역시 초대 교회의 모범에 따라 집사의 직분을 세우고 유지해 나가는 것입니다. 성경은 감독의 자격을 설명한 후에, 이어서 "이와 같이 집사들도"라고 시작하면서 집사 직분의 자격을 설명하는데 그 기준이 감독의 자격과 크게 다르지 않습니다(딤전 3:8-10). 집사들은 정중해야 하고 한 입으로 두말해서는 안 되며 술에 인박이지 않고 더러운 이익과 관계된 일들을 청산하고 깨끗한 양심을 지니며 믿음의 비밀한 능력을 아는 자여야 합니다.

구제하는 자, 긍휼을 베푸는 자

그렇다면 집사의 직무, 즉 집사가 주로 하는 일은 무엇입니까? 헌법은 집사의 직무에 대해 "당회의 지도 아래 교회의 봉사와 교회의 서무, 회계와 구제에 관한 사무를 담당한다"고 쓰고 있습니다.[3] 벨직 신앙고백서는 "가난한 자들과 비탄에 빠진 자들이 필요에 따라 도움과 위로를 받아야" 한다고 쓰고 있는데, 이는 주로 집사의 직무입니다(제30항, 교회의 정치와 직무). 성경적으로 말하자면, 집사는 크게 재정과 구제사업을 담당했습니다. 바로 이것이 앞서 말한 집사의 희생제사적 직무입니다. 사도행전 6장에 기록된 집사에 대한 누가의 기록에 대해 일부 신학자들은 장로와 집사의 기능이 결합된 특별한 목적을 위해 잠정적으로 세운 직분이라 주장하기도 하지만, 칼뱅은 이들이 "구제품들을 나누어주고 가난한 자들을 돌보며, 가난한 자들을 위한 공공의 자금을 책임 맡은 청지기들로서"의 집사를 의미한다고 말합니다.[4] 특별히 칼뱅은 집사를 두 종류로 구분하는데 하나는 가난한 자들의 일을 주관하고 시행함으로 교회를 섬기는 자들이며, 다른 하나는 가난한 자들을 스스로 돌봄으로 교회를 섬기는 자입니다. 로마서에 따르면 구제하는 자(는 성실함으로)와, 긍휼을 베푸는 자(는 즐거움으로)입니다(롬 12:8). 바빙크 역시 집사의 주요 직무를 다음과 같이 묘사합니다.

집사들은 모든 가난한 자, 병든 자, 나그네, 갇힌 자, 정신적으로

---

3 대한예수교장로회 고신총회 헌법개정위원회, 『헌법』, 283.

4 존 칼빈, 『기독교강요, 하』, 69-70. (4.3.9.)

박약한 자, 정신 질환을 가진 자, 고아와 과부는 물론 도움을 받을 곳이 전혀 없거나 거의 없는 교회 안의 모든 비참한 자들과 궁핍한 자들에게 도움의 손길을 뻗쳐야 한다. 또한 말과 행실을 통해 저들의 고통을 덜어줄 수 있도록 해야 한다.[5]

그러므로 집사가 되려거나 이미 집사가 된 자는 공적으로는 교회의 서무와 재정 관리를 위해 성실하게 봉사해야 하며, 개인적으로는 본인 스스로 섬기고 구제하고 베풀고 대접하는 일을 즐거움 가운데 솔선수범해야 합니다. 이런 방식으로 집사는 그리스도의 사랑을 실천합니다. 집사는 말씀을 설교하거나 가르칠 권한이 없지만, 구제를 통해 그리스도의 사랑과 자비를 실천할 권한을 지닙니다. 이런 측면에서 안수집사가 예배 시간에 연보를 봉헌하는 일에 봉사하는 것입니다. 장로교회에서 집사는 교회가 봉헌한 연보를 당회의 지도하에 교회와 성도들과 이웃들을 위해 나누고 구제하는 일을 수행합니다.

이것은 그리스도와 연합한 모든 신자의 의무이기도 하지만 더더욱 그런 직무를 맡은 집사의 의무이기도 합니다. 이것이 바로 성도의 교제에 있어서 필수적인 부분이 됩니다. 웨스트민스터 신앙고백서는 성도의 교통에 대해서 "신앙고백을 함으로써 성도가 된 사람들은 하나님을 예배하고 서로의 덕을 세우는 영

---

5 헤르만 바빙크, 『개혁과 교의학』, 1071.

적 봉사들을 수행하고 또 지닌 여러 능력과 요구되는 필요에 따라 다른 사람의 외적 짐을 덜어주면서 거룩한 교제와 교통을 반드시 유지해야 한다"라고 쓰고 있습니다(제26장 성도의 교통 제2항). 구제와 사랑의 섬김은 성도의 교통을 촉진시키는 일입니다. 따라서 이런 교제와 섬김은 하나님께서 섬김의 기회를 주실 때 "어느 곳에서든 주 예수의 이름을 부르는 모든 사람"에게까지 확장되어야 합니다. 무엇인가 구제할 마음을 주셨다면 미루지 말고 바로 즉시 해야 합니다. 특별히 코로나 바이러스로 고통을 당하는 지금은 이런 구제와 섬김, 즉 그리스도인을 포함한 이웃 사랑을 실천하는 가장 최고의 적기입니다. 성도들의 경제생활이 위축되고 사업자들이 고통을 당하며 작은 교회들마다 재정적 타격을 받고 있습니다. 이런 경우 집사들이 자기 교회에 어려운 성도들은 없는지 살펴보며, 뿐만 아니라 여유가 된다면, 다른 교회와 목회자들까지도 도울 수 있는 넓은 마음을 가져야 합니다.

나는 종종 설교할 때나 공적 사적으로 강의를 하고 가르칠 때, 성도들이 성도 간에 개인적이며 사적으로 돈을 빌려주거나 대출해 주는 일을 금합니다. 성도의 구제 원리에 어긋나기 때문이며 적지 않은 문제를 일으키기 때문입니다. 누군가를 돕고 싶으면 갚을 것을 요구하지 말고 도와야 합니다. 그것이 물질을 값없이 베푸는 것입니다. 우리가 거저 받았으니 거저 주어야 합니다. 돈을 빌려주는 것은 그리스도의 복음을 전하는 일에 하등의 도움이 되지 못합니다. 정 도와주고 싶으면 무조건 도와야 합니다. 그리고 잊어야 합니다. 그렇게 할 때 도움을 받는 사람은 예수 그리스도의 값없는 무조건적인 사랑과 긍휼에 눈물 흘리며 감사하게 되며, 도움을 받는 그 역시 또 다른 사람을 도울 수 있게 됩니다.

몇 년 전에 특강을 계기로 울산을 방문한 적이 있습니다. 이때부터 알고 교제하게 된 울산에서 목회하시는 귀한 목사님이 계십니다. 이 목사님이 약 25년 전에 사정이 딱하고 어려운 누군가를 도울 일이 생겼는데 일단 어머니에게 사정을 말씀드리고 지혜를 구했다고 합니다. 그러자 이 목사님의 어머님께서 이렇게 말씀하셨습니다.

"그냥 준다면 몰라도 빌려주려거든 하지 말거라. 돈이란 본래 잘 되면 본전이고 못되면 사람도 돈도 다 잃는 법이란다."

이후 목사님은 받는다는 생각 없이 유학가려고 모은 돈과 아내의 마이너스 통장까지 탈탈 털어 큰 돈을 봉투에 담아 그 가정에 드렸다고 합니다. 이후 20여 년 동안 잊어버리고 살았는데 최근에 이 도움을 받은 가정이 목사님을 수소문하여 찾아 그때 그 도움을 갚았다고 합니다. 그 도움으로 이 가정이 살고 자녀가 살았습니다. 그리고 오랜 시간이 지나 그 사랑의 빚을 또 다시 갚게 된 훈훈한 이야기였습니다.

나는 이 목사님처럼 우리 교회에도 남몰래 그렇게 다른 성도들을 돕는 많은 이들을 알고 있습니다. 목이 마른 사람에게 시원한 음료를 한 잔 사주고, 주린 사람에게 배불리 먹게 해주며, 옷이 필요한 사람에게 옷을 사 입혀주는 사랑의 집사들 말입니다.

오늘날의 집사 직무의 적용

교회가 성장하면 할수록 더 많은 섬김과 대접과 구제를 수행해야 합니다. 교회가 성장할수록 돌보아야 할 더 많은 고아, 과부, 홀아비, 어린 아이, 나이든 성도, 미혼모, 타지에서 올라와 힘들게 자취하는 청년, 때때로 교회를 찾아와 도와달라는 노숙자 등 사회 경제적으로 배려가 필요한 사람들이 늘어납니다. 또한 행정과 사무와 재정적 업무를 비롯하여 공간을 정비하고 돌보는 일, 예배 공간을 늘려가는 일들이 필요합니다. 나아가 대 사회적 구제까지 수행하려면 교회는 신실하고 충성스러운 집사들을 더욱 늘려야 합니다. 이 모든 일을 목회자가 할 수도 있지만 그것은 목회자의 우선적 사명이 아닙니다. 초대교회 사도들이 말씀 전하는 일에 전무하기 위해 집사들을 세웠던 것처럼 오늘날의 집사들이 이런 사랑의 구제 사역을 잘 감당한다면 그것은 결국 목사가 목사의 직무를 바르게 감당하게 하는 일이요 교회가 교회되게 하는 일입니다.

주일이 되면 대부분의 교회는 담임목사와 교역자들이 가장 먼저 예배당에 옵니다. 우리 교회도 별반 다르지 않습니다. 우리 교회 역시 거의 담임인 내가 첫 번째로 교회에 도착합니다. 그 후에 교역자들, 그리고 장로님들이 도착합니다. 그러나 사실은 집사들이 가장 먼저 와야 합니다. 집사들이 목사 장로보다 먼저 와서 각각 봉사하고 섬기며 자기 자리에 있을 때, 목회자는 비로소 말씀 전하는 일과 기도하는 일에 전무할 수 있게 됩니다. 집사는 본인들의 봉사와 섬김의 사역이 자신의 목회자가 하나님 말씀을 가장 잘 연구하고 설교할 수 있게 돕는 놀라운 사역이라는 사실을 인식해야 합니다.

교회가 분열되지 않고 성장하고 부흥하는 첩경은 목사 장로 집사와 같은 교회의 직분자들이 각자 자기 직무를 충실히 수행하는데 있습니다. 목사는 하나님의 말씀 전파와 기도하는 일을 가장 최우선 순위에 놓아야 합니다. 하나님 말씀의 선포와 흥왕이 곧 교회의 성장입니다(행 12:24; 19:20). 장로는 성도들을 돌아보고 심방하며 그들을 위해 기도하고 치리하여 교회를 거룩하게 질서 있게 만듭니다. 또한 집사는 가난한 사람들과 연약한 자들을 대접하고 구제함으로 교회 안에 믿음과 사랑이 흘러넘치게 해야 합니다. 그렇게 될 때 교회는 더욱 든든히 서가고 부흥합니다. 따라서 교회에는 용맹스럽고 충성스러운 집사가 필요합니다. 목사 장로만으로는 교회의 모든 기능을 수행할 수 없습니다. 목사와 장로를 돕고 그들을 존중하고 존경하며 그들과 화목하며 용맹스럽게 복음 전파 사역을 위해 헌신하고 맹렬하게 충성하는 집사들이 필요합니다(딤전 5:17). 이런 집사의 직분을 잘 한 자들은 그리스도 안에서 아름다운 지위를 얻고 그리스도 예수 안에 있는 믿음이 더욱 강력해지고 큰 확신을 얻게 됩니다(딤전 3:13).

공적으로는 교회의 구제의 일을 주관하고, 개인적으로는 가난한 자들을 스스로 돌봄으로 코로나 바이러스로 많은 어려움에 빠진 성도와 교회들을 섬기고 봉사하는 멋진 집사들이 더욱 많아져야 합니다.

헌법적 직분으로서의 권사와 서리집사

이제 권사와 서리집사에 대해 살펴보겠습니다. 목사 장로 집사는 우리가 보통 항존직이라 부릅니다. 항존직이란 계속되는 직무를 가리킵니다. 왜 이런 표현을 쓰는 것일까요? 신약성경에 계속되는 직무가 아닌 특별한 직무로서의 사도와 선지자, 복음 전하는 자가 나오기 때문입니다(엡 4:7-14). 오늘날의 신사도주의 자들이 주장하는 것처럼 사도직은 계속되지 않습니다. 사도와 선지자직은 종결되었습니다. 대신 지금은 목사와 장로와 집사직이 계속 존재합니다.

그런데 현재의 교회를 보면 목사 장로 집사보다 훨씬 다양한 직분이 등장합니다. 그것이 바로 권사, 서리집사 그리고 권찰 등입니다. 목사 장로 집사의 직분이 성경적 직분이라 한다면 권사

서리집사는 헌법적 직분이라 할 수 있습니다. 아쉽게도 개혁파 신조에서 권사와 서리 집사에 대한 언급이나 암시를 찾아보기란 매우 어렵습니다. 개혁파 교회에서는 목사 장로 집사만을 교회회의를 구성하는 직분으로 보기 때문입니다(벨직 신앙고백서 제31항). 특별히 교회정치 제9장 교회치리회, 제97조에 따르면 장로교회는 당회와 노회와 총회를 정규의 단계를 따른 회의기관인 치리회로 간주하며 모든 치리회는 목사 장로로 구성된다고 규정하고 있습니다.[6]

따라서 장로교회에 있어서 권사와 서리집사는 성경적 직분이 아니며, 교회의 치리회 직분도 아닙니다. 그렇다면, 이런 직분을 교회에 둘 이유가 무엇일까요? 여기서 우리는 이런 직분에 관한 두 가지 극단적인 태도를 조심해야 합니다. 우선 이런 직분이 성경적 직분이 아니기에 모두 폐지되어야 한다는 주장입니다. 전술한 바와 같이 권사와 서리집사는 장로교 헌법에 명시된 직분입니다. 심지어 권사는 당회와 노회의 허락까지 받아야 하며 항존직에 준하는 직원이라고 명시하고 있습니다.[7] 나아가 성경이 명시하고 제정한 직분은 아니지만 이런 직분에 대한 암시로 여겨지는 구절이 신약성경에 기록되어 있는 것도 사실입니다(딤전 3:11; 5:1-5; 딛 2:1-5). 개혁교회에서는 일반적으로 사도 바울이

---

6 대한예수교장로회 고신총회 헌법개정위원회, 『헌법』, 290.
7 대한예수교장로회 고신총회 헌법개정위원회, 『헌법』, 266-267.

디모데에게 집사의 자격을 가르치면서 "여자들도 이와 같이"라고 말한 것을 여집사를 가리키는 것으로 해석하기도 합니다. 또한 여집사의 자격을 나이가 많은 과부로 한정하기도 합니다. 여집사는 안수 없이 직분에 임명되었습니다. 장로교회에서는 이어서 살펴볼 오늘날의 권사가 이런 직분을 대신하기도 합니다.[8] 그러므로 우리는 권사와 서리집사의 직분을 장로교 헌법에 명시된 헌법적 직분으로 존중할 필요가 있습니다.

또 다른 극단은 목사와 장로와 집사의 직분만을 인정하는 교회를 향한 지나친 비난입니다. 여집사 제도는 주후 441년 제1차 오렌지 종교회 때 폐지되었으며 여집사 제도는 종교개혁때까지 존재하지 않았습니다.[9]

엄밀히 말하면, 목사 장로 집사가 성경적 직분입니다. 그렇기에 이런 교회를 향한 비난은 옳지 않습니다. 가능하면 성경적 직분을 추구하되, 이미 받은 헌법적 직분을 무시하지 않는 태도를 견지해야 합니다. 권사와 서리집사 피택과 임명에 관한 문제는 지역교회의 당회가 사려분별을 가지고 신중하게 결정하면 될 일입니다.

---

8 제랄드 벌고프, 레스터 데 코스터, 『집사 핸드북』 139-145.
9 제랄드 벌고프, 레스터 데 코스터, 『집사 핸드북』 144-145.

교회의 덕을 세우는 권사

그렇다면 권사는 어떤 직분입니까? 권사는 45세 이상 65세 이하의 여자 세례교인으로 무흠하게 5년을 경과한 자로서, 행위가 복음에 적합하고 생활에 모범이 되며 좋은 명성과 건전한 판단력을 가진 자입니다. 한 마디로 하나님과 사람에게 칭찬 듣는 사람이어야 합니다. 왜냐하면 권사는 당회의 지도 아래 교인을 심방하되 병자와 궁핍한 자, 환난당한 자, 시험 중에 있는 자와 연약한 자를 위로하고 격려하며 교회에 덕을 세우기 위해 힘써야 하기 때문입니다. 교인을 돌아보고 위로하며 격려하려면 권사는 모든 일에 모범을 보여야 합니다. 교인을 돌보고 위로하고 격려해야 할 권사가 도리어 위로받고 격려를 받아야 할 만큼 시험에 빠져 있다면 결코 덕을 세우는 직분을 감당할 수 없습니다. 권사의 직분을 애써 성경에서 찾으려는 이들은 앞서 언급했듯이 감독과 집사의 자격이 언급되는 디모데전서 3장 11절을 언급합니다. "여자들도 이와 같이 정숙하고 모함하지 아니하며 절제하며 모든 일에 충성된 자라야 할지니라." 이 말씀이 권사직분의 기원이 아니라면, 적어도 권사직분을 지지하는 성경구절이 될 수 있습니다. 하지만 여기 "여자들도"는 감독의 아내 또는 집사의 아내를 지칭한다는 견해도 타당해 보입니다. 하지만 어쨌든 성경에는 젊은 여자를 잘 다스려야 할 나이 많은 여자에 관해서도 말하고 있습니다. 바울은 디도에게 편지하면서 "늙은 여자로는 이와 같이 행실이 거룩하며 모함하지 말며 많은 술의 종이 되지 아니하며 선한 것을 가르치는 자들이 되고 그들로 젊은 여자들을 교훈하되 그 남편과 자녀를 사랑하며 신중하며 순전하며 집안 일을 하며 선하며 자기 남편하게 복종하게 하라"고 말합니다(딛 2:3-5). 권사는 이런 의미에서 교회 여성도들의 어른이며 어머니와 같습니다. 젊은 여인들이 잘 따르게 해야 하며 권사를 보고 권사직을 흠모할 수 있어야 합니다.

어느 볕 좋은 날, 교회를 찾아온 후배 목사 부부들과 함께 행주산성 근처에 위치한 까페에서 담소를 나눈 적이 있습니다. 그런데 옆자리에 연세가 지긋이 들어 보이는 귀부인들이 담임목사 뒷담화하는 소리를 듣고 우리 모두 함께 민망해한 적이 있었습니다. 주변을 개의치 않고 얼마나 당당하게 말하던지 우리 귀에까지 다 들릴 정도였습니다. 예전에 섬기던 교회에 한나실이 있었는데 주로 권사들이 새벽기도를 마치고 쉬거나 주일 예배를 드린 후에 누워 쉬는 휴게공간이었습니다. 그런데 휴식의 공간이어야 할 이 한나실이 어느새 교역자들과 성도들을 뒷담화하는 공간으로 전락해버렸습니다. 담임목사부터 시작해서 모든 교역자와 장로와 성도를 도마 위에 올려놓고 난도질을 하면 당해낼 재간이 없습니다. 앞서 언급했듯이 바울은 디모데에게 감독과 집사직의 자격을 말하면서 "여자들도 이와 같이 정숙하고 모함하지 아니하며 절제"하는 자라야 한다고 권면한 바 있습니다(딤전 3:11). 왜냐하면 나이 든 여자는 젊은 여자들의 거울이기 때문입니다. 하나님 나라와 교회와 목회자를 위해 기도하고 성도를 사랑함으로 뭇 성도들의 존경을 받는 아름다고 따뜻한 권사들이 많은 교회는 얼마나 따뜻하고 복된 교회입니까!

서리집사, 직분의 못자리판

서리집사는 또 하나의 헌법적 직분입니다. 서리집사는 무흠 세례교인으로 2년을 경과하고 25세 이상 70세 미만자로 신앙과 덕행에 본이 되는 자라야 하며 개체교회의 형편에 따라 당회나 목사가 진실한 세례교인 중에 선임하는 직분입니다.[10] 이 직분의 임기는 1년이며 해마다 새로 임명합니다. 서리라는 말은 "직무를 대리 또는 대행"한다는 뜻입니다. 안수를 받은 집사는 아니지만 신실한 성도 가운데 집사의 업무를 대리하게 하는 직분입니다. 그리스도께서는 모든 사람에게 그리스도의 선물의 분량대로 은혜를 주셨습니다(엡 4:7). 이 은혜로 교회는 하나가 되고 그리스도를 아는 지식과 성숙함에 이르며 영적으로 견고하게 되고 속임수와 유혹에서 보호를 받습니다(엡 4:13-14). 모든 신자가 이 은사와 사명을 받았습니다.

서리 집사는 앞서 언급한 바와 같이 신앙과 덕행에 본이 되는 진실한 신자입니다. 교회는 이런 진실한 신자를 선임하여 교회

---

10 대한예수교장로회 고신총회 헌법개정위원회, 『헌법』, 289.

를 섬기게 만들고 이런 신자들 가운데 장로와 집사로 특별한 하나님의 부르심을 받은 자들을 피택합니다. 물론 서리집사를 거치지 않고도 얼마든지 안수집사가 될 수 있으며, 안수집사를 거치지 않고도 장로가 될 수 있습니다. 목사, 장로, 안수집사, 서리집사는 수직적 계급구조가 아니기 때문입니다. 그럼에도 신실하고 훌륭한 서리집사가 많아야 신실한 안수집사와 장로를 피택할수 있습니다. 이런 의미에서 서리집사의 직분은 교회 직분의 못자리판입니다.

모든 직분은 그리스도 안에서 동등합니다. 그러나 이 직분에는 질서가 있고 중요성이 있습니다. 모든 직분이 동등하고 차별이 없어야 하지만 그렇다고 직분이 무질서해서도 안 됩니다. 직분의 동등성을 전면에 내세워 개혁이라는 미명하에 교회를 무질서하게 만들면 도리어 직분을 올바로 수행하는 것이 아닙니다. 안수집사가 치리회원일 수 없고, 치리장로가 설교를 전담할 수 없으며, 목사가 독단적으로 장로나 집사를 치리하거나 해임할 수 없습니다. 목사는 설교하고 기도하는 목회를, 장로는 심방하고 교인과 함께 기도하는 치리의 일을, 집사는 구제하고 섬기는 봉사의 일을, 권사는 시험에 빠진 교인들을 격려하고 위로하는 덕스러운 일을, 서리집사는 결원된 집사의 일을 할 때, 그 교회는 하나님 보시기에 아름답고 질서있는 교회, 평화로운 교회, 칭송받는 교회가 됩니다.

나이 많은 여자로서 젊은 여성도들의 흠모의 대상이 되며 교회와 목회자와 성도를 위해 기도하는 멋진 권사들, 직분을 사모하며 집사의 직무를 대행하는 신실한 서리 집사들이 더욱 많아져 한국교회가 이전보다 더 건강하게 부흥하고 성장하는 교회가 되기를 소망합니다.

나눔을 위한 질문

❶ 저자는 교회의 직분을 성경적, 헌법적 직분으로 나누어 설명하는데, 그 두 가지의 뜻이 무엇입니까?

❷ 안수집사의 두 가지 주요직무는 무엇입니까?

❸ 집사의 구제사역은 어떤 의미에서 성도의 교제가 됩니까?

❹ 헌법적 직분인 권사와 서리집사에 대해 피해야 할 두 극단은 무엇입니까?

❺ 권사의 주요직무 서너 가지를 말해봅시다.

❻ 서리집사의 "서리"가 의미하는 바는 무엇입니까?

❼ 목사, 장로, 집사, 권사, 서리집사의 직무를 각각 간략하게 설명해 봅시다.

3부
예배

12장

교회와 예배

예배의 중요성은 아무리 강조해도 지나치지 않습니다. 예배는 인간의 행위이지만 헌신과 복종의 대상, 즉 예배의 대상을 인식하지 않고는 수행할 수 없는 과업입니다(시 123:1-2; 사 1:18). 예배는 우리를 부르시는 예배의 대상으로서의 하나님께 엎드려 경배와 찬양을 올려드리는 피조물의 의무입니다. 예배란 단어의 '엎드리어 경배하다'는 의미에서도 잘 드러납니다. 따라서 참된 예배는 사람으로부터 시작하지 않고 하나님으로부터 시작합니다. 예배를 드리는 대상으로서의 하나님으로부터 예배의 초청, 즉 예배의 부름이 없이는 참된 예배란 존재하지 않습니다. 예배는 하나님의 부르심에 대한 인간의 마땅한 응답입니다. 인간이 가히 가까이 가지 못할 빛에 거하시는 하나님께서 자신을 보기를 허락하실 때, 그리고 그를 부르실 때, 인간은 비로소 하나님 앞

에 나아갈 수 있습니다.[1]

우리가 예배하는 것은 하나님께서 예배를 받으시기에 합당하신 분이시며, 동시에 하나님께서 당신의 백성들을 예배로 초청하시기 때문입니다. 그렇기에 예배는 결코 시간 낭비가 아닙니다. 이는 예배를 사회적 관점에서나 실용주의적 관점으로 이해해서는 안 된다는 것을 뜻합니다. 예배는 인간의 본성이고 의무이며 하나님의 명령입니다. 뿐만 아니라 우리의 예배는 삼위일체적입니다. 우리는 하나님 아버지 뿐 아니라 예수 그리스도와 성령 하나님께도 예배합니다. 성경은 분명히 우리의 믿음과 신뢰의 대상이신 그리스도께서 우리의 경배의 대상이 되신다고 선포합니다(요 5:23; 14:13; 롬 10:12-13; 빌 2:9-11; 계 5:12). 또한 성령님은 인간이 가히 속일 수 없는 하나님이시기 때문에(행 5:1-4) 성령님께도 예배합니다. 그리스도와 성령을 예배하는 근거는 성부와 성자와 성령께서 완전한 연합 가운데 일체로 계시기 때문이고, 성자와 성령의 신성 때문입니다. 예배의 기초는 그리스도와 성령께서 성부 하나님과 동일한 본질과 영광과 권위를 지니신 하나님이시라는 인식에 근거합니다.

---

1 리처드 보컴, 마이클 리브스 외, 『삼위일체』, 신호섭 역 (일산: 이레서원 2018), 제13장 삼위일체와 예배를 참조하라.

성경과 역사의 예배

그렇다면 사람은 왜 예배라는 행위를 하는 것일까요? 하나님께서 사람을 지으실 때 하나님을 예배하도록 지으셨기 때문입니다. 이는 인간이 하나님을 대적하여 범죄한 이후에도 여전히 동일하게 적용됩니다. 인간이 하나님께 범죄하여 타락한 이후 하나님 대신 피조물을 하나님으로 섬깁니다. 해와 달과 별과 자연 만물을 숭배하는 자연숭배나 토테미즘으로부터 시작해서 미신적 숭배에 이르기까지 죄인이 된 인간은 무엇인가를 숭배하지 않으면 안 되는 존재입니다. 나아가 인간은 이제 사람과 사람의 사상을 숭배하기까지 이르렀습니다. 바울은 이를 가리켜 인간의 생각이 허망하여져서 피조물을 조물주보다 더 경배하고 섬긴다고 말합니다(롬 1:25).

하지만 본래 인간은 하나님을 섬기도록 지음 받았습니다. 하나님께서 모세를 통해 애굽에서 종살이하던 이스라엘 백성들을 탈출시키셨던 목적도 시내산과 가나안에 이르러 하나님을 예배하도록 하기 위함이었습니다(출 3:12; 7:16; 8:20; 9:1; 19:6). 마찬가지로 죄인의 구원 역시 예배를 위함입니다. 예배는 구원받은 영적 이스라엘 백성의 생명과 같습니다. 구원받은 신자는 예배로 시작해서 예배로 마칩니다. 신자는 요람에서 무덤까지, 그리고 무덤 이후에 부활하여 새 예루살렘인 천국에서도 예배를 드립니다.

구약의 백성들은 하나님께 제사를 올려드림으로 예배를 드렸습니다. 제물을 통한 구약의 제사를 통해 죄인은 그 죄를 용서받고 하나님 앞에서 용납되며 은혜를 누리고 돌아갑니다. 노아 홍수가 끝난 후 노아는 하나님께 감사의 제단을 쌓고 하나님의 이름을 불렀습니다(창 8:20). 아브라함도 제단을 쌓고 하나님께 영광을 돌렸습니다. 구약의 백성들은 시내산 언약을 통해 제사할 것을 명령 받았고, 제사의 장소와 법칙에 대해서도 상세히 배웠습니다. 이런 제사는 성막의 제사로, 예루살렘 성전에서의 제사로 대치되었습니다. 이때부터 성전은 하나님께서 인간을 만나주시는 곳, 하나님이 임재하시는 거룩한 곳이 됩니다. 예루살렘 성전은 하나님의 거룩한 도성이 됩니다(시 46:5; 48:8). 이런 성전과 성막의 제사 제도는 그리스도를 예표합니다.[2] 그리스도 안에서 예배는 완성됩니다. 그리스도가 없이 우리의 예배는 이루어질 수 없습니다. 우리는 멜기세덱의 반차를 따른 예수 그리스도께서 우리의 대제사장이 되심을 알고 있습니다(히 4:14-16).

따라서 신약에 오면 새로운 예배가 열립니다. 바로 성령께서 신자의 영혼 안에 내주하셔서 신자를 성전삼아 하나님을 신령과 진정으로 예배하게 하시는 것입니다(고전 3:16; 6:19). 구약의 제사가 거룩하게 구별된 공간적인 측면이 강조되었다면, 이제 신약에서는 성도의 심령이 성전이 되는 신령적 특성이 강조되고

---

2 이에 대해서는 다음 작품을 참조하라. 기동연, 『성전과 제사에서 그리스도를 만나다』 (생명의 양식, 2008).

있습니다. 건물로서의 공간 그 자체는 이제 거룩의 의미를 담지 않습니다. 신약의 예배는 신령과 진정으로 드리는 것입니다(요 4:24). 따라서 오늘날 예배당을 제1성전 제2성전 이렇게 명명하는 것은 바람직하지 않습니다. 예배당 공간 자체가 거룩한 것이 아니라 그곳에 모인 하나님의 백성들이 거룩한 예배를 드리는 거룩한 백성들이기 때문입니다.

이런 신구약의 예배가 사도시대 이후 점차 예전(liturgy)의 형식을 갖추게 되고, 초대교회에서는 주로 대저택과 같은 가정집과 회당에서, 이후에는 바실리카와 같은 건물에서 예배를 드리게 되었습니다. 중세시대를 거쳐 로마가톨릭교회의 타락한 미사(mass)를 개혁하여 성경적 예배로 돌아가려는 종교개혁 운동이 일어났습니다. 종교개혁자들은 성경이 말하는 예배에 집중했습니다. 이런 의미에서 종교개혁은 곧 미사의 개혁, 즉 예배의 개혁이었습니다. 종교개혁자들은 예배의 순서 하나 하나가 무엇을 의미하는지 심각하게 고민했습니다. 종교개혁자 루터는 "그리스도의 몸의 기관은 오직 '귀'(ear)이다"라고 말하면서 지나친 예전 중심의 로마가톨릭교회의 타락한 미사를 말씀중심의 예배로 개혁하려 했습니다. 칼뱅은 그의 역작 『기독교강요』와 성경 주석을 통해 타락한 로마가톨릭교회의 미사의 신학적 오류를 밝히는 한편, 말씀을 가르쳐서 참된 예배 공동체를 형성하려 했습니다.[3] 이런 종교개혁의 예배 개혁은 잉글랜드의 웨스트민스터 총회 예배모범에서 그 꽃을 피웠습니다. 웨스트민스터 총회가 제시한 예배 방식은 예배의 자율성 추구였습니다. 그들은 예배의 구체적인 방식이 아니라 원리만 제시하는 모범을 발전시켰습니다. 그것이 바로 '웨스트민스터 예배 모범(The Westminster Directory)'입니다. 이 예배 모범은 예배에 대한 성경적 원리를 제시하면서 그것을 하나의 모범으로 제시했습니다.[4] 그럼에도 이 예배의 모범은 가장 강력한 예배의 모범이 됩니다.

교회의 존재 목적으로서의 예배

이런 의미에서 그리스도인의 공동체인 교회의 존재 목적은 하나님을 자유롭게 예배함에 있다고 말할 수 있습니다. 교회의 존재 목적은 선교도 사회사업도 복지활동도 아니고 오직 하나님을 향한 예배에 있습니다. 하나님은 당신을 향한 예배를 목적으로 사람을 지으셨고 이 세상을 창조하셨습니다(시 19:1-2). 따라서 하나님께서 자신을 예배하도록 우리를 지으셨기 때문에 우리는 하나님께 예배를 드립니다.[5] 따라서 정상적인 사람이라면 하나님을 예배하지 않을 수 없습니다. 모든 사람에게 본성의 빛은 오직 경배해야할 한 분 하나님만 계시다는 것을 보여줍니다(웨스트민스터

---

3 김현수, 김명순, 코넬리스 반 담, 『칼빈의 예배 개혁과 직분 개혁』(서울: 성약, 2013), 31.
4 주종훈, 『예배, 역사에서 배우다』(서울: 세움북스, 2015), 230-231.
5 휴즈 올리판트 올드, 『성경에 따라 개혁된 예배』17.

신앙고백서 제21장, 예배와 안식일 1항). 그렇기에 사람은 온 마음과 뜻과 힘을 다하여 하나님을 경외하고 찬양해야 합니다. 더욱이 구원받은 신자는 더 그리해야 합니다. 우리의 예배는 그렇게 성부와 성자와 성령으로 계시는 오직 한 분 하나님께만 드려야 합니다(신앙고백서 제21장 2항).

하나님은 영광을 받으시고 교제하시기 위해 당신의 형상을 따라 사람을 지으셨습니다(창 2:1). 하나님은 당신을 예배하는 아담에게 복을 주시기 위해 행위언약을 맺으셨고 아담을 의지의 자유를 지닌 인격자로 대하셨습니다. 그러나 아담이 이 일에 실패하자 이제는 마음속에 하나님의 법을 두어 하나님을 경배할 수 있도록 은혜언약을 맺으셨습니다(렘 31:31-34). 하나님은 당신을 예배하게 하시기 위해 이스라엘 백성들을 애굽의 속박에서 해방하셨습니다(출 5:17; 16; 8:10; 9:1). 바울은 하나님께서 그리스도 안에서 창세 전에 우리를 택하신 이유는 "하나님의 은혜의 영광을 찬송하게" 하시기 위함이라고 말합니다(엡 1:3-6). 우리의 예배는 삼위일체 하나님의 구속언약(pactum salutis)의 결과입니다. 하나님의 언약 백성은 하나님의 놀라우신 은혜와 영광의 창조와 구속 사역을 높이 경배하고 찬송하며 영광돌려야 합니다. 소요리문답 제1번은 사람의 제일되는 목적에 관해 "사람의 제일되는 목적은 하나님을 영화롭게 하고 영원토록 즐거워하는 것"이라고 대답합니다. 하나님을 최고로 영화롭게 하며, 하나님을 즐거워하는 방편이 바로 예배입니다. 비록 우리가 경륜적 삼위일체 교리에 따라 성령님의 도우심을 힘입어 예수 그리스도의 이름으로 성부 하나님 아버지께 예배를 드리지만, 내재적 삼위일체 교리에 따라 예배의 대상이신 아버지 하나님, 아들 하나님, 성령 하나님께 예배를 드립니다. 우리는 거룩하신 삼위로 계시며 일체이신 유일하신 하나님께 예배합니다.

규정적 원리 상황적 원리

그렇다면 우리는 어떻게 예배해야 합니까? 신앙고백서는 예배하는 합당한 방법을 하나님이 계시하신 뜻을 통해 하나님이 친히 제정하셨다고 말합니다(웨스트민스터 신앙고백서 제21장 1항). 따라서 우리의 예배의 날, 예배의 예전(liturgy) 등은 우리가 임의로 결정할 수 있는 문제가 아니라 성경이 규정한 방법으로만 결정해야 합니다. 개혁주의 신학은 예배의 두 가지 원리를 고수합니다. 하나는 절대적 원리로서 성경이 규정하는 원리를 고수하는 것입니다. 예를 들면, 예배로의 초청, 감사의 기도, 성경을 읽는 것, 설교하는 것, 설교를 바르게 듣는 것, 시편의 말씀들이 담긴 찬송을 찬양하며 노래하는 것, 성례의 시행 등은 제외해서는 안 되는 예배의 규정적 요소들입니다(신앙고백서 제21장 5항). 신자는 예배를 통해 만들어집니다. 성경과 교리 공부로 바른 지식을 쌓아가는 것도 중요하지만, 신앙을 형성해주는 기능으로서의 예전적

예배의 중요성을 간과해서는 안 됩니다.[6] 교회는 예전을 가르침으로 예배의 관객이 아니라 예배에 직접 참여하여 하나님의 임재를 경험하고, 인격적인 만남으로 하나님을 더욱 깊이 알아가도록 해야 합니다.[7] 예배의 규정적 원리는 종교개혁의 정신을 따라 칼뱅의 예전과 네덜란드 개혁파 예전과 장로교의 웨스트민스터 예배 모범을 통해 발전해 왔습니다.[8]

전통적으로 개혁교회는 "내가 산을 향하여 눈을 들리라 나의 도움이 어디서 올까 나의 도움은 천지를 지으신 여호와에게서로다"라는 말씀으로 성도들을 예배로 초청합니다(시 121:1-2). 예배의 초청을 받은 성도들은 하나님의 영광의 속성을 경배하고 찬양하는 영광송을 부르고, 전통에 따라 구약과 신약 성경을 각각 한 장씩 읽습니다. 성경낭독은 개혁교회의 고유한 전통이었습니다. 설교자의 설교만큼이나 중대한 예전이 바로 하나님의 말씀을 받들어 읽는 성경낭독입니다. 이렇게 성경을 낭독한 후에 사도신경이나 니케아신경으로 신앙을 고백하고, 회개의 기도 또는 고백의 기도를 통해 지은 죄를 회개하고 하나님께 더욱 가까이 나갑니다. 회개하는 자에게 하나님이 주시는 위로의 말씀을

---

6 문화랑, 『예배학 지도그리기』 (고양: 이레서원, 2020), 98.
7 문화랑, 『예배학 지도그리기』, 88.
8 이에 대해서는 다음 작품을 참조하라. 이승구, 『한국교회가 나아갈 길』 (서울: SFC 출판부, 2011). 이승구 교수는 제3장 "성경적 공예배를 지향하며"에서 개혁교회의 다양한 예전 전통을 소개하고 있다.

들려주고, 목사가 목회기도를 올리며 하나님의 말씀을 설교합니다. 성도들은 모두 다 하나님이 베풀어주신 축복에 대한 감사로 연보를 봉헌합니다. 모든 성도가 시편으로 찬송하고 목사의 강복선언으로 예배를 마칩니다. 예배의 예전에 따라 세례와 성찬식이 집례됩니다. 이것이 예배에 없어서는 안 될 규정적 요소들입니다.

반대로 어디서 예배할 것인가? 언제 예배할 것인가? 어떤 악기를 사용할 것인가? 등의 문제는 상황적 원리입니다. 어느 장소에서 예배할지, 어떤 시간에 예배할지, 어떤 악기를 사용할지 등은 규정적 원리가 아니기에 유연하게 결정할 수 있습니다. 그러나 이런 상황적 원리조차 말씀의 일반 원칙을 따라 결정해야 함은 의심의 여지가 없습니다. 예배와 교회정치에 관한 상황들에 대해서는 언제나 순종해야 할 말씀의 일반 원칙을 따라, 본성의 빛과 그리스도인의 사려분별로 규정해야 합니다(웨스트민스터 신앙고백서 제1장 성경, 6항). 여기서 예배를 주관하는 당회의 역할과 역량이 발휘되어야 합니다. 당회는 평소 말씀과 개혁파 신조에 기초하여 하나님을 예배하는 일에 가장 성경적인 신학을 정립하고 있어야 하며, 가장 성경적인 예전을 규정하여 하나님을 예배하는 일에 한 치의 소홀함도 없게 해야 합니다. 이런 의미에서 목사 장로는 공부하는 당회원들이 되어야 합니다.

오늘날 성경이 규정하는 예배의 원리가 아니라 시대와 문화에 발맞추어 드리는 예배가 유행입니다. 그런 예배가 인기를 끌기에 예배의 형식과 내용을 좌우하는 것은 더 이상 성경이 아니라 문화와 환경입니다. 그러나 하나님께서는 신구약 성경과 특히 십계명을 통해 예배의 원리를 제정해 주셨습니다. 성경을 떠난 예배 형식에 대해서는 엄중히 경고하셨습니다. 구별된 날로서의 주일이 아니라 평일을 주일로 둔갑시켜 예배하는 일들이 바로 예배의 형식과 방식을 변경하려는 여러 모습 가운데 하나입니다.

구별된 주의 날과 일상의 예배

십계명 가운데 제4계명은 우리에게 안식일을 기억하여 거룩히 지키라고 명령합니다(출 20:8-11). 안식일의 핵심은 공적으로나 사적으로나 하나님을 예배하는 일에 시간을 온전히 바치는 것입니다(소요리문답 60번; 웨스트민스터 신앙고백서 제21장 8항). 하나님은 도덕적이고 항구적인 계명으로 칠일 중 하루를 안식일로 특별히 지정하셔서 거룩히 지키게 하셨고, 이 날이 그리스도께서 부활하신 후부터는 일주일의 첫째 날인 주일로 바뀌었습니다(창 2:2-3; 고전 16:1-2). 그리스도인들은 세상 끝날까지 이 주일을 안식일로 지켜야 합니다. 또한 이렇게 하나님을 예배하기 위해 적절한 시간을 구별하는 것은 자연의 법칙과도 모순되지 않습니다(웨스트민스터 신앙고백서 제21장 7항). 하나님은 모든 곳에서 예배를 받으셔야 하며 모든 신자가 매일 각 가정에서 은밀히 홀로 예배해야 마땅하지만, 공적 예배를 명하시는 때에는 이 공예배를 경솔하게 여기거나 소홀히 하거나 저버려서는 안 되고, 더욱 엄숙하게 예배해야 합니다(웨스트민스터 신앙고백서 제21장 6항).

동시에 우리는 일상의 예배를 중요하게 여겨야 합니다. 구별된 주님의 날이며 부활의 날인 주일에 예배를 드리든 매일매일 일상의 삶으로 예배를 드리든 그 예배가 거룩해야 하고 살아있어야 하며 하나님이 기뻐하시는 예배여야 함은 두말할 필요가 없습니다. 이런 의미에서 주일 없이 삶으로 드리는 예배가 존재할 수 없고, 삶으로 드리는 예배 없이 주일 예배의 진정성이 담보되기 어렵습니다. 주일의 예배와 일상의 예배는 확실히 구별되지만 분리되어서는 안 됩니다. 어떤 사람이 주일예배를 종교적으로 드리면서 평일에는 전혀 하나님과 상관없는 삶을 살고 있다면, 그의 주일예배는 외식이고, 하나님께서 기뻐하시지 않습니다. 반대로 참된 예배는 일상의 예배이기에 주일을 반드시 거룩하게 지킬 필요는 없다는 식으로 말하는 것 역시 성경의 예배를 왜곡하는 그릇된 발언들입니다.

그럼 무엇이 진정한 삶의 예배일까요? 진정한 삶의 예배는 참되고 합당한 공적 예배의 생명을 가지고, 삶에서 하나님을 두려워하며 하나님께 영광 돌리고 하나님을 높이는 일상을 살아내는 것을 뜻합니다. 이런 의미에서 삶의 모든 곳이 예배의 자리, 예배의 공간이 됩니다. 공적 예배를 포함한 우리 인생 전부가 하나님을 향한 예배여야 합니다.[9] 이런 예배가 회복되어야만 영적인 것은 선하고 육적인 것은 악하다는 플라톤주의의 이원론(dualism)을 배격할 수 있습니다. 그래야만 종교적인 것은 거룩하고 비종교적인 것은 불결하며 속하다는 성속이원론을 배격할 수 있습니다. 주일 하루 교회에서 드리는 공적인 예배가 참으로 중요하지만, 합당한 예배는 주일 예배 이후 삶에서 드리는 전인적 경배의 삶까지 확장되어야 합니다. 그러므로 한편으로는 주일 공예배와 삶의 예배를 동일화하는 오류와 다른 한편으로는 주일과 평일의 삶을 분리하는 이원론적 분리의 오류를 주의해야 합니다.

도리어 우리의 예배는 총체적이어야 합니다. 그리스도인의 합당한 예배로서 우리의 모든 삶이 예배가 되어야 하는데, 그 예배는 주일 공예배와 삶의 예배 모두를 충실히 수행하는 것입니다. 바울은 로마 교회에 보낸 편지에서 이런 예배를 가리켜 '그리스도인의 합당한 예배'라고 부릅니다(롬 12:1). 이 예배를 로마서 12장 말씀대로 다시 구분하자면 다음과 같습니다. 우선 주일날 공적예배와 예배당 안에서 각각 믿음의 분량대로 지혜롭게 생각하며(3절), 서로 지체가 되어 섬기고(4-8절), 악을 미워하고 선에 속하며(9절), 형제를 사랑하고 존경하며(10절), 열심을 품고 부지

---

9 Martyn Lloyd-Jones, *Romans: Exposition of Chapter 12 Christian Conduct* (Edinburgh: The Banner of Truth Trust, 2000), 57.

런히 주님을 섬기고(11절), 즐거워하고 기도하며(12절), 성도들의 쓸 것을 공급하고 손 대접하기를 힘쓰는 것(13절)입니다. 그리고 나아가 삶 속에서 박해하는 자를 축복하고(14절), 함께 즐거워하고 울고(15절), 높은 데 마음을 두지 말고 낮은데 처하며(16절), 악으로 악을 갚지 말고 선을 행하며(17절), 모든 사람과 화목하고(18절), 원수를 갚지 말고 하나님께 맡기는 것입니다(20절).

이런 방식으로 우리 삶 전체가 예배가 됩니다. 우리에게 필요한 것은 삶이 예배라고 말하면서 주일예배를 삶으로 갈음하는 것이 아닙니다. 우리에게 필요한 것은 삶의 예배의 실패를 인정하고 그것을 극복하려는 대책에 있습니다. 하나의 극단을 극복하려고 다른 극단으로 치닫는 것은 바람직한 모습이 아닙니다. 주일에 예배당에서의 예배자의 삶과 평일 일상의 생활 속에서 생각과 마음과 습관과 행동을 모두 하나님이 기뻐하시는 거룩한 산 제사로 올려드리려는 분투만이 참되고 합당한 예배를 드릴 수 있게 합니다. 한동안 인터넷에는 "예배드리면 죽인다고 칼이 들어올 때 목숨을 걸고 예배드리는 것이 신앙입니다. 그러나 예배 모임이 칼이 되어 남들의 목숨을 위태하게 하면 모이지 않는 것이 신앙입니다"라는 글이 인기를 끌며 돌아다녔습니다. 이런 글의 가장 큰 문제는 이유여하를 막론하고 모든 예배를 남들의 목숨을 위태하게 만드는 칼이라고 전제하는 일반화의 오류를 저지른다는 점에 있습니다. 그리스도인은 모든 사고와 판단과 결정과 행동의 기준을 상황이나 환경의 원리가 아니라 성경의 원리에 두어야 합니다. 예배에 관한 성경적인 인식이 있어야만 상황과 환경에 휘둘려 예배의 원리를 훼손하는 한쪽으로 치우친 견해를 늘어놓지 않게 됩니다. 우리가 주일 예배로 모일 때 세상에서 하나님께로 왔다가 다시 하나님의 영광을 위해 세상으로 나가는 것이며 동시에 매주 복음을 믿으며 살아가기 위해 주일예배는 결정적이고 필수불가결한 것이라는 인식이 있어야 합니다. 다니엘 하이드는 주일 예배에 대해 이렇게 말합니다.

> 주일에 정당한 이유 없이는 하나님의 집을 절대 비우지 말라. 자기 교회에서 베풀어지는 성찬식을 절대 놓치지 말라. 그래서 은혜의 수단이 베풀어지고 있는데 자기 자리를 비우는 일이 결코 없도록 하라. 이것은 그리스도인으로서 성장하고 부요해지는 데 있어 매우 중요한 것이다. 당신이 공연히 놓쳐 버린 바로 그 설교에 당신 영혼에 적절한 보물 같은 말씀이 담겨 있을지 모른다.[10]

예배인가 뮤지컬인가

교회를 개척하기 한 두 해 전인가 가족들과 함께 일산 근처의 초대형교회 주일 예배에 참석할 기회가 있었습니다. 예배 전에 멋

---

[10] 다니엘 헤이드, 『개혁교회에 오신 것을 환영합니다』, 김찬영 역 (서울: 부흥과개혁사, 2012), 163.

진 찬양팀이 나와 2-30분 흥겨운 찬양을 하더니 갑자기 목사가 어디선가 등장하여 예배가 언제 시작된 것인지조차 모를 정도로 곧바로 설교를 시작했습니다. 설교를 마치자 조명이 바뀌고 또 다시 찬양팀이 나와 찬양한 후에 예배가 끝났습니다. 그 사이에 어떤 예배의 예전이 있었는지 전혀 기억나지 않는걸 보면 예배는 그렇게 시작해서 그렇게 끝난 것 같습니다. 예배의 개회선언도 강복선언도 없었고, 목회기도 역시 존재하지 않았습니다. 성경낭독도 신앙고백도 없었습니다. 예전이 없는 것이 예전이었던 것 같습니다. 교회는 위에서 아래로 강단을 내려다보이게 설계되었고 예배당 좌석은 푹신한 극장식 좌석이었습니다. 예배를 마치고 가족들과 함께 나오는데 마치 공연장에서 한 편의 멋진 뮤지컬이나 드라마를 보고 나온 기분이어서 뭔가 모르게 씁쓸했습니다. 멋진 찬양팀이 필요없다는 말도, 아름다운 음악이나 푹신한 좌석이 문제라는 말도 아닙니다. 다만 우리의 예배가 과연 지나치게 수평적이지 않은가에 대한 불편한 감정이었습니다. 예배의 대상은 없고 예배자의 기쁨과 즐거움만 있다면, 예배의 올바른 방향으로서의 수직적인 측면을 심각하고도 진지하게 고려해야 합니다. 로버트 레이번은 수직적 예배의 목적에 대해 이런 통찰력 있는 글을 기고했습니다.

올바른 예배는 예배자들을 즐겁게 하기 위한 것이 아니다. 올바른 예배는 경건한 신자들이 우주의 주권자이신 하나님께 합당한 경배와 찬양과 존귀와 복종을 바치고 그분이 말씀과 성례를 통해 제공하시는 영적 양식을 받는 것이다.[11]

나를 기쁘게 하는 예배인지, 하나님을 기쁘시게 하는 예배인지, 내가 요구하는 예배인지, 하나님이 요구하시는 예배인지, 우리는 무엇이 하나님이 원하시며 어떤 예배가 하나님을 기쁘시게 하는 산 제사가 되는지를 끊임없이 살펴야 합니다. 코로나 바이러스로 고통을 당하고 있는 전 세계 교회와 특히 한국교회의 주일예배가 성경적인 예배로 회복되기를 간절히 소망합니다.

11 Robert Rayburn, "Worship in the Reformed Church." *Presbyterian* 6, no. 1 (Spring 1980): 8.

나눔을 위한 질문

❶ 예배의 대상은 누구입니까?

❷ 구약과 신약의 예배의 차이점을 간략히 설명해 봅시다.

❸ 엄밀한 의미에서 교회의 존재목적은 어디에 있습니까?

❹ 예배의 규정적 원리와 상황적 원리를 구분하여 설명해 봅시다.

❺ 예배에 있어서 평일과 주일은 어떻게 다른지 설명해보고, 평일을 주일로 대체하여 지키려는 시도에 대해 토의해 봅시다.

❻ 주일 공적예배와 삶 속에서의 예배를 로마서 12장에 근거해 설명해 봅시다.

❼ 주일에 정당한 이유 없이 하나님의 집인 교회를 비우지 않아야 할 이유에 대해 토의해 봅시다.

13장

설교

참된 교회와 거짓된 교회는 그 교회에 성경이 말하는 은혜의 방편이 시행되고 있느냐에 따라 구분될 수 있습니다. 성경이 말하는 은혜의 방편은 하나님의 말씀 선포와 성례의 정당한 시행, 그리고 기도의 사용입니다. 바로 이것이 그리스도께서 우리에게 구속의 은혜를 전달하시는 외적이며 통상적인 방편입니다(소요리문답 88번). 더욱이 이 가운데 하나님의 말씀 선포는 참된 교회의 제1표지입니다. 그러므로 교회의 말씀 설교는 아무리 강조해도 지나치지 않습니다.

그러나 오늘날 우리는 설교 불신의 시대에 살고 있습니다. 더이상 설교로는 사람이 변하지 않는다는 말을 심심찮게 듣습니다. 이런 불신은 비단 교인들에게만 있는 것이 아닙니다. 설교자 자신들도 이런 불신에 사로잡혀 있습니다. 프랜시스 챈은 "어느 정도 목회를 하면 설교를 잘해서 교인들이 변하는 것은 아니라는 사실을 깨닫는다. 그리스도께 온전히 헌신한 사람을 만나보라, 목회자의 설교나 행동으로 그렇게 된 것이 아니다"라고 말합니다.[1] 그러나 이런 문장들은 나를 불편하게 합니다. 사람을 변화시키는데 성령님의 역할이 절대적이라는 사실을 강조한다고 해도 이런 표현은 그릇된 것입니다. 사람을 바꾸기 위해 성령님께서 사용하시는 방편이 바로 설교이기 때문입니다. 바울은 믿음은 들음에서 나고 들음은 그리스도의 말씀으로 말미암는다고 말하면서 "전파하는 자가 없이 어찌 들으리요"라고 말합니다(롬 10:10, 14, 17).

설교는 죄인 구원을 위한 구속의 은혜를 전달하는 방편

하나님의 모든 부르심이 영광스럽지만, 그 가운데서도 하나님의 말씀인 성경을 공적으로 설교하는 설교자로 부르심을 받는 것은 인간이 가질 수 있는 가장 고귀하고 위대하며 영광스러운 소명입니다.[2] 하나님께서 설교를 통해 죄인을 구원하시기를 기뻐하셨기 때문입니다(고전 1:21). 그렇기에 설교자는 언제든지 말씀을 설교해야 합니다. 때를 얻든지 못 얻든지, 즉 상황이 좋든지 나쁘든지 관계없이 항상 설교할 태세를 갖추고 있어야 합니다(딤전

---

1 고든 맥도날드, 빌 하이벨스, 유진 피터슨, 『그들은 교회가 아니라 리더를 떠난다』, 최요한 역 (서울: 국제제자훈련원, 2015), 160.
2 마틴 로이드-존스, 『설교와 설교자』, 15.

4:2). 이는 엄중하고 긴급한 명령입니다. 우리는 하나님께서 하라고 명하신 시급한 일을 우리 마음대로 바꿀 권리가 없습니다. 설교 외에 다른 방법으로, 다른 행사나 프로그램이나 이벤트로 설교를 대체할 수 없습니다. 앞서 여러 번 언급했듯이 설교자의 주된 임무는 말씀 전하는 사역과 기도하는 것입니다(행 6:4). 하나님의 말씀을 제쳐두고 접대를 일삼는 것은 적어도 설교자에게는 합당한 일이 아닙니다(행 6:2).

설교란 무엇입니까? 몇몇 저명한 신학자와 설교자들이 쓴 설교에 관한 책을 살펴보았는데, 설교에 관하여는 말하고 있지만 설교가 무엇인지는 선명하게 말하지 않고 있다는 점이 매우 놀라웠습니다. 설교의 특징과 요소와 설교자의 준비와 설교를 듣는 청중을 고려해야 함에 관해서는 상세하게 설명하면서도, 설교 그 자체에 관한 정의를 명쾌하게 내리지는 않았습니다. 설교란 하나님께서 하신 말씀을 선포하는 것이며, 예수 그리스도의 복음을 증언하는 것입니다. 구약과 신약 성경에 담긴 하나님의 뜻을 바르게 해석하고 선포하는 것입니다. 하나님이 누구신지, 하나님이 어떤 일을 하셨는지, 하나님의 뜻이 무엇인지, 사람이 무엇을 해야 하는지를 밝히 드러내 주는 것입니다. 설교란 하나님께서 명령하신 모든 것을 가르치고 지키게 하는 것입니다(마 28:19-20; 행 16:32; 약 1:22). 하나님의 말씀이 무엇인지, 하나님이 누구신지, 하나님의 창조와 인간이 무엇인지, 죄가 무엇인지,

율법과 은혜가 무엇인지, 그리스도의 성육신과 고난과 십자가와 부활의 신비가 무엇인지, 구원이 무엇인지, 교회가 무엇인지, 성경이 말하는 종말과 하나님의 나라가 무엇인지, 그 나라를 향해 가는 신자가 어떻게 살아가야 하는지를 세세하게 가르치는 것이 설교입니다. 즉, 성경이 가르치고 교훈한 모든 교리를 선포하고 가르치는 것입니다. 영국 청교도 신학의 조상이라 불리는 윌리엄 퍼킨스는 그의 역작 "설교의 기술"에서 설교에 관해 "그 완전성과 내적인 일관성 안에서 하나님의 말씀만을 설교해야 한다"고 했습니다.[3] 설교는 화려한 수사학이나 언어유희의 장이 아니라 하나님의 말씀을 있는 그대로 가감 없이 전해야 하는 하나님의 명령입니다.

설교, 예배의 다이아몬드

이 설교는 주로 공적 예배의 예전의 가장 중요한 심장부에 위치해 있습니다. 물론 설교만이 예배의 전부는 아니며 예배에는 시편 찬양, 기도, 성찬, 헌상 등 여러 요소들이 있습니다. 우리는 예배의 모든 요소를 통해 은혜를 받지만, 그럼에도 예배에서 설교가 차지하는 비중과 중요성은 결코 간과할 수 없습니다. 그 말씀의 설교가 구원을 위해 효과적으로 사용되어 죄인을 구원하는

---

3 William Perkins, *The Art of Prophesying with the calling of Ministry* (Edinburgh, Scotland: Banner of Truth, 1996), 9.

구속의 은혜를 전달하기 때문입니다.

웨스트민스터 소요리문답 제88-89번은 이렇게 말합니다.

[88번]

문. 그리스도께서 우리에게 구속의 혜택을 전하는 데 사용하시
는 외적이고 일반적인 수단들은 무엇인가?

답. 그리스도께서 우리에게 구속의 혜택을 전하는데 사용하시는
외적이고 일반적인 수단들은 그리스도께서 세우신 규례인
데, 특히 말씀과 성례와 기도가 그러합니다. 이 모두가 택하
신 자들을 구원하는 데 효과적인 수단입니다.

[89번]

문. 말씀이 어떻게 구원을 위해 효과적으로 사용됩니까?

답. 하나님의 성령께서는 말씀을 읽는 것, 특별히 말씀을 설교하
는 것을 효과적인 수단으로 사용하셔서 죄인을 깨닫게 하시
고 회개하게 하시며, 구원에 이르는 믿음으로 죄인들을 거룩
함과 위로로 세우셔서, 말씀이 구원을 위해 효과적으로 사용
되게 하십니다.

하나님의 말씀 선포로서의 설교는 예배의 핵심일 뿐만 아니라
또 다른 은혜의 방편인 세례와 성찬과 기도의 근거가 됩니다. 성
례나 기도 없이 말씀이 선포될 수는 있으나 말씀 없이 세례와 성
찬이 시행되거나 말씀 없는 기도는 존재할 수 없기 때문입니다.

세례와 성찬은 말씀과는 달리 구원의 믿음을 불러일으키는 것이 아니라 이미 구원받은 신자의 믿음을 더욱 강화시키는 역할을 합니다.[4] 그렇기에 참된 예배는 무엇보다도 이 말씀 선포에 좌우됩니다. 다소 다른 결함이나 불순함이 있다 하더라도 말씀이 충실하게 전파되는 곳에서는 참된 예배가 전적으로 소멸될 리 없습니다.[5]

설교가 중요한 또 하나의 이유는 설교가 사람의 말이 아니라 하나님의 말씀이라는 점에 있습니다. 설교를 수행하는 존재는 설교자이지만 그 설교자를 사용하시는 분은 하나님이십니다. 설교자가 강단에서 하나님의 말씀을 선포할 때, 하나님은 천상의 강단에서 우리에게 말씀하십니다. 그렇기에 설교는 엄밀한 의미에서 사람의 말이 아니라 하나님의 말씀입니다. 물론 설교는 계시적 의미에서가 아니라 계시된 말씀에 대한 선포적 의미에서 하나님 말씀입니다. 바울은 데살로니가 교회 교인들이 설교를 사람의 말이 아니라 하나님의 말씀으로 받았다고 말합니다(살전 2:13). 그들은 사도들에게 말씀을 들었지만, 사람이 아니라 하나님의 말씀으로 들었습니다. 비록 설교가 설교자의 전인격과 관계하고 있지만 엄밀히 말하면 설교의 능력은 설교를 전달하는

---

4 유해무, 『유교수의 우리 신조 수업』 (서울: 도서출판 담북, 2019), 264.
5 G. I. 윌리암슨, 『웨스트민스터 신앙고백서 강해』, 나용화, 류근상 역 (고양: 크리스챤출판사, 2009), 322.

설교자에게 있지 않습니다. 바빙크는 이에 대해 다음과 같이 말합니다.

> 사람의 말은 화자가 그 말에 얼마만큼의 마음과 정신을 쏟느냐에 따라 능력이 좌우되지만, 하나님은 언제나 자신의 능력의 말씀 속에 충만히 임재하신다. 성경에 기초하여 자유롭게 선포된 말씀은 그것이 비록 성경 자체의 말씀과 동일하지는 않지만 여전히 본질적으로 하나님에게서 나온 말씀이고, 인간에게서 나오지만 본질적으로 하나님에게서 나온 말씀이며, 성령의 능력으로 말해지는 것이기 때문에 항상 바람직한 결과를 낳는다.[6]

인터넷과 유튜브 시대를 사는 오늘날 우리는 말씀에 집중하기보다 인물에 집중하는 경향이 있습니다. 여러 목사와 설교자를 비교하고 평가합니다. 원하기만 하면 스마트폰에서 유명하다는 목사의 설교자를 마음대로 선택하여 들을 수 있습니다. 그러는 사이 말씀은 현저히 사라지고 사람이 드러납니다. 그러나 설교자들은 하나님이 사용하시는 도구들일 뿐입니다. 진정한 은혜의 방편은 하나님의 말씀이며 그 말씀의 선포입니다. 그러므로 우리는 설교자가 누구이든지 관계없이 그가 선포하고 지시하는 그리스도와 말씀에 집중해야지 설교자 자체에 집중해서는 안 됩니다.

더욱이 그렇게 인터넷 설교자들을 추구하는 습관은 지역교회

---

6 헤르만 바빙크, 『개혁파 교의학』, 1093.

의 교인으로서 결코 건강하지 못한 일이 되기도 합니다. 인터넷에서 유명한 설교자의 설교를 듣는 것이 지역교회의 회원됨을 대체하지 못합니다. 유튜브에서 원하는 목사의 설교를 듣는 것에 유익이 있다 해도 자신이 출석하고 있는 교회를 목양하는 경건하고 신실한 목회자를 대신할 수는 없습니다. 설령 그에게 고학력의 학위나 대단한 스펙이 없더라도, 성경에 신실하고 경건하며 항상 기도하는 자세로 목양하는 목회자라면 "모든 인터넷 설교자를 합친 것보다 더 가치 있는 사람"입니다.[7] 모든 교회의 성도들은 자신이 출석하는 교회의 예배와 설교에 충실해야 하며, 자신의 영혼을 감독하는 감독자로서의 목사의 설교를 존중하고 그를 위해 늘 기도해야 합니다.

도무지 설교가 아닌 것들

하나님의 말씀 선포는 앞서 언급한대로 은혜의 세 가지 방편 가운데 제1차적 방편, 수위적 방편, 최우선의 방편입니다. 그러므로 교회는 참된 말씀 선포에 최선의 노력을 기울여야 합니다. 이 일에 있어서 지역교회는 충분한 은사를 받은 자격을 갖춘 설교자가 있어야 하며, 그는 정식으로 공인되어 진실하게 하나님 말씀을 있는 그대로 가감 없이 설교할 수 있어야 합니다(대요리문답 제158번). 그렇다면 무엇이 참된 설교가 아닙니까? 자격을 갖추

---

7 폴 워셔, 『은혜의 수단』 황영광 역 (서울: 생명의 말씀사, 2020), 33.

지 않은 자들이 강단에서 말하는 것들은 결코 설교가 아닙니다. 엄밀히 말하면 장로교회에서 목사 이외에 다른 직분자들은 공적으로 설교할 수 없습니다. 그리스도의 권위로 설교자로 임명된 사람을 제외하고는 그 누구도 설교 사역을 감당할 권한이 없습니다.[8] 설교는 합법적인 교육적 신임장을 지닌 목사의 고유직무입니다. 그들은 이 일을 위해 철저하고도 엄격한 교육과 훈련을 받습니다. 그러므로 그런 훈련과 교육을 받지 않고 설교자로 부르심을 받지 않은 장로나 집사가 말씀을 설교하거나 가르쳐서는 안 되며, 그 일은 설교자로 부르심을 받은 목사만이 해야 합니다. 유명 연예인이나 사회의 저명한 인사들을 강단에 세우는 일은 더더욱 삼가야 합니다. 강단의 설교는 우리를 천국문 아니면 지옥문 앞으로 데려가는 엄중한 사역이기 때문입니다.

그러나 아무리 합법적인 교육적 신임장을 지닌 목사라 할지라도 그가 구속의 효력을 가져오는 설교를 성경적으로 전하지 않는다면 그것 역시 설교가 아닙니다. 웨스트민스터 신앙고백서는 '견실하게 설교하는 것'을 예배의 한 부분으로 규정합니다(제21장 예배와 안식일 제5항). 견실한 설교란 건강한 설교, 바른 설교입니다. 그것은 종교개혁의 표제였던 오직 성경(sola Scriptura)과 성경 전체(tota Scriptura)의 원리에 기초한 설교입니다. 설교의 메시

---

8 로버트 쇼, 『웨스트민스터 신앙고백 해설』, 조계광 역 (서울: 생명의말씀사, 2017), 388.

지는 사람이 아니라 하나님의 것입니다. 설교자는 메시지를 각색할 권한이 없으며 가감하거나 또는 부분적으로 제한할 권리가 없습니다. 설교자가 빠지는 유혹 가운데 하나는 하나님 사랑 이웃 사랑에 대해서는 많이 설교하면서 죄와 심판과 지옥에 대해서는 아주 적게 말하거나 아예 침묵하고, 인간의 도덕이나 윤리는 대단히 강조하면서 그리스도의 십자가와 은혜는 축소시키는 것입니다. 설교자는 청중들의 기분을 신경쓰거나 눈치를 봐서는 안 됩니다. 그것은 하나님을 기쁘시게 하는 것이 아니라 사람을 기쁘게 하는 인간적인 봉사자들이나 하는 일입니다. 신앙고백서는 사람을 울리고 웃기는 설교가 아니라 건강하고 건전한 설교에 대해 말하고 있습니다. 물론 설교에 매력적인 요소나 재미가 없어야 한다는 말은 아닙니다. 하지만 하나님의 관심사는 건강하고 건전한 설교, 즉 성경적인 설교에 있습니다.

이런 의미에서 설교자는 파송을 받은 대사(ambassador)와 같습니다. 그는 오직 성경만을 설교해야 합니다. 재판장에 출석한 증인처럼 "오직 진실, 진실만을 말할 것"을 선서해야 합니다. 설교자는 자신이 하고 싶은 말이 아니라 하나님이 원하시는 말씀을 전하는 자입니다. 따라서 설교는 무엇보다도 강의나 강연이 아닙니다. 사람들이 어떤 주제에 대한 정보와 지식을 알기 쉽게 설명하고 가르치는 것이 아닙니다. 설교는 세바시(세상을 바꾸는 시간 15분)가 아닙니다. 설교는 엄마가 잠자리에 드는 아이에게 들려주는 조용한 이야기도 아닙니다. 설교는 명상도 사색도 아니며, 노래와 춤을 곁들인 드라마나 뮤지컬이나 연극은 더더욱 아닙니다. 얼굴에 방송용 화장을 하고 TV나 유튜브 방송을 위해 카메라 앞에서 짜여진 각본에 따라 대담을 나누는 것도 아닙니다. 설교는 연설도 정치적 선동도 아닙니다. 설교는 잔소리나 잡담이나 만담도 더더욱 아닙니다. 설교는 자신의 가정사를 속속들이 자랑하는 것도 아닙니다. 성도들은 설교자의 가정사나 자녀와 손자 손녀 이야기가 아니라 하나님의 말씀을 듣고 싶어 합니다. 하나님의 말씀을 전해야 할 설교의 시간에 사람들을 웃기며 눈물 콧물 짜게 만드는 3류 저질 코미디 같은 만담을 늘어놓는 목사의 설교를 볼 때마다 경악을 금할 수 없습니다. 내가 말하는 설교는 지역의 교회에서 성도들의 영혼을 맡은 목사가 하나님의 생명의 말씀을 회중들에게 정기적으로 꾸준히 전하는 성경 설교입니다. 그러므로 설교자는 한편으로는 인간적인 요소들을 제거하면서 동시에 자신이 과연 오직 성경과 성경 전체를 가르치고 있는지를 항상 돌아보아야 합니다.

설교, 어떻게 준비할 것인가?

그렇기에 설교자는 매우 부지런하게 설교를 준비해서 바른 교리를 가르쳐야 합니다(대요리문답 제159번). 오직 성경, 전체 성경을 설교하려면 설교자에게 얼마나 큰 주의와 부지런함이 요구되겠습니까? 평생을 다 설교해도 못할 것이 성경입니다. 뿐만 아니라 설교란 때를 얻든지 못 얻든지 기회가 될 때마다 해야 하기에 미리 준비하고 있어야 합니다. 이것이 앞서 9장에서 설교자가 되려는 사람이 평범한 수준 이상의 지적 능력의 소유자이며 공부하기를 좋아해야 한다고 말한 이유입니다. 목사는 매일 성경을 읽어야 하고, 따로 성경을 연구해야 하고, 이와는 별도로 성경에 관한 서적들, 즉 원어, 주석, 강해, 경건 서적들을 항상 탐독해야 합니다. 조직신학이나 성경신학 교과서들은 신학교를 졸업하고 나면 책꽂이에 꽂아두고 단 한 번도 펼쳐보지 않는 교인진압용 장식품이 되어서는 안 됩니다. 목사는 신학서적들을 가까이 두고 매일 탐독해야 합니다. 우리 신앙의 선배 목사님들은 늘 세 가지 준비를 했다고 합니다. 이사 갈 준비, 죽을 준비, 그리고 설교할 준비입니다. 평소에 연구해야 진짜 설교할 때 잘 할 수 있습니다. 평소 열심히 훈련하지 않는 선수가 과연 실제 대회나 게임에 나가서 좋은 성적을 거둘리 만무합니다. 설교를 제대로 준비하지 않고 설교를 잘 할 수 있는 왕도는 없습니다.

마틴 로이드-존스 박사는 설교에 있어서 성령의 역사하심과 기름 부으심을 강조했지만, 설교를 준비하지 않고 강단에 올라가느니 발가벗고 올라가는 편이 나을 것이라고 말한바 있습니다. 그럼에도 설교자는 자신의 설교 준비를 의지하기보다 성령님의 나타나심과 능력을 의지해야 합니다(고전 2:4). 이런 의미에서 설교는 불붙은 논리(logic on fire)입니다. 이 말은 하나님의 말씀을 전하는 설교자의 전 인격이 불이 붙어야 한다는 뜻입니다.[9] 설교자가 알지 못하는 것을 전하거나 은혜받지 않은 것을 선포할 수 없습니다. 예레미야 선지자는 하나님 말씀으로 인해 자신의 중심이 불타오르는 것을 느꼈습니다. "내가 다시는 여호와를 선포하지 아니하며 그의 이름으로 말하지 아니하리라 하면 나의 마음이 불붙는 것 같아서 골수에 사무치니 답답하여 견딜 수 없나이다"(렘 20:9). 불이 붙은 마음을 지닌 설교자는 하나님의 손에 들린 가장 강력한 무기입니다. 그렇기에 설교자에게 요구되는 것은 자신의 마음과 청중들의 마음에 메시지를 심어주실 것을 간구하는 기도입니다. 영혼의 설교자 리처드 십스는 "설교자는 종종 절반의 사역 곧 설교로 사람들에게 큰 영예를 얻지만 하나님은 나머지 절반 곧 기도의 사역을 등한시한 것에 불쾌하게 여기신다"고 했습니다. 열심히 준비하고 기도하는 것이 참된 설교자의 준비입니다.

설교, 어떻게 들을 것인가?

그러나 설교에 은혜를 받으려면 설교자의 준비만큼이나 성도들의 준비가 각별히 요구됩니다. 설교를 듣는 자들은 부지런하게 기도로 준비해야 합니다. 나아가 설교 말씀을 따르며 그것을 하

---

9 마틴 로이드-존스, 『설교와 설교자』, 151.

나님의 말씀으로 받아들이고 묵상하고 참고하여 생활을 통해 열매가 맺히게 해야 합니다. 이에 대해 대요리문답 제160번은 이렇게 말합니다.

[160번]

문. 설교를 듣는 사람들에게 요구되는 것은 무엇입니까?

답. 설교를 듣는 사람들에게 요구되는 것은, 부지런한 태도와 준비된 마음과 기도로 설교를 주의해서 듣는 것입니다. 또한 설교를 성경에 근거해 검토하고, 성경과 일치하면 믿음과 사랑과 온유함과 간절한 마음으로 그 내용을 하나님의 말씀으로 받아들이는 것입니다. 또 그 설교를 묵상하고, 함께 나누며 공부하고, 마음속에 간직하고, 삶 속에서 그 열매가 맺어지게 하는 것입니다.

여기에는 설교를 듣는 청중의 몇 가지 의무가 전제되어 있습니다. 무엇보다도 먼저 설교를 들어야 할 의무입니다. 생명의 양식이 선포되는 교회의 예배 참석을 소홀히 한다면 그는 굶주려 죽게 됩니다. 아무리 설교를 듣고 싶다 해도 예배에 참석하지 않는다면, 설교를 듣는 것은 불가능합니다. 예배 참석을 최우선순위에 두어야 합니다. 둘째, 설교자들이 참되게 말씀을 전할 수 있도록 그들과 그들의 설교를 위해 기도해야 할 의무입니다. 설교자의 말씀준비와 영육의 건강을 위해 기도해야 합니다. 셋째, 설교를 잘 듣기 위해 미리 준비해야 할 의무입니다. 부지런한 태도와 준비된 마음과 기도로 설교를 듣기 위해서는 토요일에 꼭 필요한 일을 제외하고는 세속적인 모든 업무를 정돈해야 합니다. 육체와 정신을 피곤하게 만드는 일은 피해야 하고 복잡하고 성가신 일들도 미리 정돈해야 합니다. 가능하면 일찍 잠자리에 들어 주일에 최상의 컨디션으로 예배에 참석해야 합니다. 주일이 되면 미리 와서 자신과 성도들과 말씀을 선포할 설교자의 영혼을 위해 기도해야 합니다. 목회를 하다보면 예배 시간에 항상 늦는 습관을 지닌 청중들을 보게 됩니다. 늦는 것도 습관입니다. 늦는 사람은 항상 늦습니다. 이는 거리가 가깝고 멀고의 문제가 아니라 마음의 문제이며 습관의 문제입니다. 예배에 늦는 습관을 고치지 않으면, 늘 마음과 몸이 조급할 것이며 은혜 받는 일에 큰 지장을 초래합니다. 마지막으로 우리는 온통 입으로만 신앙을 논한 천로역정의 수다쟁이(Talkative)가 되어서는 안 되고, 경건한 삶을 통해 거룩의 열매를 맺어야 합니다. 그렇게 하기 위해서는 설교를 듣고 성경을 통해 설교를 다시 상고하고 믿음과 사랑과 온유함과 간절한 마음으로 하나님 말씀을 받고 묵상하고 가족들과 함께 나누고 마음속에 간직하고 삶에서 실천할 수 있도록 애써야 합니다.

지금으로부터 30여 년 전인 1992년에 로이드–존스 박사가 설립한 런던신학교로 유학을 떠나 공부할 때 방학이 되어 절친인

휴 콜리어(Hugh Collier)의 부모님 집을 방문한 적이 있습니다. 부모님은 당시 역사신학 교수였던 로버트 올리버 박사가 목회하는 교회에 출석했는데, 우리는 그 교회에서 주일에 함께 예배를 드렸고 집에 돌아와 점심식사를 한 후에 거실에서 쉬는 중이었습니다. 콜리어의 어머니인 엘리자베스 콜리어가 서재에서 책을 한권 꺼내 읽었는데 가만히 보니 루이스 벌코프의 조직신학이었습니다. 신학생들이나 읽을 법한 조직신학책을 일반 성도가 읽고 있는 모습이 하도 신기해 나는 왜 그 책을 읽고 계시냐고 어머니에게 물었습니다. 그러자 콜리어의 어머니는 오늘 올리버 목사님이 하신 설교 중에 어떤 부분이 마음에 남았는데 그 내용이 과연 그러한가 살펴보는 중이었다고 대답했습니다. 이것이 30여 년 전의 영국 교회 성도들의 수준이었습니다. 이 사건이 내게 얼마나 충격적이었는지, 그 장면이 마치 영화의 한 장면처럼 여전히 내 마음에 남아 있습니다.

설교는 그저 주일날 예배당에서 듣고 그것으로 끝내는 것이 아니라 집으로 돌아가 계속 곱씹고 묵상하고 마음에 담고 열매를 맺어야 할 하나님의 말씀입니다. 그 책의 사람들의 대표인 한재술 형제는 최근 성도의 입장에서 『설교, 어떻게 들어야 할까』라는 매우 유용한 책을 출간했습니다. 이 책의 2장에서 한재술 형제는 설교본문 미리 읽기, 주일 오전에 경건의 시간 보내기, 30분 전에 교회 도착하기, 설교 듣기 전 설교와 설교자를 위해

기도하기, 설교듣기, 설교 뿌리 내리기 등의 실제적인 지침을 잘 설명하고 있습니다.[10]

천국 문을 열고 닫는 설교

설교의 능력은 우리의 생각보다 훨씬 강력합니다. 설교는 천국의 문을 열기도 하고 닫기도 하는 방편이기 때문입니다. 우리 주님께서는 베드로를 향해 "내가 천국 열쇠를 주리니 네가 땅에서 무엇이든지 매면 하늘에서도 매일 것이요 네가 땅에서 무엇이든지 풀면 하늘에서도 풀리리라"고 말씀하셨습니다(마 16:19). 이 말씀은 거룩한 복음을 설교할 때 발생하는 일에 관한 것입니다. 이 말씀이 정확히 무엇을 의미하는지 하이델베르크 요리문답 제84번이 잘 설명합니다.

[84문답]

문. 거룩한 복음을 설교할 때 천국이 어떻게 열리고 닫힙니까?

답. 그리스도의 명령에 따라 열리고 닫힙니다. 참된 믿음으로 복음의 약속을 받아들일 때, 하나님께서 그리스도의 공로로 말미암아 그들의 모든 죄를 사하신다는 것을 모든 믿는 신자에게 공적으로 선포하고 선언함으로써 천국이 열립니다. 이와 반대로 그들이 회개하지 않는 한 하나님의 진노와 영원한 정죄가 그들에게 임한다는 것을 모든 불신자와 위선자에게 공

---

10 한재술, 『설교, 어떻게 들어야 할까』 (안성: 그책의사람들, 2020), 47-114.

적으로 선포하고 선언함으로써 천국이 닫힙니다. 이러한 복
음의 증언에 따라 하나님께서는 이 세상과 오는 세상에서 심
판하실 것입니다.

한국 교회의 강단마다 천국 문을 열고 닫는 거룩한 복음의 참된
설교가 선포되어 죄인들을 구원하는 구속의 효력이 더욱 풍성히
넘치게 되기를 소망합니다.

나눔을 위한 질문

❶ 오늘날 "설교로 사람이 변하지 않는다"는 말이 왜 비성경적인지 로마서 10장을 중심으로 생각해 봅시다.

❷ "설교"란 무엇인지 그 정의를 말해봅시다.

❸ 예배에 있어서 설교의 중요성에 관해 토의해 봅시다.

❹ 소요리문답 88–89번에 따르면 설교는 어떤 은혜의 수단이 됩니까?

❺ 모든 성도는 왜 자신이 출석하는 교회의 목회자를 존중하고 그의 설교에 집중해야 합니까?

❻ 저자가 말하는 설교가 아닌 것들에는 무엇이 있는지 말해보고 토의해 봅시다.

❼ 설교 준비를 위해 목사가 해야 할 일은 무엇인지 생각해 봅시다.

❽ 설교를 들을 때 성도들은 어떤 자세로 무엇을 준비해야 하는지 토의해 봅시다.

❾ 설교는 어떤 방식으로 천국 문을 열고 닫는지 하이델베르크 요리문답 84번을 기초로 말해봅시다.

14장

세례와 성찬

비록 우리가 하나님이 택하신 백성들임에도 불구하고 하나님께서는 우리의 연약함과 결함을 아시기 때문에 우리의 믿음을 강하게 하기 위해 우리에게 성례를 제정해 주셨는데, 그것이 바로 세례와 성찬입니다(벨직 신앙고백서 제33항). 세례와 성찬은 그리스도께서 친히 제정하신 신약의 성례입니다. 중세 로마가톨릭교회는 여기에 다섯 가지를 더해 7성례를 제정했습니다. 1215년 트렌트 공의회를 통해 로마가톨릭교회가 제정한 세례성사, 개혁교회의 입교와 같은 견진성사, 성인이며 누구나 일 년에 한 차례 이상 참석해야 하는 성체성사, 미사에 참석하기 전 사제에게 죄를 고하는 고해성사, 결혼식과 같은 혼배성사, 사제나 신부가 서품을 받는 신품성사, 그리고 임종의 순간에 받는 종부성사입니다. 개혁교회가 태어나서 죽을 때까지 예배를 강조했다면, 로마가톨릭교회는 태어나서 죽을 때까지 사람을 각종 성례성사에 옭아매었습니다. 개혁교회는 세례와 성찬 외에 그리스도께서 직접 제정하신 다른 성례가 없기에 이런 로마가톨릭교회의 비성경적인 성례를 받아들이지 않았으며 세례와 성찬마저도 성경적으로 개혁했습니다.

속죄에 대한 눈에 보이는 하나님의 말씀

특별히 세례는 세례 받는 사람을 보이는 교회로 받아들이는 엄숙한 의식이고 세례 받는 사람이 그리스도께 접붙임 되었음으로 거듭남과 죄사함을 통해 자신을 하나님께 드림을 나타내는 은혜언약의 표와 인입니다(웨스트민스터 신앙고백서 제28장 1항; 소요리문답 제94번). 하나님께서는 은혜언약의 표와 인으로써 세례를 주셨는데 "참으로 그리스도 안에서 우리에게 자신을 주시고 자신과 친교와 교제를 맺게 만드신 하나님께서 은혜언약의 잇따르는 모든 선물 즉 완전한 구원의 선물들의 수혜자"로 우리를 만드셨습니다.[1] 따라서 이 성례는 은혜언약의 말씀과 분리되지 않습니다. 성례의 내용이 말씀으로부터 나오기 때문입니다. 성례는 말씀의 가시적인 표현입니다. 아우구스티누스는 성례를 가리켜 "신성한 것에 대한 가시적인 표지, 불가시적인 은혜의 가시적인 모습"이라고 했습니다. 이 두 가지 성례의 기호는 하나님의 가족을 표현하는

---

[1] 헤르반 바빙크, 『헤르만 바빙크의 찬송의 제사』 박재은 역 (군포: 도서출판 다함, 2020), 42.

수단입니다. 이 수단으로 하나님의 가족과 세상의 가족이 구별됩니다. 벨직 신앙고백서 역시 성례를 가리켜 "내적이며 보이지 않는 것에 대한 가시적 표와 인"이며 또한 우리 안에서 성령의 능력으로 일하시는 방편이라고 진술합니다(벨직 신앙고백서 제33항).

그렇다면 성례, 특히 세례가 눈에 보이는 하나님의 말씀이며 은혜의 방편임을 어떻게 확증할 수 있습니까? 세례가 물로 씻는 것처럼 그리스도께서 자신의 피와 성령으로 우리를 틀림없이 씻어주신다고 세례를 제정하실 때 약속하셨는데(마 28:19; 막 16:16), 이 약속은 성경이 세례를 "중생의 씻음"과 "죄를 씻음"이라고 말한 데서도 거듭 나타납니다(하이델베르크 요리문답 제71번). 하나님께서는 복음의 말씀에 성례를 결합시켜서 하나님의 말씀에 드러나고 우리 마음에 이루시는 하나님의 뜻과 일을 잘 깨닫게 하시려고 세례와 성찬을 제정하시고 약속하셨습니다. 그러므로 세례는 눈에 보이는 하나님의 말씀입니다. 우리는 우리 자신이 세례를 받을 때 뿐 아니라 다른 성도가 세례를 받는 예식에 참여할 때마다 하나님의 위대하신 속죄사역과 중생사역 그리고 우리를 입양하시는 양자(adoption) 사역을 눈으로 목도합니다.

구약의 할례, 신약의 세례

신약의 세례는 구약의 할례를 폐하시고 대체하신 성례입니다. 구약에서 할례는 신성한 하나님의 백성이 되는 통과의식이었고 이방 민족들과 구별시키는 특징이었습니다. 다윗이 볼 때 블레셋은 할례 받지 못한 백성들이었고 골리앗도 마찬가지였습니다(삼상 17:26). 할례 받지 못한 자들은 패망할 것이며 모두 멸망할 것입니다(렘 9:25; 겔 32:28). 십보라와 결혼한 모세를 여호와께서 죽이려 하셨던 것도 그의 아들이 할례를 받지 않았기 때문이었습니다. 십보라가 그 아들의 표피를 베지 않았다면 모세는 죽었을지도 모릅니다(출 4:24-26). 신약의 유대인들이 할례를 그토록 중요하게 여겼던 것도 이 때문이었습니다(롬 2:25; 3:1). 유대인들의 자랑 가운데 하나는 그들이 제사를 맡았고 할례받은 백성들이었기 때문입니다.

그러나 이제 구약의 육체의 할례는 그리스도께서 오심으로 폐지되었습니다. 왜냐하면 "율법의 마침이 되시는 그리스도께서 피로 행한 할례를 폐하시고 그 대신 세례의 성례를 제정"하셨기 때문입니다(벨직 신앙고백서 제34항). 이제 성도는 주 예수 그리스도의 십자가 보혈의 공로를 통해 죄를 용서받고 다시 태어나 하나님의 자녀가 됩니다. 성도는 세례로 인해 하나님의 교회에 받아들여졌고 이방 민족들로부터 구별되었습니다. 이런 방식으로 세례는 바로 하나님이 영원토록 우리의 은혜로우신 아버지가 되신다는 사실을 증거해 줍니다.

삼위일체의 이름으로 받는 의식

세례는 하나님께서 세례받는 자를 하나님의 가족으로 표시하는 언약의 인침입니다(마 28: 19). 그렇기에 세례는 성부와 성자와 성령이신 삼위일체 하나님의 이름으로 받습니다(마 28:19). 세례를 통해 그리스도인은 비로소 하나님의 자녀인 신자와 성도라는 이름을 갖게 됩니다. 삼위일체 하나님의 이름으로 받는다는 것은 무엇을 의미합니까? 헤르만 바빙크는 세례와 성찬에 관한 작은 묵상의 글에서 그 의미를 이렇게 풍성하게 묘사합니다.

> 우리가 성부의 이름으로 세례를 받을 때, 성부 하나님께서 우리의 증인이 되시고 우리를 보증하시며, 우리와 영원한 은혜 언약을 맺으십니다. 그뿐 아니라 우리를 자신의 자녀와 상속자로 입양하셔서 모든 선한 것을 주시며, 모든 악을 피하게 하시거나 그 모든 악을 우리의 유익으로 바꾸십니다.
>
> 우리가 성자의 이름으로 세례를 받을 때, 성자께서 우리의 모든 죄를 자신의 피로 깨끗하게 하시고 자신의 죽음과 부활의 교제에 우리를 참여케 하심으로, 우리는 우리의 모든 죄로부터 자유롭게 되며 하나님 앞에서 의로운 자로 인정받게 됩니다.
>
> 우리가 성령의 이름으로 세례를 받을 때, 성령께서는 거룩한 성례를 통해 우리에게 다음과 같은 확신을 주십니다. 곧 성령께서 우리 안에 거하셔서 그리스도 안에서 우리가 영생을 얻은 택자

들의 모임 가운데 어떤 흠도 없는 존재로 서게 될 때까지, 우리를 죄에서 깨끗하게 하시고 우리의 삶을 날마다 새롭게 하심으로 우리를 그리스도의 사람으로 거룩하게 하신다는 사실입니다.[2]

따라서 세례는 우리의 영원하신 하나님께서 우리의 아버지이시며 우리가 아버지 하나님의 자녀가 되었다는 표지를 의미합니다. 신자들은 세례를 통해 하나님을 아바 아버지라고 부를 수 있게 됩니다(갈 4:6; 롬 8:15). 그렇기에 반드시 합법적으로 부르심을 받은 복음사역자에 의해 성부와 성자와 성령의 이름으로 세례를 받아야 합니다(웨스트민스터 신앙고백서 제28장 2항). 세례는 아브라함이 믿을 때 그 믿음으로 된 의를 인친 것과 같이 구약 언약을 믿는 의의 인침이었습니다(롬 4:11). 오늘날 새 언약 하에서 믿는 부모의 아이들은 그 부모의 믿음의 고백을 통해 자녀들을 주님의 교양과 훈계로 양육하겠다는 조건으로 은혜 언약에 따라 유아세례를 받습니다. 이처럼 세례는 교회가 사람들 앞에서 하나님의 이름을 공적으로 고백하게 하는 수단이 됩니다. 그러므로 세례가 없이는 참된 교회를 구분하기 어렵습니다. 이런 세례는 긴급하고도 특수한 경우가 아니고서는 절대 은밀히 행해서는 절대 안 되며 모든 회중이 보는 앞에서 공적으로 집례해야 합니다.

세례의 중요성은 아무리 강조해도 지나치지 않지만 주의할

---

2 헤르만 바빙크, 『헤르만 바빙크의 찬송의 제사』, 43.

것이 하나 있습니다. 교회가 세례를 베풀려면, 반드시 성령세례가 전제되어야 한다는 것입니다. 성령세례란 성령께서 베푸시는 세례로서 죄인의 죄를 회개시키고 그에게 믿음을 주어 오직 그리스도만을 영접하고 의지하게 만드시는 성령님의 구원사역입니다. 그렇기에 은혜와 구원이 세례와 나눌 수 없도록 결합되어 있지는 않다는 점을 분명히 해야 합니다(웨스트민스터 신앙고백서 제28장 5항). 물세례를 받지 않았다고 구원받을 수 없다거나 또는 물세례를 받은 사람은 반드시 거듭난다는 소위 자동적 세례중생론(baptismal regeneration) 모두 배격해야 할 그릇된 사상들입니다.

세례를 어떻게 베풀 것인가

물세례는 조직체로서의 교회가 죄인이 이러한 과정을 통과했는지를 확인하고 그가 하나님의 자녀가 되었다는 것을 선포하는 작업입니다. 따라서 철저한 검사와 교육과 문답이 전제되어야 합니다. 교회와 당회가 이 일에 실패할 경우 유사 그리스도인, 명목상의 그리스도인을 양성할 가능성이 높아집니다. 만일 교회가 성경과 교리를 기초로 철저한 검증을 통해 죄인 스스로의 신앙 고백을 확인하고 그의 삶에서 그 열매를 확인한 이후 세례를 베풀지 않는다면 교회는 유사 그리스도인을 양성하는 기관으로 전락하게 됩니다.

또한 우리는 세례의 형식보다는 그 본질과 의미를 더 되새겨야 한다는 점을 강조해야 합니다. 주수례(머리 위에 물을 떨어뜨림), 살수례(물을 뿌림), 낙수례(물을 흐르게 함), 그리고 침수례(물에 잠기게 함)이든 반드시 그 방식에 효력이 있는 것은 아닙니다. 꼭 물에 잠기게 할 필요는 없고 붓거나 뿌리기만 해도 세례를 올바로 시행하는 것입니다(웨스트민스터 신앙고백서 제28장 3항). 세례는 물로 씻어 죄 사함을 받고 거듭남을 통해 그리스도와 연합하여 하나님의 자녀가 되는 의식입니다. 그러므로 성도는 이 세례를 단 한 번만 받아야 하며 합법적인 사역자들도 역시 누구에게든 단 한 번만 베풀어야 합니다.

몇 년 전, 수십 년 동안 신앙생활을 하다가 집을 이사해 우리 교회에 등록하길 원하는 연세가 지긋한 부부와 상담할 기회가 있었습니다. 그들은 아주 오래 전 받은 세례를 다시 받고 싶다고 했습니다. 당시 세례가 무엇인지 얼마나 중요한지 잘 모른 채 세례를 받은 것 같다며, 가능하면 다시 세례를 베풀어달라는 것이었습니다. 이분들은 이미 수십 년 신앙생활을 했으며 이전 교회의 직분도 안수집사와 권사였습니다. 오랜 고민 끝에 세례는 한 번만 베풀어야 하며, 자신의 감정 상태나 생각과는 달리 이전에 받은 세례가 여전히 유효하다는 점을 상기시키면서 세례를 다시 받는 것이 바람직하지 않다는 것을 에둘러 설명했습니다. 원한다면 학습 세례 교육에 함께 참여할 수 있으며, 세례식도 참관할 수 있지만 세례를 다시 받을 필요는 없다고 말씀드리면서 세례에 관해 도움이 될만한 책을 소개했습니다. 세례를 두 번 세 번 받는 것은 이전에 자신을 위해 죽으신 그리스도의 속죄사역을 부정하는 것이며 또 다시 하나님의 자녀가 되는 의식을 두 번 세 번 반복하는 무익한 행위가 되기 때문입니다. 얼마나 시간이 지났을까? 이 분들은 겨울이 되면 동남아에 한두 달씩 요양을 떠나는데 두 달 만에 돌아온 집사님이 자랑스럽게 핸드폰으로 찍은 사진을 보여주며 감격스러워하던 장면을 지금도 잊을 수가 없습니다. 그 핸드폰 속에는 동남아시아 방문 기간에 평소 후원하던 선교사로부터 침례를 받는 장면이 찍혀 있었습니다. 놀라운 사실은 부부만이 아니라 두 명의 손자 손녀까지 데려가서 침례를 받았다는 것입니다. 아마 세례를 받으면 구원을 받을 것이요 복이 임할 것이라는 기복주의 신앙에 젖어 그렇게 한 것이 아닌가 생각됩니다. 이것이 수십 년 신앙생활하던 중직자의 세례에 관한 이해였습니다. 참된 신자는 세례의 의식이나 방식보다 그 본질과 의미를 더욱 마음에 새겨 감사와 은혜로 충만한 생활을 해야 합니다. 교회는 성경과 역사적 신앙고백서가 성례에 관해 어떻게 말하는지 올바로 가르쳐야 하고 이런 일이 발생하지 않도록 철저히 교육해야 합니다.

성경과 역사적 개혁파 신조가 말하는 세례는 그저 세례 받는 그 순간에만 유익한 것이 아니라 우리의 전 생애에 걸쳐 효력을 끼칩니다(벨직 신앙고백서 제34항). 또한 이 성례를 바르게 사용한다면 하나님이 정하신 때에 약속된 은혜가 성령님에 의해 실제로 나타나고 주어집니다(웨스트민스터 신앙고백서 제28장 6항). 칼뱅도 우리가 넘어질 때마다 우리의 세례에 대한 기억을 떠올리고 그것으로 우리의 생각을 든든히 하며 언제나 죄 사함을 확신해야 한다고 격려합니다.[3] 우리는 범사에, 특별히 고난당할 때 우리가 받은 세례를 생각하고 결코 그 무엇도 우리를 하나님의 사랑에서 끊을 수 없는 세례를 받아 하나님의 자녀가 되었다는 사실을 상기하며 세례를 통해 큰 유익을 얻어야 합니다. 뿐만 아니라 교회에서 계속되는 세례식에 참여할 때마다 자신이 이미 세례 받은 하나님의 자녀임을 기억하며 더욱 큰 은혜를 사모하는 성도들이 된다면 세례는 계속해서 유익을 끼칠 것입니다. 그렇기에 세례의 시기는 가능하면 빠를수록 좋습니다. 이는 언약의 자손인 유아들에게 베푸는 세례의 경우에 더욱 그러합니다. 갓난아이들의 출생 시기는 다양합니다. 일반적으로 일 년에 몇 차례 정기적으로 세례식을 베푸는 주일이 있기는 하지만, 유아들이 출생한 직후 몇 주 지나지 않아 교육과 문답을 통해 유아세례를 베푸는 것이 합당하고, 성인 세례도 역시 회심하고 중생하였다면 교육과 시취문답을 거쳐 그때마다 세례를 베풀어야 합니다. 한국교회가 세례의 성경적 의미를 올바로 견지하고 동시에 올바르

---

3 존 칼빈, 『기독교강요, 하』 369. (4. 15. 3.)

게 세례를 집례하여 참된 하나님의 자녀들을 많이 배출하는 성경적 교회가 되기를 기도합니다.

그리스도께서 친히 제정하신 성찬

성찬 역시 비록 우리가 하나님이 택하신 백성들임에도 불구하고 연약하고 결점이 많기에 그런 우리의 믿음을 강하게 하기 위해 우리를 위해 제정해 주신 성례 가운데 하나입니다(고전 11:23-26; 벨직 신앙고백서 제33항). 칼뱅도 성찬예식을 가리켜 우리의 연약한 믿음을 지탱시켜 주시기 위해 우리를 향하신 그분의 선하신 약속을 우리의 양심에 인 치시는 외형적인 표지와 같다고 말했습니다[4]. 성찬은 그리스도께서 자기 몸과 피로 세우신 성례입니다(웨스트민스터 신앙고백서 제29장 1항). 이는 주님의 죽으심으로 자기 자신을 제물로 바치신 일을 항구적으로 기억하게 하는 의식입니다. 이 성찬은 그리스도의 구속의 은덕과 그 안에서 누리는 영적 양식과 성장을 인치는 행위입니다. 궁극적으로 성찬은 주님과 함께 먹고 마시는 교제의 띠요 보증이라 할 수 있습니다. 신자는 성찬에 참여함으로 그리스도께서 우리를 위해 희생제물로 자신을 드리신 일을 영원히 기념하게 됩니다. 이런 방식으로 성찬은 그리스도의 구속의 은덕과 속죄사역을 보여주며 신자는 성찬에 참여할 때마다 그리스도의 십자가 속죄사역과 그 구속의 은택에

---

4   존 칼빈, 『기독교강요, 하』, 333, 435. (4. 14. 1. ; 4. 17. 1.)

감사하게 됩니다.

웨스트민스터 요리문답은 성찬에 대해 그리스도께서 정하신 대로 떡과 포도주를 주고받음으로 "그리스도의 죽으심을 보여주는 보이는 성례"라고 답합니다(소요리문답 제96번, 대요리문답 제168번). 결국 성찬이 보여주는 것은 그리스도의 죽으심이며, 성찬에 하나님의 백성들을 위해 대신 돌아가신 그리스도의 속죄의 교리가 표현되어 있다는 말입니다. 그렇기에 바울은 너희가 이 떡을 먹으며 이 잔을 마실 때마다 "주의 죽으심을" 그가 오실 때까지 전하는 것이라고 말했습니다(고전 11:26). 성찬은 "예수 그리스도께서 십자가에 못 박히신 것이 너희 눈앞에 밝히 보이는 것"입니다(갈 3:1). 따라서 중생 받지 못한 자나 속죄의 교리를 이해하지 못한 자는 결코 성찬에 참여할 수 없습니다.

하나님의 백성들을 위한 영적식탁

그렇다면 속죄의 교리를 보여주는 것 외에 성찬을 제정하신 목적은 무엇입니까? 대요리문답은 적어도 네 가지 목적을 제시하는데 영적 영양을 공급하여 은혜로 자라게 하고, 그들의 구주이신 그리스도와의 영적 관계를 더욱 공고하게 하며, 하나님을 향한 감사를 더욱 불러일으키고, 마지막으로 교회의 지체들을 향한 사랑과 교제를 새롭게 하는 것입니다(제168번). 신자가 은혜로 자라고 그리스도와의 관계가 깊어지며 하나님께 감사하고 다른 성도들을 사랑하려면 믿음이 강해져야 하는데, 그 믿음을 강하게 하는 방편이 바로 성찬입니다. 이는 신자에게 육체적 생명뿐만 아니라 영적 생명도 있음을 잘 보여줍니다. 벨직 신앙고백서는 이를 가리켜 중생한 사람들 안에는 "이중적 생명"이 있다고 진술합니다. 하나는 육체적이고 일시적이며 만인에게 공통적인 생명이고, 다른 하나는 영적이고 천상적인 생명으로 두 번째 태어날 때 받은 것이고 복음의 말씀을 통해 이루어집니다(제35항). 이 영적이고 천상적인 생명은 택함을 받은 사람들에게만 있는 독특한 생명입니다. 육체적 생명 유지를 위해 우리가 음식을 먹고 영양분을 섭취해야 하듯이 영적 생명 역시 천상적인 음식인 성찬을 먹음으로 영적 영양분을 섭취해야 합니다. 이런 의미에서 예수 그리스도는 하늘에서 내려온 살아 있는 떡이십니다(요 6:48-51). 이 떡을 먹는 자는 살겠고 이 떡을 먹지 않는 자에게는 영생이 없습니다. 신자들이 믿음으로 이 성찬에 참여할 때, 즉 믿음으로 그리스도를 영접하고 영적으로 취할 때 그리스도께서는 신자들의 영적 생명에 자양분을 주시고 강하게 하시는 것입니다. 이것이 바로 영적 식탁입니다.

신자는 성찬식에서 떡과 포도주를 먹고 마십니다. 떡과 포도주는 주의 살과 피를 상징합니다. 이것은 상징입니다. 떡은 살이 아니고 포도주는 피가 아닙니다. 그러나 그 떡과 잔을 먹고 믿음으로 마시는 행위를 통해 성령께서 신비한 방식으로 성찬 참여자에게 은혜를 베푸십니다. 따라서 장로교회는 실제 희생의 제물로 변한다는 떡과 포도주를 숭배하는 로마 교회의 화체설과, 떡과 포도주에 그리스도의 몸이 실재한다고 주장하는 루터의 공재설과, 그저 그리스도의 몸과 피를 상징하는 떡과 포도주를 보며 기억만 한다는 츠빙글리의 상징설을 배격하고 그리스도의 몸과 피가 영적으로 임재하여 그리스도의 구속의 은혜를 영적으로 체험하는 칼뱅의 영적 임재설을 지지하고 받아들입니다(웨스트민스터 신앙고백서 제29장 2, 6, 7항).

성찬 집례와 참여시 주의할 점

성찬은 그리스도께서 우리의 영적 생명을 위해 제정하신 영적 식탁이기에 신자들은 고의로 성찬 예식에 불참하는 일이 결코 없어야 합니다. 성찬식은 미리 공표해서 신자들로 하여금 은혜 받기에 합당한지 자신을 점검하며 경건한 삶에 힘쓰도록 해야 합니다. 교회는 그 주간에 예비 집회로 모여 성찬에 관한 말씀을 설교하고 가르치고 묵상토록 하고, 성찬 예식 당일에는 반드시 말씀사역자들이 성찬식을 집례하며 말씀을 동반하여 성찬을 설명해 주어야 합니다. 성찬 집례자는 떡과 포도주를 모두 참여자들에게 나눠주어야 하며, 회중 가운데 참석하지 않은 사람에게 주어서는 안 됩니다. 코로나 사태와 같은 비상한 국면에서는 온라인 성찬이나 가정 성찬을 하기보다는 성찬예식을 연기하는 편이 낫습니다. 사적이고 은밀한 성찬은 없으며, 떡을 포도주에 찍어 먹는 괴상한 일을 해서도 안 됩니다. 성찬이 연기되는 동안 신자들이 그동안 교회에서 합법적인 말씀 사역자에 의해 집례되는 영적 식탁에 대한 감사와 사모함과 열망을 품는 것이 훨씬 낫습니다(고전 4:1-2; 딤 1:7).

성찬을 집례할 때, 더욱 주의해야 할 일에 대해 웨스트민스터 신앙고백서는 사적인 성찬, 떡과 포도주를 숭배하는 일, 그럴 목적으로 높이 들어 올리거나 가지고 다니는 일, 다른 유사 종교적 용도를 위해 보관하는 일 등을 금지합니다(제29장 4항). 장로교의 성찬은 떡과 포도주를 들어 올리는 성체거양과 행진을 하는 성체행렬 등 일체의 이단적 행위를 배격합니다. 성찬의 횟수는 "각 교회 당회가 정하되 덕을 세우기에 합당한 대로" 할 수 있으나 신자의 영적 생명 강화를 위한 영적 식탁이기에 가능하면 자주 시행하는 것이 바람직합니다.[5] 종종 이 주제에 대해 극단적인 입장을 취하는 이들이 있습니다. 설교가 시행될 때마다 성찬이 집례되어야 한다거나 매주일 성찬을 시행하지 않으면 개혁교회가 아니라는 주장입니다. 장로교회는 성찬을 자주 시행하는 것이 바람직하나 각 교회 당회가 덕을 세우기에 합당한 대로 정하라고 규정합니다. 세례나 성찬은 말씀과 동등한 지위를 갖지만 그 집

---

5 대한예수교장로회 고신총회 헌법개정위원회, 『헌법』, 240.

례 방식에 있어서 반드시 말씀의 해설을 전제해야 합니다. 말씀은 성례 없이 선포할 수 있지만, 성례는 말씀 없이 집례될 수 없습니다. 또한 말씀이 선포될 때마다 성례를 집례할 필요는 없습니다. 또한 떡은 반드시 누룩을 넣지 않은 무교병이어야 한다든지, 반대로 반드시 효모를 넣어야 한다든지, 백설기여야 한다든지, 갓 구운 식빵이어야 한다든지, 반드시 잘라 놓아야 한다든지, 잘라서는 안 된다든지, 포도주는 반드시 담근 포도주여야 한다든지, 반드시 적색이어야 한다든지, 물을 섞으면 안 된다든지 하는 성찬의 요소에 관한 극단주의로 치닫는 문제는 아무런 도움이 되지 않습니다.[6] 그것은 세례를 베풀 때 사용하는 물이 반드시 정수한 물이어야 한다든지, 수돗물은 결코 안 된다든지 등과 같이 전혀 무익한 논쟁에 불과합니다.

동시에 성찬에 참여하는 신자는 성찬을 합당하게 받아야 하는데, 그것은 겸손과 경외감으로 이 거룩한 성례를 받기 위해 자신을 살피고 나오는 것입니다. 자신을 살핀다는 것은 성찬의 요소인 주님의 살과 피를 분별하는 것을 의미합니다(고전 11:28-29). 이 영적 식탁의 영적 의미를 잘 인식하고 그리스도의 죽으심을 기념하며 기독교 신앙과 믿음을 고백하고 있는지를 살펴야 합니다. 그렇지 않고 참석하면 그리스도께 큰 죄를 짓는 것인데, 이유는

---

6 c.f. 헤르만 바빙크, 『개혁파 교의학』 1147.

무지하고 불경건한 상태에 있으면서 이 거룩한 신비에 참여할 수 없으며, 그런 사람은 그리스도와의 교통을 누리기에 합당하지 않기 때문입니다(웨스트민스터 신앙고백서 제29장 8항; 벨직 신앙고백서 제35항). 이는 자신이 그리스도 안에 있는가를 살피는 것과, 또한 자신의 죄와 부족을 느끼고 하나님과 형제들을 향한 사랑이 있는지를 살피는 것과 같습니다(대요리문답 제171번). 신자는 이런 방식으로 그리스도를 사모하는 마음과 새롭게 순종할 열망을 가지고 은혜를 새롭게 받으며 묵상하고 뜨겁게 기도함으로 성찬을 준비해야 합니다. 또한 성찬 이후 신자는 성찬식에 무슨 은혜를 받았는지 진지하게 묵상하며, 영적 자양분과 소생 그리고 위로를 받았다면 하나님을 찬송하며 더욱 이 은혜의 계속됨을 위해 뒷걸음질 치지 않고 앞으로 전진해야 합니다(대요리문답 제175번).

영적 식탁으로서의 성찬은 이런 의미에서 언약의 예식이고, 구원의 예식이며, 주님의 살과 피를 한 식탁에서 먹고 마시는 성도들의 영적동맹의 예식입니다(고전 11:24, 26-27). 나아가 이 성찬 예식은 우리가 새 하늘과 새 땅에서 새 것으로 먹고 마실 날을 고대하는 재림 소망의 예식입니다(마 26:29; 막 14:25; 눅 22:16, 18; 고전 11:26). 그렇기에 성찬 예식은 한편으로는 엄숙하며 다른 한편으로는 기쁘고 소망스러운 예식입니다. 예수 그리스도께서 우리를 위하여 십자가에서 피 흘려 돌아가셨기에 엄숙하고 슬픈 예식이며, 동시에 하나님의 나라에서 새로운 것으로 먹고 마실 것이기에 기쁘고 즐거운 예식입니다. 따라서 성찬식을 집례할 때마다 일부러 엄숙함과 슬픔을 유도하는 일은 없어야 합니다. 성찬식에 참여할 때마다 눈물을 흘리며 울어야 할 필요도 없습니다. 주께서 은혜 주시는 대로 속죄의 은혜에 감격하고 하나님의 나라에 입성할 날을 고대하는 마음으로 기쁘게 참여하면 됩니다.

우리 주님께서는 최후의 만찬에서 제자들에게 떡과 포도주를 나누어주며 이렇게 말씀하셨습니다.

> 그러나 너희에게 이르노니 내가 포도나무에서 난 것을 이제부터 내 아버지의 나라에서 새것으로 너희와 함께 마시는 날까지 마시지 아니하리라 하시니라_마 26:29

모든 참된 그리스도인은 우리 주님의 아버지 하나님의 나라에서 주님과 함께 새 것으로 먹는 날 동안 성찬식에 참여하면서 그 날을 열렬히 대망해야 합니다.

나눔을 위한 질문

❶ 로마가톨릭교회의 7성례를 간단히 설명해 봅시다.

❷ 벨직 신앙고백서에 따르면, 세례와 성찬은 우리가 누구라고 말해줍니까?

❸ 구약의 할례와 신약의 세례의 관계를 간단히 설명해 봅시다.

❹ 세례중생론은 무엇이며, 왜 잘못된 것인지 설명해 봅시다.

❺ 세례는 왜 단 한 번만 받아야 하는지 말해 봅시다.

❻ 성찬은 어떤 방식으로 우리의 영혼을 위한 영적 식탁이 됩니까?

15장

성도의 교제

오늘날 교회하면 빼놓을 수 없는 것이 교제입니다. 교제 (fellowship)란 함께 무엇인가를 나누는 것을 의미합니다. 교제란 친밀한 교통, 긴밀한 연합, 상호교류 등의 의미가 내포되어 있는 단어입니다. 그렇기에 모르는 사람이 서로 교제할 수는 없습니다. 이런 교제가 없는 성도는 참된 성도라 말할 수 없습니다. 하나님을 믿고 회개하여 죄를 용서받고 그리스도와 연합하여 의롭다함을 받은 신자는 필연적으로 새로운 생명을 소유하게 되고, 그 새 생명은 신자에게 본성적으로 새로운 사귐을 요구하기 때문입니다.

그런데 코로나 사태로 예배가 중단되었고 교제가 사라져버렸습니다. 잠시 멈출 줄만 알았던 세상이 무려 일 년이 넘도록 계속 멈춰버렸습니다. 정규예배는 제한되었고 소모임과 식사는 금지되었습니다. 성도들이 1년 가까이 마주 앉아 식사를 할 수도 없고 얼굴도 볼 수 없게 되니 힘이 빠진 것 같습니다. 오직 예배만 드리고 사는 연로하신 어르신들은 교회를 나오지 못해서 우울증에 걸릴 것 같다고 아우성입니다. 그나마 현장 예배를 드리는 교회는 상대적으로 조금 사정이 낫긴 하겠지만, 여전히 소모임과 성경공부와 성도의 교제를 나눌 수 없으니 답답한 건 매 한가지입니다.

삼위일체 하나님을 본받는 교제

그런데 우리는 이 지점에서 성도의 교제가 진정으로 무엇을 의미하는지 재고할 필요가 있습니다. 왜냐하면 성경은 성도의 교제를 신자 간의 교제가 아니라 삼위일체 하나님과의 교제로 정의하고 있기 때문입니다. 성도가 서로 교제하는 일이 가능한 근본적인 이유는 우리가 믿고 경배하는 삼위일체 하나님께서 서로 교제하며 신적 사랑을 나누시는 분이시기 때문입니다. 성부와 성자와 성령 하나님은 서로 영광을 나누시고 완전한 사랑으로 교제하십니다. 성부 하나님은 성자 예수님을 가리켜 "내 사랑하는 아들이요 내 기뻐하는 자라"고 말씀하셨습니다(마 3:17). 예수 그리스도께서는 제자들에게 "내가 아버지를 사랑하는 것과 아버지께서 명하신 대로 행하는 것을 세상이 알게 하려 함"이라고 말씀하셨습니다(요 14:31). 성령 하나님 역시 감화하시는 분이시고

성령의 열매는 사랑과 희락과 화평이며, 성령님의 특징이 교통
(communion)하시는 것입니다(고후 6:6; 13:13; 갈 5:22). 아버지 하나님
과 아들 하나님과 성령 하나님은 각기 구별된 신격으로서 그 존
재와 하시는 사역에 있어서 다르시지만 완전하게 연합되어 계십
니다. 하나님 아버지는 아들 하나님을 사랑하시고, 아들 하나님
은 아버지 하나님의 뜻을 온전히 수행하십니다. 성령 하나님은
아버지와 아들 하나님에게서 나오십니다. 우리는 내재적 삼위일
체(Immanent Trinity) 교리에 따라 하나님은 하나님을 위하시는 분
(God is for God)이라고 정의할 수 있습니다. 벨직 신앙고백서는 "하
나님 아버지는 단 한 번도 아들 없이 계신 적이 없으시고 성령 하
나님 없이 계신 적도 없으시다. 세 신격이 함께 영원하시며 동일
한 본질이시기 때문이다"라고 고백합니다.[1]

　우리가 다른 사람과 사귀며 사랑하며 가진 것을 함께 나누는
사람이 된 것은 전적으로 우리가 하나님의 모양과 형상대로 지
음 받았기 때문이고, 특별히 삼위일체 하나님의 사랑의 교제를
본받기 때문입니다. 이것이 타 종교와 기독교 신앙이 극명하게
구별되는 여러 특징 가운데 하나입니다. 기독교의 하나님은 외
롭지 않으십니다. 성부와 성자와 성령 하나님은 서로 완벽하고
완전하게 사랑 안에서 교제하시고 영광을 나타내십니다. 하나님

1　신호섭, 『벨직 신앙고백서 해설』, 28.

아버지는 아들 하나님을 통해 영광을 받으시고, 아들 하나님은 아버지의 뜻을 수행하심으로 하나님께 영광을 돌립니다. 성령 하나님은 아버지와 아들 하나님의 뜻만 전하시며 그 진리의 말씀을 성도의 심령에 적용하십니다. 성도는 그 하나님을 본받아 성령님의 감화로 하나님을 사랑하며 성도를 사랑합니다. 그렇기에 성도의 교제는 우선 하나님과의 교제가 선행되고, 그 후에 사람과의 교제가 이루어져야 합니다. 사도 요한은 "우리의 사귐은 아버지와 그의 아들 예수 그리스도와 더불어 누림이라"고 했습니다(요일 1:3). 그리고 이어 "그가 빛 가운데 계신 것 같이 우리도 빛 가운데 행하면 우리가 서로 사귐이 있고"라고 쓰고 있습니다. 하나님과의 교제가 선행되지 않는 인간과의 교제는 하나님과 아무 상관없는 인간적 세상의 사귐과 다를 바 없습니다.

무엇이 성도의 교제가 아닌가?

이런 의미에서 교회는 그저 세상의 사교 집단(social club)과는 차원이 다른 모임입니다. 교회의 존재 목적은 하나님을 경배하는 것이며, 성도의 교제는 복음을 전함으로 택한 백성들을 구원하는 보편적 구속을 목적으로 삼아야 합니다. 주후 4세기경 카르타고의 수사였던 도나투스는 자기들 교회에 속한 자들만 참된 교인이 된다고 주장했습니다. 그들은 자기들만 참된 교회이고, 자신들만 참된 교인의 복음의 교제를 누린다고 했습니다. 오늘날 이

단성 있는 적지 않은 소위 교회들이 바로 이런 범주의 오류를 저지르며 보편교회를 부인하고 지역 교회의 교인들을 정죄하고 판단하며 분리주의적 경향을 나타냅니다. 그러나 참된 교인은 전 세계 보편교회의 교인으로서 그리스도와 연합되어 세상 어디에 있든지 함께 성도의 신비한 교제를 나눕니다. 전 세계에 수많은 참된 교회가 있지만, 많은 다양한 교회가 있는 것이 아니라 그리스도를 머리로 하는 단 하나의 교회만 있을 뿐입니다.

20세기 후반과 21세기 초반에 미국에서 등장한 소위 이머전트(emergent) 교회는 거룩한 공교회와 성도의 교제에 대한 개혁파적인 고백을 탈피해서 오늘날 문화에 맞춘 교회를 지향합니다. 강단에서 설교단이 사라지고 설교는 드라마나 연극으로 대치됩니다. 어떤 교회는 예배당을 야구장으로 꾸미고 강단을 홈플레이트로 만들고 야구 유니폼을 입고 장갑과 방망이를 들고 야구를 하듯이 찬송을 부르며 예배를 드리기도 합니다. 찬송인지 유행가인지 구별이 되지 않을 정도입니다. 어떤 교회는 불신자를 초청하여 세상 가요를 찬송 대신 부르기도 합니다. 어떤 교회는 유명 연예인을 초청하여 노래를 감상합니다. 어떤 교회는 마땅히 있어야 할 예배를 주관하는 당회와 당회의 결의를 수행할 제직회와 공동의회 같은 결의 기구들이 없고, 예배를 중심하지 않으며 세상 동호회와 다를 바 없이 친목도모를 위해 교회를 운영하기도 합니다. 이런 모습들은 참된 거룩한 공교회에 속한 성도의 참된 교제라 부를 수 없습니다. 성도의 교제는 예배당에 모여 화기애애하고 훈훈한 분위기에서 그저 쿠키나 크래커를 먹으며 커피를 마시는 것 정도가 아니기 때문입니다.

예수 그리스도와의 교제

따라서 올바른 성도의 교제를 이해하는 것은 지극히 중대한 일입니다. 앞서 언급했지만 참된 성도의 교제는 본질적으로 사람과 사람 사이의 교제가 아닙니다. 성도의 교제는 신적인 교제입니다. 그리스도 예수 안에서 믿음으로 하나님의 백성된 신자들이 그리스도께 접붙임을 당해 필연적으로 하나님을 향한 영적 관계를 맺는 교제입니다. 우리가 보통 성도의 교제를 나누자 하면, 신자들끼리 모여 다과를 먹고 담소를 나누는 일종의 사교적 만남을 생각하기 쉽습니다. 그러나 사도신경에서도 고백하고 있는 성도의 교통은 그런 종류의 인간적 교제가 아닙니다. 성도의 교통은 생각보다 훨씬 더 큰 개념입니다.

성도의 교제는 성령으로 말미암은 그리스도와의 신비한 연합이 전제되는 교제입니다. 하나님의 선물로 주어지는 믿음으로 말미암아 그리스도와 연합된 자는 그리스도 안에서 필연적으로 하나님을 경배합니다. 그렇게 하나님을 경배하는 신자들이 모인 공동체가 바로 교회입니다. 따라서 교회 공동체로 모인 성도의 교제는 무엇보다도 성삼위 하나님을 향해 경배를 드리는 예배 행위를 통해 교제를 나눕니다. 성도의 교제는 "성령님과 믿음으로 말미암아 그들의 머리이신 그리스도께 연합한 모든 성도는 그리스도의 은혜와 고난과 죽음과 부활과 영광을 통해 그리스도와 교제"하는 것입니다(웨스트민스터 신앙고백서 제26장 1항). "성도가 서로 교통하는 것"이 가리키는 의미는 "그리스도의 지체로서 그리스도와 그리스도께 속한 모든 부요함과 모든 은사에 참여하게" 되는 것입니다(하이델베르크 요리문답 제55번). 그러므로 성도의 교제는 무엇보다도 예수 그리스도와의 교제입니다. 엄밀히 말하면 예수 그리스도의 은혜와 고난과 죽음과 부활과 영광을 통해 그리스도와 교제하는 것이 참된 교제의 정의입니다.

하나님의 아들 예수 그리스도께서 사람의 아들이 되신 것은 우리들로 하나님의 아들들이 되게 하시기 위함이었습니다. 이를 위해 주님은 "우리로 아들의 명분을 얻게 하려" 여자에게서 나셨고 율법 아래 나셨으며, 자신을 죽기까지 복종시켜 십자가에 죽으심으로 우리를 하나님의 자녀 삼아주셨습니다. 말씀이 육신이 되신 성육신 자체가 성도의 교제의 토대입니다.[2] 그리스도의 이런 교제는 빈부귀천의 차별이 없습니다. 바울은 문제도 많고 탈

---

2 이 주제에 관해서는 다음 작품을 참조하라. 아타나시우스, 『말씀의 성육신에 관하여』, 오현미 역 (서울: 죠이북스, 2021). 아타나시우스는 하나님의 딜레마와 그 해법인 성육신이란 제하의 부분에서 타락과 죄로 죽고 멸망당한 인간의 죄와 악을 제거하시고 하나님의 형상을 회복시키시며, 새로운 생명을 주심으로 하나님의 교제가 가능하게 되었다는 점을 매우 단순하면서도 웅변적으로 선포한다.

도 많던 고린도교회에 편지하면서 "너희를 불러 그의 아들 예수 그리스도 우리 주와 더불어 교제하게 하시는 하나님은 미쁘시도다"라고 썼습니다(고전 1:9). 남녀노소 빈부귀천을 막론하고 모든 성도가 이런 교제로 초청을 받았습니다. 사도요한은 우리와 교제하기를 원하시는 주님의 음성을 이렇게 멋지게 썼습니다. "볼지어다 내가 문 밖에 서서 두드리노니 누구든지 내 음성을 듣고 문을 열면 내가 그에게로 들어가 그와 더불어 먹고 그는 나와 더불어 먹으리라"(계 3:20). 영국 청교도의 황태자라 불리는 존 오웬은 "만일 이것이 교제가 아니라면 무엇이 교제인지 나는 모르겠다"라고 말했습니다.[3]

예수 그리스도의 존재와 인격과 그분이 우리를 위해 하신 일에 관해 무지하다면 그는 성도의 교제를 조금도 모르는 사람입니다. 요한은 육신이 되신 말씀을 이렇게 소개합니다. "말씀이 육신이 되어 우리 가운데 거하시매 우리가 그의 영광을 보니 아버지의 독생자의 영광이요 은혜와 진리가 충만하더라"(요 1:14). 성도는 말씀이 육신이 되신 그리스도, 그분의 영광, 아버지의 독생자의 영광, 은혜와 진리가 충만한 영광을 보고 아는 자입니다. 바울은 성도들이 그리스도의 장성한 분량이 충만한 데까지 이르는 것을 목표로 합니다. 그리고 그것은 하나님의 아들을 믿는 것

---

3 존 오웬, 『교제』, 김귀탁 역 (서울: 복있는사람, 2016), 78.

과 아는 것으로 구성됩니다. "우리가 다 하나님의 아들을 믿는 것과 아는 일에 하나가 되어 온전한 사람을 이루어 그리스도의 장성한 분량이 충만한 데까지 이르리니"(엡 4:13). 그리스도 없는 교회는 교회가 아니며 그리스도가 안 계신 교제는 참된 성도의 교제가 아닙니다.

성부 하나님과의 교제

사도 요한은 계속해서 "우리의 사귐은 아버지와 그의 아들 예수 그리스도와 더불어 누림이라"고 씁니다(요일 1:3). 태초에 완벽하고 풍요로운 세상에서 하나님의 뜻에 반역하고 범죄하여 타락한 죄인은 결코 거룩하시고 공의로우신 하나님과 교제할 수 없습니다. 죄를 지은 자의 양심이 화인맞지 않았다면 그 자연스러운 반응은 하나님의 음성으로 들을 때 숨는 것입니다(창 3:9-10). 스스로 하나님 앞에 나아갈 의지도 능력도 방법도 전혀 없습니다. 그러나 주 예수 그리스도의 은혜와 고난과 죽음과 부활과 영광 가운데 은혜의 보좌 앞에 담대히 나아가게 되었습니다. "나아가자"라는 표현은 히브리서 기록자가 가장 즐겨 사용하는 용어입니다. 히브리서 기자는 "담대함으로 은혜의 보좌에 나아가자"(히 4:16), "자기를 힘입어 하나님께 나아가는 자들을 온전히 구원하실 수 있으니"(히 7:25), "참 마음과 온전한 믿음으로 하나님께 나아가자"(히 10:22), "믿음이 없이는 기쁘시게 못하나니 하나님께 나아가는 자는"(히 11:6), "우리가 영문 밖으로 그에게 나아가자"(히 13:13)라고 권면하고 있습니다. 나아가는 것은 교제하는 것입니다.

그런데 죄인된 우리가 어떻게 하나님께 나아가 거룩하고 공의로우신 하나님과 교제하게 되었을까요? 그것은 하나님의 인격적 속성이 사랑이시고, 우리가 하나님을 사랑하기도 전에 먼저 하나님이 우리를 사랑하셨으며, 그 사랑을 우리에게 아낌없이 부어주셨기 때문입니다(롬 5:5; 요일 4:10; 19). 그 누구도 우리를 그리스도 예수 안에 있는 이 사랑에서 끊을 자가 없기 때문입니다(롬 8:39). 사도 요한은 하나님과 교제하기 위해서는 우리를 먼저 사랑하신 그 분 안에 거해야 한다고 말합니다(요일 4:8, 16). 하나님은 구약시대에 선지자들을 보내사 죄를 회개하고 하나님께로 돌아올 수 있게 하시기 위해 끊임없이 우리를 사랑하셨습니다. 하나님은 이 모든 날 마지막에 당신의 아들 독생자 그리스도 예수를 보내서 우리에게 말씀하여 주시고 우리를 불러 그 안에서 우리와 교제하기를 원하셨습니다(히 1:1-3; 고전 1:9). 하나님은 신약시대에 사도들을 보내어 온 유대와 사마리아와 땅 끝까지 복음을 전하사 하나님의 백성들과 교제하기를 원하셨습니다. 오늘날 하나님은 교회를 세우시고 교회에 말씀과 직분과 규례를 주셔서 하나님의 백성들과 교제하기를 원하십니다. 이로 볼 때 하나님의 사랑의 교제를 의심하거나 거절할 명분은 죄인에게는 없습니다. 오웬은 이렇게 말합니다.

이제 증거는 더 필요치 않다. 따라서 우리는 성부 하나님의 인격 속에는 성도들에 대한 각별한 사랑이 있고, 그 사랑으로 인해 성부 하나님은 성도들과 교제하신다고 분명히 말할 수 있다. 우리가 성부 하나님과 사랑으로 교제하려면 두 가지가 요구된다. 첫째는 성부 하나님의 사랑을 마땅히 받아들이는 것이고, 둘째는 성부 하나님에 대하여 마땅히 감사하고 그분을 사랑하는 것이다.[4]

하나님 아버지의 사랑과 호의를 거절하면서 하나님을 믿지 않고 하나님께 마땅히 감사치도 아니하며 그분을 사랑하지 않는다면, 그런 사람은 비록 세상에서 화려하고 멋진 삶을 살며 대단한 인기를 누리고 인맥을 자랑한다 할지라도 참된 교제에 관하여 아무것도 모르는 자입니다.

성령 하나님과의 교제

성령께서는 죄와 사망의 법에 매여 있던 우리를 해방시켜 주신 생명의 영으로서 모든 신자들의 영 안에 거룩의 영으로 거하십니다(롬 8:1,11). 바울은 고린도교회에 편지하면서 고린도교회 성도들을 가리켜 하나님의 성전이라 불렀고 성령께서 그들 안에 거하신다고 말했습니다(고전 3:16-17). 성도의 별명 가운데 하나가 바로 성령의 전입니다(고전 6:18).

---

4   존 오웬, 『교제』, 42.

예수 그리스도께서는 부활하시고 승천하시기 전에 제자들에게 보혜사 성령을 보내시겠다고 약속하셨습니다(요 16:7). 3년 동안이나 밤낮 함께 하시며 제자들의 선생이 되셨던 그리스도께서 이제 제자들을 떠나려 하십니다. 선생님의 이별통보에 제자들은 적잖이 당황했고 불안하고 두려워했습니다(요 14:5). 그러나 주님은 제자들을 고아와 같이 내버려 두시지 않으시고 다시 오실 텐데, 그때까지 보혜사 성령님을 보내주셔서 우리를 위로하시고 교제하게 하셨습니다. 그 성령님은 지금 우리와 함께 하시고 우리 속에 거주하고 계십니다(14:16–18). 성령님으로 말미암아 우리가 그리스도를 주로 부르고 하나님을 아버지라 부르게 되었습니다(고전 12:3). 성령님은 그래서 양자의 영이십니다(롬 8:15). 사망에서 생명으로 옮겨진 자, 어두움의 나라에서 빛의 나라로 옮겨진 자, 마귀의 자식에서 하나님의 자녀로 그 생명이 바뀐 자만이 받을 수 누리고 교제할 수 있는 영이십니다. 이런 의미에서 세상은 능히 그를 받지 못합니다(요 14:17).

우리 안에 거처를 정하시고 함께 하시는 성령은 절대로 우리를 떠나지 않으시고 우리 안에서 하나님께서 주신 모든 은혜를 효력 있게 역사하십니다. 성령이 친히 우리 영과 더불어 우리가 하나님의 자녀인 것을 증언하시고, 심지어 우리가 기도하지 못할 때조차도 우리를 대신하여 기도하십니다(롬 8:15–16, 26–27). 우리가 총독들과 임금들 같은 국가권력에 의해 끌려감을 당하더라도 우리의 입술에 할 말을 두셔서 그리스도 예수의 복음을 증언하게 하십니다(마 10:19-20).

성부 하나님이 성령 하나님을 보내시겠다는 목적을 세우시고 성자 하나님께서 그 목적을 요청하심으로 마침내 성령께서 오시는 이 장엄한 삼위일체 하나님과의 교제를 존 오웬은 또 다시 이렇게 간결하게 정의합니다.

이것은 성부 하나님과는 사랑 안에서 교제하고, 성자 하나님과는 은혜 안에서 교제하며, 성령 하나님과는 보혜사와 우리를 돕는 자의 사역 안에서 교제하는 우리의 특별한 교제를 증언한다. 이것이 우리를 부르시는 성령과 교제하는 방식이다. 성령의 은혜롭고 복되신 뜻, 우리에게 자발적으로 나아오시는 성령의 무한하고 경이로운 역사, 우리가 실천할 수 있도록 우리에게 역사하시는 성령의 모든 활동, 우리가 참여하도록 우리에게 제공하시는 성령의 모든 특권 등을 우리 영혼은 믿음으로 성령으로부터 받는다. 그리고 이에 대한 우리의 응답은 모든 감사와 보답하는 마음을 성령께 쏟아놓는 것이다. 따라서 이것이 우리가 성령과 교제할 때 행해야 할 첫 번째 큰 일이다.[5]

성도의 교통: 예배와 성례와 봉사의 교제

그렇다면, 삼위일체 하나님과 성도의 교제는 교회 안에서 어떻

---

5 존 오웬, 『교제』, 272-273.

게 구현됩니까? 성도의 교제는 다시 예배의 교제라 정의할 수 있습니다. 그렇기에 "신앙고백을 함으로써 성도가 된 사람들은 하나님을 예배"하는 것입니다(웨스트민스터 신앙고백서 제26장 2항). 신약성경이 정의하는 교회의 특징 가운데 하나가 "사도의 가르침을 받아 서로 교제하고 떡을 때며 기도하기를 힘쓴 것"입니다(행 2:42). 여기 말씀과 교제와 성례와 기도가 필수적인 요소로 존재합니다. 따라서 성도의 교제란 예배의 교제이고, 말씀의 교제이며, 동시에 성례의 교제입니다. 예배를 통해 삼위 하나님과 교제하면서 하나님을 경배하기 위해 나아가고 하나님의 말씀을 들으며 나누고 성례 특히 성찬을 통해 함께 식탁에 앉아 한 하나님의 가족된 것으로 교제합니다. 그리고 이렇게 한 가족이 되었기 때문에 자신이 받은 은혜와 은사를 나누는 봉사를 통해 교제합니다. 성실한 예배, 은혜의 식탁인 성찬에 불참하지 않는 것, 직분을 가지고 봉사하며 물질을 구제하며 기쁘게 나누는 것 등을 통해 성도의 교제를 수행합니다.

따라서 성도의 교제에는 수직적인 측면이 있고 수평적인 측면이 있습니다. 수직적으로 하나님을 사랑하고 하나님과 교제하는 사람은 마땅히 수평적으로 형제자매들을 사랑하고 그들과 교제합니다. 교회 공동체 안에서 천상천하 유아독존인 사람은 없습니다. 지역 교회의 모든 성도는 하나님과 교제하도록 부르심을 받았고 동시에 성도들과 교제하도록 부르심을 받았습니다.

성도들은 서로 돌아볼 책임과 의무가 있습니다. 히브리서 기자는 서로 사랑과 선행을 격려하며 모이기를 폐하는 어떤 사람들의 습관과 같이 하지 말고 그 날이 가까울수록 더욱 모이기에 힘쓰라고 명령합니다(히 10:23-25).

목회를 하다 보면 유난히 톡톡 튀는 사람들을 만나게 됩니다. 주일에 교회에 와서 다른 성도들이 교제를 나누고 있는데 유독 홀로 있어 책만 보는 사람이 있습니다. 주일 설교를 통해 들은 말씀을 함께 나누고 격려하며 기도해주는 대신 늘 혼자 바빙크를 읽고 에드워즈를 읽고 로이드-존스를 읽습니다. 나는 그런 사람들에게 책은 집에 가서 혼자 읽고 교회에 와서는 성도들과 함께 교제하고 삶을 나누라고 권면합니다. 주일에 책을 읽지 말란 말이 아닙니다. 모두의 성장을 위해 함께 서로 돌아보고 사랑과 선행을 격려하지 않고 혼자만 고립되어 있는 지식만 키우는 신앙은 바람직하지 않습니다. 똑똑하고 교만한 이기주의자보다 적은 지식으로도 사람을 돌보는 성도가 훨씬 아름다운 법입니다.

교제의 폭을 넓히지 않고 혼자 있으려고만 하는 것은 참된 신자의 자세가 아닙니다. 일반적으로 세상의 모든 사람은 지극히 이기적이기 때문에 다른 사람들에게 별 관심이 없습니다. 집에서 혼자 놀면서 배달 앱을 통해 끼니를 때우고 스마트폰과 TV와 넷플릭스를 즐기며, 온라인 쇼핑에 집중합니다. 그리스도인도 이와 다를 바 없다면 큰일입니다. 이정일은 이렇게 말합니다.

교회 밖 상황도 비슷하다. 어딜 가든 눈을 마주치는 게 불편한 사람들은 스마트폰으로 서로 시선을 분산시킨다. 이런 경향이 신앙생활에도 영향을 주면서 교회를 다니지만 굳이 교제의 폭을 넓히지 않으려 한다. 다른 사람에 대한 관심과 배려가 없기 때문이다. 교회도 자신의 필요에 따라 고르고 교회 공동체의 신념과 목적은 소수의 헌신된 사람들의 몫일 뿐이다. 삶과 신앙이 따로 논다고 해서 고민하지도 않고 진심으로 이웃들과 기쁨과 슬픔을 함께하는 경우도 드물다.[6]

이런 의미에서 서로 함께 노는 교회가 어려울 때도 함께 있을 것이라고 생각한 스프로울의 생각은 옳습니다.[7] 성도는 기쁠 때나 슬플 때나 언제나 모든 좋은 것을 함께 해야 합니다. 그럼에도 성도의 교제는 사람을 만족시키는 교제도 아니요 그저 우리끼리만 기뻐하고 즐거워하는 분파주의의 산물도 아닙니다. 그동안 한국 교회는 너무나 많은 예배와 기도회와 각종 모임과 행사와 이벤트로 분주한 삶을 살았습니다. 하지만 코로나 사태로 이 모든 것이 순식간에 멈춰버렸습니다. 어쩌면 코로나 사태는 그동안 우리가 사람과의 교제를 하나님과의 교제보다 더 우선순위에 놓은 것은 아닌지 돌아보게 하는 귀한 기회입니다. 교회의 각종 행사와 모임과 이벤트로 정작 하나님 아버지와 예수 그리스도와 성

---

6 이정일, 『문학은 어떻게 신앙을 더 깊게 만드는가』 (서울: 예책, 2020), 124.
7 R. C. 스프로울, 『웨스트민스터 신앙고백 해설, 3』, 101.

령님과의 깊은 교제는 뒷전이 아니었었는지 성찰해야 합니다.
그럼에도 코로나 이후 디지털과 온라인 세상에서도 바쁘기만 하고 전혀 참된 교제의 열매를 맺지 못할 위험은 여전히 존재합니다. 코로나 사태로 이전에 우리가 피해야 했던 함정들이 지금도 여전히 존재합니다. 그 위험의 한 가지 극단은 바로 디지털 세상에서만 바쁘고 분주한 교회들의 출현입니다.[8] 성도의 교제는 성령님의 지도를 따라 진리의 말씀 안에서 규정된 대로 예배와 성례와 봉사를 수행하는 교제여야 합니다. 이런 교제를 통해 하나님을 더욱 섬기고 주 예수 그리스도를 더욱 뜨겁게 사랑하며, 성령님의 역사하심을 통해 교회와 성도를 돌보고 배려하고 섬기는 일에 더욱 열심을 품고 봉사해야 합니다. 바로 이것이 교회입니다. 바빙크는 교회를 가리켜 성도들의 교제 또는 친교라고 정의합니다.[9] 나아가 이런 성도의 교제에 관해 바빙크는 계속해서 이렇게 말합니다.

> 모든 지역 교회는 그리스도를 대장으로 모시고 마귀와 세상을 대항하여 싸우는 구원의 군대가 되어야 하고 뒤로 물러설 줄 모르고 항상 싸울 준비가 되어 있는 용사들이 되어야 한다. 이것이 바로 모두가 서로 함께 고난당하고 기뻐하며 다른 지체를 섬기고 부요하게 하기 위해서 기꺼이 기쁨으로 그들의 특별한 은사

---

8   톰 레이너, 『코로나 이후 목회』 정성묵 역 (서울: 두란노, 2020), 59.
9   헤르만 바빙크, 『개혁파 교의학』 1009.

들을 사용하는 성도의 교제다. [10]

주님의 몸 된 교회와 하나님의 나라 확장을 위해 성도들과 함께 기쁨과 슬픔을 나누는 성도의 참된 교제를 통해 그리스도께서 자기 앞에 영광스러운 교회로 우뚝 세우시는 참된 거룩한 공교회의 모습을 더욱 확고히 하는 교회들이 되기를 소원합니다(엡 5:26-27).

---

10 헤르만 바빙크, 『개혁파 교의학』 1042-1043.

나눔을 위한 질문

❶ "교제"는 삼위일체적 특징을 지닌다고 했는데 그것이 무엇인지 설명해 봅시다.

❷ 성도의 참된 교제가 아닌 것들은 무엇입니까?

❸ 성도의 교제를 위해 반드시 전제되어야 할 것은 무엇입니까?

❹ 성부 하나님과 교제하려면 우리에게 요구되는 두 가지는 무엇입니까?

❺ 우리가 성령 하나님과 교제하는 자라는 웅변적인 증거는 무엇인지, 고린도전서 12장 3절과 로마서 8장 15절을 읽고 답해 봅시다.

❻ 삼위일체 하나님과의 성도의 교제는 교회 안에서 어떤 방식으로 구현됩니까?

❼ 참된 성도의 교제를 나누기 위해 신자가 기울여야 할 노력은 무엇인지 토의해 봅시다.

16장

헌금 연보 봉헌

월간고신 「생명나무」[1]에는 카툰 코너가 있는데 2020년 7월호 주제가 헌금이었습니다. 이 카툰에 보면 어느 주일에 유년부 주일학교 선생님 한 분이 아이들에게 헌금에 대한 교육이 필요하다는 의견을 제시했습니다. 이유는 학생 하나가 찾아와서는 "왜 오늘은 간식 안줘요?"라고 물었고 한 달에 한두 번 정도 간식을 제공하는 터라 "오늘은 간식 없다"고 했더니 이 주일학교 학생이 세상 억울한 표정을 지으며 "오늘 천 원 냈는데 왜 과자 안줘요?"라고 되물었다고 합니다. 이 말에 선생님은 충격을 받았고 교사회의 시간에 아이들에게 헌금의 의미를 가르쳐야겠다는 의견을 말한 것입니다. 이 학생은 교회에 내는 헌금은 간식비라고 생각했

---

1 「생명나무」는 대한예수교장로회 고신 교단이 매월 발행하는 교단신앙 월간지이다. 매월 특집기사들과 교회생활과 사회생활의 교훈과 통찰력을 얻을 수 있는 글들이 실려 있다.

던 것 같습니다. 내가 내 돈 내고 교회 오는데 과자를 안주니 혼란스럽고 못내 섭섭했던 것이 아닐까요?

이 소식을 전해들은 어떤 선생님은 "이참에 교육을 위해 아예 간식을 끊어버려야 한다"고 했고 또 다른 선생님은 그거 다 제대로 가르치지 못한 우리 잘못이니 이제라도 모든 성도를 대상으로 헌금에 대해 교육하면 좋겠다고 제안하기도 했습니다. 과연 우리는 어떤 생각을 하면서 헌금생활을 하고 있을까요? 사실 헌금이란 주제는 목회자들뿐만 아니라 성도들조차 말하기를 꺼려하는 민감한 주제입니다. 헌금 설교로 시험에 들어 교회를 떠났다거나 그런 것이 무서워서 헌금설교를 못하겠다는 목회자들의 이야기들을 종종 듣게 됩니다. 물론 헌금에 관한 매우 그릇된 설교가 시험에 빠지게 한다는 것을 잘 알고 있습니다. 그러나 헌금에 관한 성경적인 가르침은 신자가 마땅히 배워야 할 교훈이기도 합니다.

사실 하나님을 믿는 믿음이 없는 사람은 헌금을 종교적 광신(狂信)이나 맹목(盲目)으로 치부하겠지만, 예수 그리스도를 구세주로 영접한 신자에게 헌금은 주님을 사랑하는 표현입니다. 일부 세상 언론은 코로나 상황에서도 교회가 현장 예배를 고수하는 것은 헌금 때문이라고 악의적으로 표현하기도 했지만, 코로나 사태에도 불구하고 적지 않은 교회들이 현장 예배를 고수한 것은 헌금 때문이 아니라 마땅히 하나님께 올려드리는 공적 예배를 함부로 폐할 수 없다는 신앙 때문이었습니다. 헌금이란 공적 예배의 예전 가운데 하나일 뿐입니다. 따라서 신자가 예배에 참석하여 헌금을 드리는 것은 장로교 예배 예전의 규정적 원리 가운데 하나이며, 더 나아가 그를 창조하시고 구원하시고 범사에 돌보시고 보호하시는 하나님의 자비와 사랑하심에 대한 마땅한 반응입니다.

하나님의 구원의 은혜에 대한 감사와 경배의 표현

헌금이란 바로 이런 하나님의 은혜를 체험한 성도의 마땅한 자세이자 반응이라 할 수 있습니다. 헌금에 대한 이런 의미는 헌금이라는 용어에서도 잘 드러납니다. 우리는 예배의 예전에 일반적으로 헌금이란 용어를 사용하지만 성경은 '헌금'과 '연보'란 용어를 교차적으로 사용하여 헌금을 정의합니다. 우선 구약성경은 올려드리는 것 또는 바치는 것 등의 의미로 헌금이란 용어를 사용합니다. 그것은 여호와의 전에 헌금한 돈입니다(대하 34:14). 하지만 동시에 그 헌금은 "금패물 곧 발목 고리, 손목 고리, 인장 반지, 귀 고리, 목걸이들"로서 각종 물품들로서의 헌물이기도 합니다(민 31:50). 하나님의 백성들은 이런 돈과 헌물들을 여호와 앞에 속죄하기 위한 목적으로 드렸으며 이런 헌금은 일차적으로 성전 수리비용과 제사 사역에 전무하는 레위인들의 생업을 위해 사용되었습니다(대하 34:10; 신 18:1-5). 이를 가리켜 일반적으로 봉헌물이라고 부르는데 이는 하나님께 바쳐 드리는 것을 의미합니다(민 7:20, 88). 말라기 선지자는 사람이 하나님의 것을 도적질할 때 그것을 십일조와 봉헌물이라 불렀습니다(말 3:8). 신약성경도 헌금 또는 헌금함이란 용어를 사용합니다. 놀랍게도 예수님은 헌금함 앞에서 말씀을 가르치기도 하셨고 헌금함을 마주보고 앉으사 부자와 가난한 자들이 헌금하는 모습을 보기도 하셨습니다(요 8:20; 막 12:41; 눅 21:1, 4). 이는 예수님이 헌금에 대해 관심이 크셨으며 헌금을 반대하시지 않았다는 것을 잘 보여주는 대목이기도 합니다. 성경이 헌금에 대해 사용하는 또 다른 용어는 '연보'입니다. 연보는 주로 초대교회에서 사용되었으며, 바울서신에 잘 기록되어 있습니다(롬 15:26; 고전 16:1-2; 고후 8:2, 20; 9:5, 11, 13). 연보란 자비, 복, 관대함, 섬김, 자선 등의 의미를 지닙니다. 이를 성경적 표현으로 하자면 "은혜와 성도 섬기는 일에 참여함" 또는 "모든 사람을 섬기는 후한 연보" 등 입니다(고후 8:4; 9:13). 즉 연보를 통해 교회와 성도들과 이웃들을 향해 물질을 관대하게 흘러 보내는 것이 바로 헌금입니다.

그렇다면, 구약의 성도들은 왜 봉헌물을 포함하여 헌금을 드리고 신약의 성도들은 왜 그렇게 연보를 했습니까? 놀랍게도 초기 교회였던 빌립보 데살로니가 베뢰아 아덴 등의 교회들이 위치한 마게도냐 지역 교회의 교인들은 큰 환란과 엄청난 가난에도 불구하고 이런 헌금에 인색하지 않았는데, 바울은 그 이유를 그들이 받은 은혜가 매우 컸기 때문이라고 밝힙니다(고후 8:4-7). 그들은 바울로부터 은혜의 복음을 들었고 천지의 주재이신 하나님을 경배했습니다. 그들의 영혼은 예수 그리스도의 구원의 복음으로 넘치는 기쁨을 소유했습니다. 따라서 그들이 당시 극심한 흉작과 기근으로 재정적 어려움에 봉착한 예루살렘 교회를 돕기 위하여 자신들의 경제적 상황이 풍성한 것도 아닌데 기꺼이 연보에 동참한 이유는, 그것을 하나님께서 베푸신 놀라운 구원의 은총에 감사하는 표식으로 여겼기 때문입니다. 어려움 중에도 이렇게 자신을 주께 드리는 헌금을 할 수 있었던 것은 바로 주 예수 그리스도께서 그들을 위해 피 흘리셨고 그들의 죄를 용서하시고 구원해 주셨다는 놀라운 구원의 확신과 그 확신에 기초한 기쁨으로 충만했기 때문입니다. 진정한 헌금은 구속받은 나 자신이라 할 수 있습니다(고후 8:5). 성도들은 자신을 드리는 증표(token)로 헌금합니다.[2]

뿐만 아니라 마게도냐 교인들은 극심한 가난 가운데서도 그들에게 허락한 물질이 하나님께서 베푸신 일용할 양식이요 물질이라는 것을 잘 알았기 때문에 기쁨으로 연보를 하나님께 드렸습니다. 즉, 그들은 자신의 몸과 영혼과 전존재가 하나님의 것임을 믿었기에 기꺼이 지갑을 열어 풍성히 헌금했습니다. 그러므

---

2   현유광, 『교회 문턱』 (서울: 생명의 양식, 2016), 87.

로 헌금의 동기는 내가 낸 간식비가 아닙니다. 헌금은 내가 이만큼 냈으니 그만큼의 상응하는 서비스를 받기 위한 대가도 아닙니다. 아울러 내가 이만큼 헌금을 많이 했으니 내가 이런 저런 대접을 받아야 한다며 뻐기거나, 위세를 떨치거나 교만하거나 자신의 이름을 드높이 새기기 위한 수단도 아닙니다. 헌금은 또한 그것으로 인해 도움을 받는 자들에게 군림하거나 어떤 영향력을 행사하기 위함도 아닙니다. 헌금은 또한 더 많은 복을 자동적으로 얻기 위해 기복적으로 하는 것도 아닙니다. 헌금은 날 구원해주신 대가로 갚아드리는 것도 아니고 복을 받은 대가로 드리는 것도 아니며, 내 소원과 기도가 이루어지기 위해 또는 흉함과 불길함과 저주와 화를 면하기 위해 액땜차원에서 드리는 것도 아닙니다. 헌금은 하나님께서 베푸신 구원의 은혜와, 때마다 일마다 돌보시고 모든 것을 공급해주시는 사랑에 대한 감사의 반응입니다. 이런 의미에서 헌금은 돈이 아니라 주님의 십자가로 구속받은 나 자신 전체를 드리는 행위입니다.

예수님은 주님의 발을 눈물로 적시고 머릿털로 닦고 그 발에 향유를 부은 여인을 예로 들면서, "이는 그의 사랑함이 많음이라 사함을 받은 일이 적은 자는 적게 사랑하느니라"고 말씀하셨습니다(눅 7:47). 주님의 사랑을 받은 일이 없는 자는 참되게 헌금할 수조차 없습니다. 이 여인의 옥합의 향유는 주님을 사랑하는 그녀의 예물이었습니다. 오직 그리스도 안에 있는 하나님의 넘치는 사랑을 경험한 신자만이 넘치게 헌금할 수 있습니다. 정말 주님의 구원의 은혜를 체험하고 그리스도 예수 안에서 부어주신 넘치는 하나님의 사랑을 받은 신자라면 풍성한 연보를 드릴 것입니다.

교인들에게 주어진 특권이자 의무

그렇기에 헌금은 무엇보다도 먼저 감당해야 할 무거운 책임이라기보다 하나님의 사랑을 받은 성도에게 주어진 특권입니다. 하지만 이런 특권은 자연스럽게 성도가 된 책임을 부여합니다. 지역교회의 가족에게는 성경에 기초하여 제정된 장로교 헌법이 부과하고 명령하는 권리와 의무가 있습니다. 교인으로 가입된 세례 교인은 성찬 참여권과 공동의회 회원권 및 교인으로서의 모든 청구권과 영적 보호를 받을 권리를 가지며, 개체 교회에서 법규에 의한 선거 및 피선거권을 가집니다. 동시에 교인은 공 예배 즉 주일예배와 수요기도회 참여, 헌금(의무헌금인 십일조와 주일헌금 및 감사 헌금), 전도(영혼 구원을 위하여 헌신), 봉사(교회 내외의 활동을 위한 섬김)와 교회치리에 복종할 의무를 가집니다. 그렇기에 교인으로 가입하는 입교식 때 성도는 반드시 세 가지를 서약하는데 그 가운데 첫 번째 내용에 헌금의 책임이 적시되어 있습니다. "교회의 정회원으로서 거룩한 주일을 범하거나 미신행위나 음주나 흡연 구타하는 등의 행동이나 고의로 교회의 헌금의 책임을 이행하지 않는 자는 교회 법도를 따라 다스려야 하며, 직분자는 직임을 면함이 당연하다."[3]

따라서 헌금은 해도 좋고 안 해도 무방한, 명령받지도 금지되지도 않은 아디아포라(adiaphora)의 문제가 아닙니다. 헌금은 앞서 언급한 대로 하나님께서 베푸신 구원의 은혜에 대한 감사의 표현이고, 하나님이 지정하신 예배의 예전 가운데 하나이며, 참된 교회의 회원이 될 때 짊어져야 할 무겁고 중요한 책무 가운데 하나입니다. 나의 지갑을 열어 헌금을 한다는 것은 아무에게나 주어진 특권이 아니라 오직 중생 받아 그 마음이 혁명적으로 변화되어 자신의 물질을 하나님 나라의 확장과 주님의 몸된 교회를 세우기 위해 드리게 되는 변화 받은 성도의 큰 특징 가운데 하나입니다(행 2:42-47; 4:32-37). 이로 볼 때 헌금이란 물질의 소유의 많고 적음에 달린 문제가 아닙니다. 그것은 마음의 문제입니다. 우리는 흔히 돈이 많으면 헌금하기 쉬울 거라 생각합니다. 그러나 우리 주님은 재물과 하나님을 겸하여 섬길 수 없고 부자들이 하나님 나라에 들어가기가 쉽지 않다고 말씀하신 바 있습니다(눅 16:13; 막 10:25). 헌금은 소유의 많고 적음에 있지 않고 변화 받은 마음에 달려 있습니다. 신자의 마음이 예수를 믿는 믿음으로 변화되면 그 가치관도 변화되고 그의 물질관도 변화됩니다. 그러

---

3 대한예수교장로회 고신총회 헌법개정위원회, 『헌법』 264.

므로 예수를 믿고 마음이 변화되었는데 물질은 변화되지 않는다는 것은 모순입니다. 부자도 가난한 자도 믿음이 있어야만 헌금할 수 있습니다.

바울은 돈을 사랑함이 일만 악의 뿌리라고 했고 탐심은 우상숭배라 했습니다(딤전 6:10; 골 3:5). 그러나 사람들은 너무나 쉽게 돈의 노예가 됩니다. 돈에 관한 한, 사람은 돈의 노예가 되든지 돈의 주인이 되든지 둘 중 하나입니다. 어떤 이들에게 돈은 목숨보다 소중해 보입니다. 그러면 그에게는 돈이 주인이 됩니다. 하나님이 계셔서 경배를 받아야 할 자리에 돈을 모셔둔 것입니다. 사람이 돈을 버는 것이 아니라 돈이 사람을 이리 저리 끌고 가는 형국입니다. 하나님께서 명령하신 안식일에도 쉬지 않고 일을 하며 몸을 상하게 하는 것이 바로 그 증거입니다. 그러나 하나님을 경배하며 자신의 생명과 물질의 주인으로 삼고 살아가는 신자는 물질관이 변화하게 되고 돈으로 하나님을 섬기는 놀라운 특권을 경험하게 됩니다.

교회를 세우기 위한 봉사와 헌신

그렇다면, 이렇게 헌금을 드리는 목적은 과연 무엇일까요? 벨직신앙고백서는 모든 사람이 참된 교회에 가입해야 할 의무를 강조하고 나서 그 이유를 다음과 같이 밝힙니다. "그들은 스스로 교회의 교리와 권징에 복종해야 하고, 예수 그리스도의 멍에를 메야 합니다. 그들은 한 몸에 속한 지체로서 하나님이 각자에게 주신 재능에 따라 형제를 세우기 위해 봉사해야 합니다"(제28항, 참된 교회에 가입해야 할 모든 사람의 의무). 참된 교회에 가입하는 이유 가운데 하나가 성도를 섬기고 서로 교제하기 위함이라는 말입니다. 초대교회는 사도의 가르침을 받은 각각의 신자들이 함께 모여 물건을 나누어 쓰고, 헌금하고, 필요에 따라 도와주고, 마음을 같이하여 기도하고, 하나님을 찬송했습니다(행 2:42-47). 이것이 교회의 봉사의 직무인데 그 가운데 하나가 구제입니다. 구제는 하나님이 내게 주신 물질로 지체들을 돕는 것인데 초대교회는 이런 성도들의 정성 어린 귀한 헌금으로 유지되었고, 복음 전파 사역을 펼쳤으며, 선교사들을 파송했고, 가난한 사람들을 도왔습니다. 마게도냐 교회들은 기근과 박해로 어려움을 당한 예루살렘 교회를 위해 기쁘게 구제했습니다. 예루살렘 교회는 주로 유대인들이 중심된 교회인데 A.D. 41년부터 13년 동안 로마를 통치했던 글라우디오 황제 통치시기에 발생한 극심한 기근으로 재정적 타격을 입었습니다. 그 결과 이방인 교회들이 중심이 되어 예루살렘 교회 교인들을 돕기 위해 헌금을 모금했습니다. 이는 예배의 예전을 통해 드리는 우리의 헌금을 통한 물질의 교제를 의미합니다. 우리는 하나님께 헌금을 드리고 하나님은 그 헌금을 우리에게 다시 주시는데 우리는 그것으로 우리 교회와 다른 교회와 성도들과 나아가 이웃들을 위해 사용합니다.

이처럼 우리는 예배로도 교제하고 기도로도 교제하지만 헌금으로도 교제합니다. 우리의 예배, 우리의 나눔, 우리의 섬김, 우리의 헌금을 통해 우리는 주 예수 그리스도의 사랑과 구원의 복음과 함께 나누는 것입니다. 이것이 바울이 말하는 성도 "섬기는 일"입니다(고후 8:4). 성도를 섬긴다고 할 때 이 섬김의 원어에서 집사(deacon)가 나왔습니다. 교회의 집사는 그 무엇보다도 섬기는 자입니다. 바로 이런 의미에서 장로교 헌법은 집사의 직무를 교회의 재정을 통해 가난한 자를 구제할 계획을 세우고 또한 자기 스스로 개인적으로 구제에 힘쓰는 자라고 서술했습니다. 이런 의미에서 나아가 모든 성도는 집사처럼 섬기는 자들입니다.

이는 또한 십계명중 제4계명과도 관계됩니다. 성도가 안식일을 기억하여 거룩히 지켜야 할 이유는 "하나님께서 복음 사역과 그 사역을 위한 교육이 유지되고 특히 안식의 날인 주일에 제가 부지런히 하나님의 교회에 나아가 하나님 말씀을 듣고 성례에 참여하며 주님께 공적으로 기도하고 가난한 사람들을 구제하기를 명하"시기 때문입니다(하이델베르크 요리문답 제103번). 교회는 크게 복음사역, 교육, 예배, 구제 전도와 선교 봉사의 기능을 지닙니다. 복음사역과 그 사역을 위한 교육을 유지하고 가난한 사람들을 구제하는 이런 교회의 고유 기능을 수행하기 위해 헌금이 요구되는 것은 자연스럽고 당연한 일입니다. 그렇기에 교회는 이런 헌금을 통해 교회 시설이나 자체 운영비와 목회자의 생활을 책임지는 사례와 전도와 선교비, 교육비, 구제비, 보편교회와 공교회로서 노회와 총회의 운영을 위한 상회비 등으로 사용합니다. 이런 과정을 통해 교회가 예배를 드리고 성도들이 즐거운 교제를 나누며, 자녀들을 교육하고 국내에 복음을 전하며, 이웃을 구제하고 해외 선교를 돕습니다. 교회는 하나님의 큰 집입니다. 모든 가정에 예산이 필요하듯 하나님의 집에도 예산이 필요하며, 교회의 모든 가족이 바로 교회의 예산에 대한 엄중한 특권과 책임의식을 가져야 합니다. 교회의 1년 결산과 예산을 당회에서 면밀히 검토하고 결의한 후 또 다시 공동의회에 보고하여 결의하는 것은 이것이 당회만의 일이 아니요 모든 성도들의 일이기 때문입니다. 가족은 서로를 돌볼 의무가 있습니다. 교회의 회원이 된다는 것은 교회의 가족이 된다는 것이며 가족 구성원으로서의 섬김의 의무를 다한다는 것을 뜻합니다. 개혁교회는 전통적으로 교회 예산의 일정부분을 헌금하는 서약(pledge)과 함께 교회의 회원권을 부여합니다. 교회는 그리스도의 몸이며, 몸의 지체들은 그 몸을 위해야 합니다(고전 12:22-26). 초대교회는 사도의 가르침을 받은 각각의 신자들이 함께 모이기를 힘쓰고 물건을 나누어 쓰고 헌금하고 필요에 따라 도와주고 마음을 같이하여 기도하고 하나님을 찬송하는 고유의 기능을 수행했습니다(행 2:42-47).

우리는 어리석은 부자처럼 "자기를 위하여 재물을 쌓아 두고 하나님께 대하여 부요하지 못한 자"가 되어서는 안 됩니다(눅 12:21). 개혁주의 교회는 헌금을 적게 하는 교회가 아닙니다. 과거에는 헌금을 계획 없이 너무 과도하게 많이 해서 문제였다면, 오늘날은 헌금을 너무 인색하게 해서 문제가 아닐까요?

그렇다면 어떻게 헌금해야 할까?

우선 헌금은 인색함으로나 억지로 해서는 안 됩니다(고후 9:7). 헌금하는 자세의 원리는 각각 그 마음에 정한대로 하는 것입니다. 이는 계획성 있는 헌금생활을 뜻합니다. 약속된 연보를 미리 준비하는 것입니다. 헌금은 즉흥적으로 하거나 무슨 계시를 받아 신비주의적으로 하는 것이 아닙니다. 마음에 정한대로 약속된 연보의 가장 큰 실례는 십일조입니다. 어떤 이들은 십일조가 구약의 율법이니 신약시대에는 폐지되었고 따라서 할 필요가 없다고 주장합니다. 그러나 신약은 율법을 폐하지 않고 완성합니다. 또 다른 이들은 주님께서 이것도 저것도 버리지 말아야 한다고 하시면서 십일조를 언급한 것을 예로 들어 십일조는 당연히 해야 한다고 말씀하십니다(마 23:23). 중생받은 신자가 드리는 십일조 헌금은 율법조항이기 때문이 아니라 구원받은 은혜와 주님이 베풀어주신 모든 것에 대한 감사의 표현입니다. 우리 주님은 죄인들이 지킬 수 없는 모든 종류의 율법을 지키시고 완성하셨습니다. 뿐만 아니라 신약의 섬김의 윤리는 모든 것을 버려두고 예수님을 따르는 것이며, 마음과 목숨과 뜻과 힘을 다하여 하나님을 사랑하는 것입니다(눅 5:11; 신 6:5; 막 12:30). 우리는 십일조가 아니라 십의 이조, 십의 삼조를 드려도 하나님을 온전히 사랑할 수 없을 것인데, 그렇다면 십일조가 훨씬 더 쉽지 않겠습니까? 하지만 수학적으로 어떻게 정확히 계산되는지 모르겠지만, 모세의 율법에 따른 십일조와 같은 원리로 해야 한다면 그 금액은 수입의 23.3%라고 합니다.[4] 그리스도의 은혜로 구원을 얻은 사람은 그리스도께서 이 모든 율법 조항을 다 성취하셨음을 믿습니다. 그러므로 모든 것이 주의 것이며 주님이 원하시면 십분의 일 이상이라도 드릴 준비를 해야 합니다. 내가 섬기는 고려신학대학원 교수회는 십일조 연보에 대해 이렇게 말합니다.

그러나 일상적인 상황에서는 십분의 일을 특별히 요구하셨던 하나님의 뜻을 따라 최소한 소득의 십일조, 나아가 그 이상을 하나님께 드리는 것이 옳다. 이것은 율법이기 때문이 아니라 하나님이 우리의 주관자이시며 예수 그리스도 안에서 우리의 아버지가 되신다는 사실을 고백함과 신앙생활의 증진과 건덕 그리고 교회와 하나님의 나라의 확장에 큰 유익이 되기 때문이다.[5]

둘째는 즐겨 내는 것입니다. 하나님은 즐거운 마음으로 연보

---

4 임경근, "헌금이란 무엇인가" 『담임목사가 되기 전에 알아야 할 7가지』 (서울: 세움북스, 2016), 71.

5 고려신학대학원 교수회, "십일조 연구보고서" (2008. 2. 16).

하는 자를 사랑하십니다(고후 9:7). 즐거운 마음은 분리되거나 분열되지 않은 온전한 마음입니다. 우리가 하나님을 사랑할 때 우리 인격의 한 부분만 사랑할 수 없습니다. 예를 들어 소위 플라토닉 사랑은 하나님 사랑에 존재하지 않습니다. 지식적으로는 하나님을 사랑하겠지만 정서적으로 의지적으로는 사랑하지 않겠다고 말할 수 없습니다. 사랑이란 지정의 전인격을 동원하기 때문입니다. 기쁜 마음으로 즐겁게 내지 않는다면 그것은 하나님을 속이고 사람을 속이는 아나니아와 삽비라의 헌금과 같습니다. 우리가 드리는 수많은 감사의 연보가 모두 자원하여 기쁘고 즐겁게 드리는 헌금이어야 합니다. 기쁘고 즐거운 마음이 없다면, 밭을 팔아 사도들 앞에 둔 바나바나 소유의 절반을 드린 삭개오나 모든 소유를 드린 가난한 과부의 헌금은 존재하지 못했을 것입니다(행 4:37; 눅 19:8; 21:4).

셋째는 연보하기 위해 열심히 일하여 번 물질을 드리는 것입니다. 신약성경의 공통적인 교훈 가운데 하나는 부지런하라는 것이며 자기 손으로 열심히 일하라는 것입니다(롬 12:11; 살후 4:11). 심지어 일하기 싫어하거든 먹지도 말게 하라고 명령합니다(살후 3:10). 이유는 불신앙의 세상에서 신자들이 단정히 생활하며, 아무 궁핍함이 없게 하려는 것과 동시에 빈궁한 자에게 구제할 것이 있게 하기 위함입니다(살후 4:12). 그래서 바울은 도적질하는 자는 다시 도적질하지 말라고 명령합니다(엡 4:28). 도박이나 타인의 재물에 손상을 입히는 불법한 투자 등을 통해 번 돈을 하나님은 기뻐하지 않으십니다. 따라서 목회자와 모든 성도들은 게으르지 말고, 주어진 일을 열심히 해야 하며, 아울러 허락하신 물질에 만족할 줄 알아야 합니다.

몇 년 전 어떤 목사에게서 전화가 왔습니다. 개혁교회 목사님들의 생활이 어려우니 도움을 주기 위해 전화했다고 합니다. 자신이 알고 있는 청년이 사업을 하는데 돈을 투자하면 연리 40%의 수익률을 이자로 매달 줄 수 있다고 합니다. 5천 만원을 투자하면 연 2천 만원의 이자를 12개월로 나눠서 받는다는 것입니다. 안정적으로 매월 2백여 만원이 들어오니 생활에 걱정을 덜 것이라 했습니다. 날 걱정해 준다니 감사하긴 하지만 하도 어이가 없어서 일단 목사에게 5천 만원이란 돈이 어디 있으며, 있어도 그런데 투자할 수는 없다고 말하고 끊었습니다. 금융업에 근무하는 우리 교회 성도에게 물어보니 그런 투자종목이 없는 건 아닌데 매우 리스크가 큰 종목이어서 거의 투기에 가까운 것이라 했습니다. 설사 그런 것이 합법적이라 하더라도 목사는 절대로 그런 투자를 해서는 안 됩니다. 리스크가 많다는 것은 많은 돈이 얽혀있다는 것이고 그로 인해 피해를 볼 사람들도 존재한다는 것을 뜻합니다. 성도가 그런 일에 휘말리면 삶이 흔들리는데 하물며 목사가 그런 일에 휘말리면 복음 전파에 큰 해악을 끼칠 것이기 때문입니다. 목회자는 교회가 책정한 생활비로 자족하며 사는 훈련을 해야 합니다.

아울러 목회자는 헌금에 대해 가르치기를 두려워해서는 안 됩니다. 하나님의 말씀인 성경이 헌금에 대해 말하고 있다면, 목회자가 그 가르침에 침묵하는 것은 직무유기입니다. 신자의 헌금은 지혜롭게 해야겠지만 마땅히 가르쳐야할 성경의 교훈이기도 합니다. 현유광 교수는 일종의 가이드라인을 제시하는 것이 바람직하다면서 이렇게 제안합니다. "학습교인까지는 소득의 십일조를, 가족들과 이웃을 돕는 것까지 헌금으로 간주해준다. 세례교인부터는 온전한 십일조를 드리도록 지도한다. 직분자들은 십일조 외에 교회의 필요와 자신의 경제적 능력에 따라 그 이상의 헌금을 한다."[6] 심지어 허순길 교수는 "당회가 하나님이 그들에게 주신 번영의 정도를 따라 헌금하지 않는 회원을 책망할 수 있어야 한다"고까지 말합니다.[7] 내가 섬기는 교회는 십일조, 감사, 주일헌금, 외에 신학후원, 선교후원, 이웃사랑 후원 헌금을 모든 교인들이 자발적으로 작정하여 매월 한차례씩 드립니다. 신학후원은 신학교와 개혁주의 출판사와, 목회자 후보생들을 위해, 선교후원은 선교사들과 선교기관들, 그리고 이웃사랑 헌금은 어려운 다른 교회의 성도들과 이웃들을 위해 전용됩니다. 작정 금액은 형편에 따라 각자 다릅니다. 교회는 그 헌금을 모아 개

---

6   현유광, 『교회 문턱』 93.
7   허순길, 『개혁교회 질서 해설』 178.

인후원을 포함하여 매달 약 20여 곳의 개인과 기관에 흘러 보냅니다. 이런 방식으로 우리는 십일조 이상의 연보를 하나님께 드리는 훈련을 합니다. 물론 이것으로 우리 의무를 다했다고 생각하지 않습니다. 우리는 더욱 헌금 생활에 열심을 내야 합니다.

　우리는 지금 코로나 사태로 인해 재정적 타격을 입은 수많은 사람들을 보고 있습니다. 여기에 한국 교회의 80% 이상을 차지하는 소규모 교회들도 예외가 아닙니다. 이들은 안으로는 경제적인 타격과 밖으로는 헌금 때문에 예배를 드린다는 중상모략에 시달립니다. 이들을 향한 마땅한 자세는 비난과 정죄가 아니라 위로와 긍휼의 마음을 가지는 것입니다. 얼마 전 가깝게 교제하는 신앙의 친구가 "너희의 넉넉한 것으로 부족한 다른 이들을 보충함은…. 균등하게 하려 함이라"는 고린도후서 8장 13-14절 말씀을 읽다가 은혜를 받아 어려움을 당하는 개척교회 목회자들을 도와달라고 내게 얼마간의 물질을 보낸 적이 있습니다. 그의 섬김으로 몇몇 목회자들이 이 어려운 시기에 크게 용기를 얻게 되었습니다. 또한 개혁교회를 섬기는 몇몇 성도들의 후원으로 서너 명의 목회자들에게 몇 달간 약간의 생활비를 보조하기도 했습니다. 우리는 교회가 안팎으로 협박에 가까운 비난과 정죄의 고통을 당하는 이 어려운 전염병의 시대에도 불구하고 힘대로뿐 아니라 힘에 지나도록 자원하여 이 은혜와 성도 섬기는 일에 참여하는 연보 생활에 더욱 힘을 기울여야 합니다.

나눔을 위한 질문

❶ 성도는 왜 헌금하는지 그 이유에 대해 말해 봅시다.

❷ 헌금은 "자신을 드리는 증표"라고 했는데, 그 의미가 무엇인지 토의해 봅시다.

❸ 헌금은 해도 되고 안 해도 되는 것인지 토의해 봅시다.

❹ 모든 성도가 헌금해야 하지만 특별히 헌금에 앞장서야 할 직분자들은 누구인지 생각해 봅시다.

❺ 헌금하는 참된 자세 세 가지를 설명해 봅시다.

❻ 나의 물질생활과 헌금생활을 돌아보고 바르게 헌금하기 위해 어떤 노력을 기울여야 할지 토의해 봅시다.

4부
삶

17장

가정

가정은 결혼으로 시작됩니다. 결혼은 "아내와 남편이 서로 돕고 합법적인 자손을 통해 인류를 번성하게 하며, 거룩한 자손을 통해 교회를 흥왕하게 하고 음행을 피하기 위해 제정"되었습니다 (웨스트민스터 신앙고백서 제24장 결혼과 이혼 1항). 남편과 아내는 서로 돕는 관계에 있으며, 결혼을 통해 자녀를 낳아 가정을 이루어야 하고 경건한 그리스도인의 자녀는 교회를 흥왕하게 하는 방편이 됩니다. 이런 그리스도인의 결혼을 통해 그리스도인 가정이 형성됩니다. 이런 가정의 개념이 오늘날 심각하게 위협받고 있습니다. 내부적으로는 가족 구성원이 서로 배려하고 관용하며 사랑하지 못해 깨지고 건강하지 못한 가정들이 발생합니다. 가정 폭력이 비일비재하고 이런 폭력은 부모가 자녀를 자녀가 부모를 향해 쌍방향으로 벌어지고 있습니다. 이런 가정에서 학대당하며 자라는 아이들은 평생 상처를 안고 살아갑니다.

또한 외부적으로는 급변하는 문화와 사상이 가정의 개념을 바꾸어 놓고 있습니다. 불과 1-20년 전만 해도 우리 사회에서 이혼은 가장 차선의 선택이었습니다. 그러나 오늘날 이혼하는 부부가 늘고 있고, 드라마나 영화도 이혼을 부추깁니다. 이혼은 터부시되거나 거부되어야 할 것이 아니라 또 하나의 화려한 선택이 되고 있습니다. 설상가상 동성애의 포용정책과 문화는 가정의 개념 자체를 바꾸어 놓고 있습니다. 머지않아 우리나라에도 동성 간의 결혼이 합법화된다면, 우리 자녀들은 이전과는 전혀 다른 세상 속에서 살게 되고 성에 관한 인식과 개념에도 큰 영향을 받을 것입니다. 또한 결혼을 하지 않고 아이를 낳는 일들이 심심찮게 발생하고 있습니다. 결혼하지 않고 연인관계를 통해 또는 정자은행을 통해 임신을 하고 출산하여 아이의 엄마가 되는 것입니다. 이를 가리켜 '자발적 비혼모'라 부릅니다. 그러나 이런 자발적 비혼모가 여성들에게 어떤 인기를 끈다 해도 이는 비성경적이며, 그리스도인 여성은 결혼하지 않고 아이를 낳는 방식을 선호해서는 안 됩니다.

오늘날 가정이 왜 이렇게 되었을까요? 그것은 가정이 하나님이 제정하셨다는 역사적 사실을 망각하고 그 원리를 떠났기 때문입니다. 인간의 타락과 탐욕과 죄악은 가정도 무질서하게 만들었고 문란하게 만들었습니다. 따라서 건강한 가정을 형성하기 위해서 우리는 무엇보다도 먼저 하나님께서 가정을 직접 제정하셨다는 사실을 분명히 해야 합니다.

하나님이 세우신 기관으로서의 가정

가정은 하나님의 창조의 절정입니다. 하나님 창조의 절정은 국가나 기업에 있지 않습니다. 하나님께서는 첫째 날부터 다섯째 날까지 천지만물을 창조하시고 마지막 여섯째 날에 사람을 지으셨습니다. 창세기 1장 26-28절의 유명한 말씀은 2장 18-25절 말씀과 더불어 가정 창조의 말씀입니다. 주인공은 일반적으로 마지막에 등장하는 법입니다. 창세기 1-2장에서는 가정의 창조로 하나님의 창조가 절정에 달하고 그 창조가 완성됩니다. 마치 모든 자연 만물을 사람을 위해 준비하신 것처럼 말입니다. 하나님께서 신혼집을 마련하시고 그 집을 아담과 하와에게 주신 것처럼 이 세상을 지으셨습니다. 또한 창조의 절정은 한 남자와 여자의 창조에 있습니다. 태초에 하나님 천지를 창조하실 때 홀로 된 사람이 아니라 가정을 지으셨습니다. 사람을 남자와 여자로 지으시고 둘이 한 몸이 되게 하셨습니다. 이것이 가정의 시작입니다. 그러므로 창조의 정점에 가정이 있는 것은 분명합니다. 이것은 하나님께서 가정을 얼마나 중요하게 여기시는지를 웅변적으로 보여줍니다.

하나님은 "사람이 부모를 떠나서 아내에게 합하여 그 둘이 한 몸이 될지니라"고 말씀하셨습니다(창 2:24). 이 말씀은 하나님의 가정 창조와 결혼, 그리고 언약 사이의 엄청난 연관성을 지닌 말씀입니다. 이는 남자와 여자가 한 몸을 이루는 성적 연합을 통해 경건한 자손을 번성시키는 언약적 연합을 나타냅니다. 그리고 이 말씀은 신약에서 하나님과 자기 백성, 더 나아가 예수 그리스도와 교회의 언약적 관계를 나타내는 말씀이기도 합니다. 바울은 이렇게 말합니다.

> 24. 그러므로 교회가 그리스도에게 하듯 아내들도 범사에 자기 남편에게 복종할지니라 25. 남편들아 아내 사랑하기를 그리스도께서 교회를 사랑하시고 그 교회를 위하여 자신을 주심 같이 하라 31. 그러므로 사람이 부모를 떠나 그의 아내와 합하여 그 둘이 한 육체가 될지니 32. 이 비밀이 크도다 나는 그리스도와 교회에 대하여 말하노라_엡 5:24-25; 31-32

교회는 신랑 되신 예수 그리스도의 신부가 됩니다. 한 남자와 한 여자의 결합은 이처럼 엄청난 의미를 지닙니다. 가정은 하나님의 창조의 절정이요, 언약적 연합이요, 그리스도와 교회의 관계를 상징합니다. 그러므로 사람은 하나님이 소중히 여기시는 이 가정을 소중하게 여기며 돌보고 가꿀 책무가 있습니다. 이 세상에 모든 것이 중요하고 사회의 모든 요소들이 중요하지만 가정만큼 중요한 것은 없습니다. 가정이 모든 것의 시작입니다. 가정이 잘 되어야 사회가 잘되고 국가가 잘됩니다. 가정이 건강해야 사회와 국가가 건강합니다. 가정이 경건해야 그런 가정이 모인 교회가 건강합니다. 반대로 가정이 허약하고 불경건하고 아프고 병들면, 교회가 아프고 사회와 국가가 아프게 됩니다.

행복과 기쁨이 넘쳐야 할 그리스도인의 가정

하나님이 만물을 창조하셨을 때 모든 것이 선하고 보시기에 좋았습니다. 하나님은 사람을 남자와 여자로 만드셨고 남자가 부모를 떠나 여자와 하나 되게 함으로 가정을 선물로 주셨습니다. 그러자 하나님이 창조하신 모든 것이 더욱 아름다워졌습니다. 이것은 하나님께서 행복을 가정 안에 두셨다는 것을 의미합니다. 아름다운 가정 자체가 행복입니다. 가정 안에서 가족이 서로 사랑을 나누고 교제하기 때문입니다. 남편과 아내가 교제하고 부모와 자녀가 교제를 나누는 곳이 가정입니다. 부모는 자녀를 사랑하고 그들을 위해 기도하며, 자녀들은 그러한 경건한 부모를 존경하고 순종합니다. 그런 가정은 참으로 아름답기 그지없는 가정입니다. 온 가족이 한 상에 둘러 앉아 화목에게 먹고 마시며 대화하는 가정은 보는 것만으로도 행복합니다. 온 가족이 함께 교회를 나와 하나님을 찬양하며 기도하고 예배를 드리는 가정은 모든 교회의 기쁨과 즐거움입니다.

하나님께서 사람을 남자와 여자로 지으시고 가정을 주신 이유는 단순히 외로움을 해소하거나 종족을 번식시키기 위함이 아니라, 가족이 서로 교제하고 사랑을 나누게 하기 위해서입니다. 교제는 성삼위 하나님의 속성 가운데 하나입니다. 성부와 성자와 성령 하나님은 고립된 분이 아니십니다. 외로운 분이 아니십니다. 성자께서 아버지 하나님의 형상이시며, 성령께서 아버지와 아들 하나님으로부터 나오신 영원한 능력과 권세이십니다(벨직 신앙고백서 제8항). 성삼위일체 하나님은 성부와 성자 성령으로 계시며 서로 사랑하고 교제하고 우애하시는 분이십니다. 그리스도의 은혜와 하나님의 사랑과 성령님의 교통하심이 삼위일체 하나님의 특징입니다(고후 13:13). 사랑의 교제와 교통은 하나님의 인격적 속성이자 특징입니다.

가정은 하나님의 완전한 사랑을 구현하는 행복의 장소입니다. 특히 예수님을 믿는 가정은 성삼위 하나님과의 교제를 믿음으로 누리는 신앙의 가정입니다. 하나님은 믿음이라는 놀라운 방식으로 우리와 하나님이 사귀고 교제하기를 원하십니다. 남편과 아내의 교제는 하나님과의 교제에 기초합니다. 천지를 창조하신 하나님께서 우리를 지으시고 우리와 교제하기 원하십니다. 그리고 남자와 여자를 지으시고 가정을 만들어 서로 교제하기 원하십니다. 이런 하나님이 창조하신 믿음의 가정은 행복이 충만합니다. 하나님이 우리에게 가정을 주신 목적을 알기 때문입니다. 하나님께서 우리에게 가정을 주신 것이 우리의 행복입니다. 그러므로 신자는 가정 안에서 참된 행복을 찾고 누릴 줄 알아야 합니다. 따라서 그리스도인의 가정은 삼위일체 하나님과의 교제를 믿음으로 누려 완전한 사랑을 구현하는 행복의 장소여야 합니다.

이런 인식은 가족 구성원 모두가 가정의 평안과 행복을 위해 서로 사랑하고 배려하며 이해하고 서로를 위해 기도해야 함을 깨닫게 합니다. 시부모나 친정부모를 둔 가정은 그 부모를 공경하는 아버지와 어머니의 모습을 보고 그 자녀들이 또한 아버지 어머니를 사랑하고 공경합니다. 아들과 며느리, 사위와 딸을 둔 부모는 그런 자녀들을 사랑하고 그들을 이해하고 그들을 위해 기도할 때 그 손자 손녀들의 존경을 받습니다. 그리스도인 부모와 자녀들은 더욱 그러해야 합니다. 우리는 왜 이렇게 살아야 할까요? 바울의 말씀에서 그 이유를 찾을 수 있습니다. 우리는 살아도 주를 위해 살고 죽어도 주를 위해 죽는 삶을 사는데, 이유는 우리가 사나 죽으나 주님의 것이기 때문입니다(롬 14:8). 더욱이 우리의 가정은 다만 가정에 머무르지 않고 교회적 특징을 가지고 있기 때문입니다. 남편과 아내의 관계는 그리스도와 교회를 상징하며 그런 가정은 교회적 특징을 지닙니다(엡 5:31-32).

경건 훈련과 사명 수행의 기관으로서의 가정
하나님은 가정을 세우시고 가정에 세상 만물을 맡기셨으며 사명을 주셨습니다. 생육하고 번성하고 땅에 충만하고 땅을 정복하라는 것입니다(창 1:26-28). 생육과 번성은 가정이 없이는 가능하지 않은 사명입니다. 그렇다면 가정은 사명 공동체라 할 수 있습니다. 하나님의 명령을 지키고 수행하는 사명 말입니다. 아담과 하와는 계속해서 하나님의 명령을 지키고 그 약속을 바라보며 믿음으로 하나님을 섬겨야 했습니다. 그러나 사람은 사탄의 유혹을 받아 하나님과 같이 되어보려고 교만을 부리다가 죄를 지어 타락했습니다. 오늘날 여전히 세상과 가정에 죄와 악이 관영하게 된 것은 인간의 교만으로 인한 범죄 때문입니다. 죄 때문에 가정이 파괴되고 부모가 자녀를 학대하고 버리고 자녀들이 부모를 미워하고 폭력과 살인이 난무한 것입니다. 세상은 평화를 원하지만, 평화할 능력을 상실했습니다.

그러나 하나님은 이런 세상을 위해 구세주 예수 그리스도를 보내셨습니다. 그 결과 믿음으로 예수 그리스도를 영접하는 자들은 누구든지 하나님의 자녀가 되는 권세를 주셨고 이제 믿음 안에서 한 상에 둘러 앉아 먹고 마시는 더 큰 가정을 주셨습니다. 이 가정이 바로 교회입니다. 교회는 더 큰 가정, 주님 안에서 만국 백성이 하나님의 가족이 되는 거대한 공동체입니다. 이 교회는 새로운 가정, 새로운 사명 공동체입니다. 이제 예수 그리스도의 구원의 복음, 사랑의 복음을 전하여 영적으로 더욱 생육하고 번성하는 사명을 교회에 주신 것입니다. 이를 위해 가정은 경건

할 필요가 있습니다. 경건한 생활을 통한 복음 전도가 경건한 가정의 책무이기 때문입니다. 경건한 가정은 그 자체로 전도의 방편이 됩니다. 하나님께서 경건한 자손을 찾으십니다(말 2:15). 그러므로 참된 가정과 교회는 결코 분리될 수 없습니다.

자녀들을 하나님의 말씀으로 훈육해야 할 부모의 사명

하나님의 백성들은 자녀들을 부지런히 가르쳐야 하며 항상 말씀으로 훈육해야 합니다(신 6:7). 우리는 자녀들이 유아 세례를 받았다고 무조건 자동적으로 구원을 받을 것이라 예단해서는 안 됩니다. 이것은 역사적으로 18세기 이후 유행했던 세례중생론(baptismal regeneration)이라는 오류에 속합니다. 교회에서 물세례를 받을 때 자동적으로 중생하여 하나님의 자녀가 된다는 것입니다. 특히 이런 오류가 유아세례를 받은 어린아이들에 적용될 때 가정적 중생이라는 이름으로 적용됩니다. 그러므로 부모는 자녀에게 부지런히 경건을 훈련해야 합니다. 경건한 자녀는 경건한 부모에게서 나옵니다. 신실한 자녀의 양육은 경건한 부모의 사명입니다. 바울은 자녀들을 주의 양육과 훈계로 가르치라고 명령합니다(엡 6:4). 이는 신약의 명령만은 아니라 구약의 명령이기도 합니다. 모세는 신명기에서 보통 쉐마로 불리는 말씀을 이렇게 선포합니다.

오늘 내가 네게 명하는 이 말씀을 너는 마음에 새기고 네 자녀에게 부지런히 가르치며 집에 앉았을 때에든지 길을 갈 때에든지 누워 있을 때에든지 일어날 때에든지 이 말씀을 강론할 것이며 너는 또 그것을 네 손목에 매어 기호를 삼으며 네 미간에 붙여 표로 삼고 또 네 집 문설주와 바깥 문에 기록할지니라_신 6:6-9

이는 말씀으로 흠뻑 배어있는 삶을 묘사합니다. 늦은 시간이든 이른 시간이든, 집에서든 길에서는 하나님의 법이 대화의 주제입니다.[1] 그리스도인 부모의 대화의 주제가 항상 돈, 집, 부동산, 주식, 승진, 성공, 인기 뿐이라면 그런 대화를 통해 자녀들이 무엇을 배우겠습니까? 세속적 가치관에 물든 사상을 배울 뿐입니다. 부모는 아침저녁으로 하나님의 말씀인 성경을 가까이 하고 성경을 읽어야 합니다. 부모가 성경을 존중하지 않는데 자녀가 성경을 가까이 할 수 없습니다. 또한 경건한 부모는 자녀의 구원을 위해 날마다 기도하며, 자녀가 경건하게 살아가도록 부지런히 하나님 말씀을 가르쳐야 합니다. 하나님의 말씀인 성경을 가르치는 방법은 다양합니다. 가정 경건회를 통해 소요리문답을 공부하거나 성경을 읽고 해설하거나 또는 주일에 들은 말씀을 함께 나누는 것 등이 좋은 방법입니다.

뿐만 아니라 부모 스스로 거짓말을 하지 않아야 하고 위선적

---

1 에드먼드 클라우니, 『교회』 171.

이거나 외식적이지 않아야 합니다(벧전 2:1; 마 23:28). 표리부동한 부모의 모습을 보는 자녀는 결코 부모를 본받지 않을 것이기 때문입니다. 하지만 매사에 신중하고 경건한 부모는 자녀들의 선한 귀감이 됩니다. 야고보는 우리에게 말씀을 듣기만 하여 자신을 속이는 자가 되지 말고, 말씀을 행하는 자가 되라고 경고합니다(약 1:22). 아울러 신자의 자녀가 성년이 되었을지라도 신앙을 그 자신에게만 맡길 것이 아니라 계속해서 부모가 지도하고 훈육해야 합니다. 뿐만 아니라 하나님은 교회를 통해 모든 하나님의 가족들이 참되게 성장하고 훈육될 수 있도록 목사와 장로와 교사와 집사와 말씀과 치리와 성례 등등 필요한 모든 것을 주셨습니다(엡 4:11-14; 딤후 3:14-17).

온 가족 예배

우리 교회는 주일학교 예배가 없습니다. 중고등부 예배와 청년부 예배도 없습니다. 우리 교회는 온 가족이 함께 예배를 드립니다. 미취학 아동인 유치부 아이들조차 본인과 부모가 원하면 예배당에서 함께 예배드립니다. 훈육이 필요하거나 울거나 가만히 있지 못하는 아이들은 유아실을 이용합니다. 우리 교회에는 온 세대 예배 주일이 없습니다. 매 주일에 모든 세대가 함께 예배드리기 때문입니다.

 2013년 여름, 미국의 하트 크라이 미션(Heart-Cry Mission)의 대표인 폴 워셔 목사가 처음으로 한국을 방문하여 5일 동안 사경회를 가진 적이 있습니다. 5일 동안 12번의 집회 통역을 했는데 내 기억에 첫째 날 설교 시간에 폴 워셔 목사는 자신이 한국의 어떤 교회에 부임한다면 가장 먼저 주일학교예배를 없앨 것이라고 말했습니다. 그러면 아마도 당회가 자신을 사임시킬 것이라는 유머를 곁들여서 말입니다. 기독교역사는 무려 2천 년인데 주일학교는 언제 시작이 되었을까요? 주일학교 운동은 19세기 말 발달 심리학의 출현과 함께 나타났습니다.[2] 주일학교 운동이 점차 주일학교 예배로 발전되었고, 주일학교 예배는 어른들이 맘 편히 즐겁게 예배를 드리는 동안 아이들을 안전하게 맡아두는 탁아소 역할까지 하게 되었습니다. 물론 유아부터 유년부, 초등부, 소년부, 중고등부, 대학부의 수준에 맞는 교육 프로그램을 동원해서 그들이 즐기고 공감할 수 있는 다양한 활동으로 채워졌습니다.

나는 주일학교 자체를 반대하지 않지만 부모들과 분리한 주일학교만의 예배에는 부정적인 입장입니다. 물론 여름성경학교 겨울성경학교와 같은 특수한 경우는 제외하고 말입니다. 그렇다면 주일학교만의 예배는 왜 문제일까요? 첫째, 주일학교예배는 철저하게 교육학적이고 심리학적인 배경에서 생겨났기 때문입니다. 어린 아이들은 어린이의 수준에 맞는 예배와 말씀을 들어

---

2 대니얼 R. 하이드, 『아이들이 공예배에 참석해야 하는가』, 유정희 역 (서울: 개혁된실천사, 2020), 25.

야 한다는 것입니다. 이는 어른을 위한 예배와 설교를 전혀 이해할 수 없을 것이라는 의심과 회의적 시각이 전제되어 있습니다. 이는 하나님의 말씀의 능력을 현저하게 제한하는 불신앙적 행위입니다. 어른들만 하나님 말씀을 이해할 수 있다는 논리는 어린아이들을 내게로 가까이 오게 하라는 그리스도의 말씀과도 모순됩니다. 천국은 어린아이와 같은 자의 것입니다(마 19:14).

둘째, 주일에 공적 예배를 드릴 때 온 가족을 연령별 학년별로 찢어놓는 것은 주님의 가족을 분리시키는 위험한 행위입니다. 초기교회는 가정에서 모였는데 모든 가족이 다 함께 모였습니다. 가정 교회는 오늘날의 가정교회 운동과는 달리 대가족이 함께 모일 수 있는 대저택에서 모인 큰 교회였습니다(롬 16:23; 고전 16:19; 골 4:15; 행 12:12). 전 휘튼대학교 음악대학의 학장이었던 헤럴드 베스트는 "성도들을 연령별, 유형별, 취향별로 나누는 것은 반쪽짜리 공동체, 혹은 가짜 공동체의 모습이다. 그리스도의 몸은 영적으로 완전체인 것처럼 나이나 유형 면에서도 완전체이다"라고 말합니다.[3] 고려신학대학원에서 신약학을 강의하는 후배 교수가 최근 로마서 성경공부교재를 집필했습니다. 제목이 "함께 영광의 길을 걷다"입니다.[4] 제목을 참 잘 지었다는 생각이 듭니다. 자녀들을 예배에서 분리시키지 마십시오! 주일날 자녀

---

3 Best, *Unceasing Worship*, 74. 대니얼 R. 『아이들이 공예배에 참석해야 하는가』, 30. 재인용.
4 김명일, 정혜덕, 『함께 영광의 길을 걷다』 (부산: 깃드는 숲, 2021).

들을 뿔뿔이 찢어놓지 마십시오! 자녀들과 함께 주일 공예배에 참석하는 것은 자녀들과 함께 영광의 길을 걷는 일입니다. 마지막 날에 우리는 우리 자녀들과 함께 영광의 나라에 들어갑니다 (벧전 5:10).

셋째, 자녀들의 신앙교육을 교회에만 떠맡기고 그리스도인 부모로서의 직무를 유기할 가능성이 크기 때문입니다. 주일에 자녀들을 교회에 데려와 각 부서에 맡겨놓는 것으로 자녀들의 신앙이 보호되고 자랄 것이라 생각하는 부모들이 의외로 많습니다. 주일 대형교회의 예배의 모습은 대략 이렇습니다. 늦장을 부리는 아이들을 깨워 온 가족이 차에 타고 교회 지하 주차장으로 미끄러져 들어갑니다. 온 가족은 교회 지하주차장에서 뿔뿔이 흩어집니다. 막내는 주일학교로, 둘째는 중고등부로, 첫째는 대학부로, 그리고 부모는 주일 대예배에 참석합니다. 교회에서 점심을 먹고 각종 모임을 가지다가 오후에 다시 주차장에서 합류하여 집으로 돌아옵니다. 부모는 자녀들이 어떤 모습으로 예배를 드리는지, 신앙생활을 어떻게 하는지 알지 못합니다. 더욱이 신자들의 영적 생명양식인 성찬식에 자녀들은 한 번도 참석하지 않기 때문에 성찬식이 어떻게 집례되는지, 성찬식이 무엇인지 아예 알지 못합니다. 자녀들은 목사 장로 집사 권사 자녀들이기 때문에 가기 싫어도 부모의 손에 끌려 수동적인 신앙생활을 면치 못합니다. 아이들이 어릴 때에는 부모의 명령에 따르지만 대학생이 되고 청년이 되면 교회를 떠납니다. 부모들은 교회가 아이들 신앙관리를 어떻게 했느냐며 부교역자를 탓하거나 교회를 탓합니다. 불신앙적 자녀들로 인해 얼굴을 들고 다지 못하는 부모는 그나마 부끄러움을 아는 사람들입니다.

자녀의 신앙교육은 교회의 전유물이 아닙니다. 부모는 가정에서 자녀 신앙 교육의 의무를 지닙니다. 청교도 신앙 교육으로 저명한 조엘 비키 박사는 자녀들이 7살 때부터 주일 설교 말씀을 기록하도록 훈련시켰다고 합니다. 예배가 끝나면 가족이 집에서 함께 모여 필기한 것들을 읽으며 설교에 관해 토론했고, 이는 아이들의 신앙 성장에 큰 도움이 되었습니다.[5] 비키 박사의 자녀들은 이제 성년이 되어 그리스도의 몸된 교회를 위해 충성스럽게 섬기는 일군들이 되었습니다. 우리 교회는 주일학교 중고등부 청대학부 자녀들이 설교노트를 가지고 있어 자유롭게 주일 설교를 기록합니다. 주일 설교 노트 기록은 철저하게 개인의 자유에 맡깁니다. 성도들 가운데는 기록보다 말씀 듣는 일에 더 집중하기를 원하는 이들도 있기 때문입니다. 그러나 설교의 기록은 개혁교회의 아름다운 전통이고 가족 경건에 큰 도움이 되는 습관입니다.

우리는 우리 자녀들이 늙어서도 주님을 떠나지 않기를 기도합니다. 그것은 마땅히 행할 길을 자녀들에게 가르칠 때 가능한

---

5 조엘 비키, 『조엘 비키의 교회에서의 가정』 유정희 역 (서울: 개혁된실천사, 2019), 40-41.

일입니다. 우리 자녀들이 경건해야 가정이 경건해집니다. 가정이 경건해야 교회가 경건해집니다. 가정이 화목해야 교회와 사회가 화목합니다. 무엇보다도 가정이 하나님을 참되게 섬겨야 세상이 그런 가정을 보고 하늘에 계신 하나님께 영광을 돌리게 됩니다.

"마땅히 행할 길을 아이에게 가르치라 그리하면 늙어도 그것을 떠나지 아니하리라"_잠 22:6

나눔을 위한 질문

❶ 오늘날 가정이 무너지고 해체되는 두 가지 큰 이유는 무엇입니까?

❷ 가정을 세우신 분은 누구시며 그것은 왜 중대합니까?

❸ 가정이 존재하는 목적 서너 가지를 설명해 봅시다.

❹ 가정의 평안과 행복을 위해 어떤 노력을 기울여야 할지 토의해 봅시다.

❺ 그리스도인의 가정은 더 큰 무엇을 상징하고 있습니까?

❻ 올바른 가정의 신앙교육을 위해 부모가 기울여야 할 노력은 무엇입니까?

❼ 주일에 온 가족이 함께 예배드려야 할 몇 가지 이유를 말해봅시다.

18장

사회

교회와 사회는 불가분리의 관계에 있습니다. 세상은 하나님이 신자에게 주신 선물입니다. 역시 마찬가지로 세상을 구성하는 사회 역시 하나님이 주신 선물입니다. 하나님은 교회를 허공이나 가상의 세계에 두시지 않고 세상 즉 사회 안에 두셨습니다. 그렇다면 교회는 세상에 두신 하나님의 특별한 선물입니다. 사회를 세속적 정의로 보자면 "서로 협력하며 공동생활을 하는 인류의 집단, 또는 온갖 형태의 인간의 집단적 생활"을 뜻합니다. 소사이에타스(societas)라는 원어는 동맹(alliance), 교제(fellowship), 결합(associatio), 모임, 동료, 사교 등의 뜻을 지니며, 공동 집회장에서의 여러 개인 상호간의 교류라는 집합행위를 나타냅니다. 결국 로빈손 크루소처럼 무인도에 갇혀있지 않는 한 인간은 사회와 불가분리의 관계 속에서 살고 있습니다. 따라서 모든 그리스도인 역시 사회와 결코 뗄 수 없는 관계에 있습니다.

하나님이 지으신 창조 사회의 목적

그렇다면 이러한 공동생활을 하는 인류의 집단인 사회는 언제 출현했을까요? 우리는 최초의 사회집단을 성경에서 찾을 수 있습니다. 우리가 사회를 서로 협력하며 공동생활을 하는 인류의 집단이라고 정의할 때, 아담과 하와의 결합은 사회의 최초 모습이라 할 수 있으며, 이들의 사회 모습은 그들의 후손인 가인과 아벨, 그리고 셋의 자녀들을 통해 구체화되었다고 할 수 있습니다. 하나님은 아담이 홀로 사는 것을 기뻐하지 않으시고 하와를 그아내로 주셨습니다(창 2:18, 24). 이는 인간이 결코 혼자 사는 것이 그 본성이 아니며, 하나님과 교제하듯 사람들과 관계를 맺고 교제하기 위해 지음 받았다는 것을 의미합니다.

삼위일체 하나님의 형상대로 지음 받은 사람들은 하나님과 교제하는 속성에 따라 사람들과 교제함으로 하나님의 영광을 드러내야 합니다. 그것이 창조 사회의 목적입니다(엡 1:3-10). 그렇다면 기독교의 사회란 나와 사회의 관계를 통해 하나님의 영광을 드러내고 그 사랑을 반영하는 공동체를 뜻합니다. 인간은 하나님이 창조하신 사회와 그 사회를 통해 생산되는 문화를 통해 하나님의 영광을 드러내고 하나님의 사랑의 빛을 비추어야 하며 하나님의 뜻과 의지가 잘 실현되도록 힘써야 합니다.

시인은 하나님이 창조하신 하늘과 땅의 모든 피조세계가 하나님의 영광을 선포한다고 말합니다(시 19:1-2). 하나님께서 만드신 온 세상이 하나님의 영광을 목적한다면 우리가 살아가는 사회의 목적 역시 하나님의 영광을 위해야 합니다.

인간의 타락과 죄가 사회에 끼친 영향

하나님이 창조하신 최초의 사회는 하나님 보시기에 선했으며 온전했습니다(창 1:31). 하나님은 6일 동안 모든 피조물을 만드시고 창조의 절정인 사람을 만드셔서 그 모든 피조물을 다스리게 하셨습니다. 그곳에는 악이 조금도 없었으며, 완전한 행복과 자유만 존재했습니다. 창조문화는 선함 그 자체입니다. 선한 것은 좋은 것입니다. 하나님과 사람 보기에 좋고 선한 것이 바로 창조의 사회였습니다. 적어도 죄가 들어오기 이전의 창조 사회는 완전하고 이상적인 사회의 전형을 나타냈습니다. 아담과 하와는 에덴동산의 청지기로서 계속해서 순종함으로 주인 되신 하나님을 왕으로 모시고 피조세계를 계발하여 하나님의 영광을 드러내야만 했습니다.

그러나 완전한 창조의 사회는 사탄의 유혹에 넘어간 인간의 죄와 타락으로 인해 여지없이 무너져버렸습니다(창 3:17-19). 타락은 가공할 만한 결과를 낳았으며, 그 결과는 아담과 하와의 후손들인 가인에 의해 더욱 구체화되었습니다. 우선 아담에게는 죽음이 선고되었고, 여자에게는 고통이, 뱀에게는 저주가 땅은 왜곡되는 결과를 낳았으며 가인은 그의 아우 아벨을 죽인 살인자가 되었고, 가인의 후예들은 하나님이 아닌 인간 중심의 문화를 이루게 되었습니다(창 3:19; 4:8, 16-24). 결국 하나님께서는 권선징악을 위해 타락한 인류에게 정부와 국가를 허락하셨습니다. 그렇기에 신앙고백서는 "국가위정자들에게 칼의 권세를 주셔서 선한 사람들은 보호하고 격려하며 악한 사람들은 징벌하게 하신 것"입니다(웨스트민스터 신앙고백서 제23장 1항). 따라서 신자와 교회는 "위정자들을 위해 기도하고 그들의 인격을 존경하고 그들에게 세금과 다른 부과금을 납부하고 그들의 합법적인 명령에 순종하고 그들의 권위에 복종하는" 시민의 의무를 다해야 합니다(제23장 4항). 주님의 말씀대로 하자면, "가이사의 것은 가이사에게, 하나님의 것은 하나님께" 바치는 것입니다(마 22:21).

이런 의미에서 신자에게는 이중적 생명이 있습니다. 하나는 육체적이고 일시적이며 다른 하나는 영적이고 천상적인 생명입니다(벨직 신앙고백서 제35항). 따라서 신자는 자신의 시민권이 하늘에 있음을 아는 천상의 신민이면서, 이 땅에 발을 붙이고 사는 이 나라와 사회의 시민입니다(빌 3:20; 마 5:13-16).

타락한 사회를 살아가는 그리스도인

타락은 인간에게 도무지 선을 행할 능력을 상실하게 만들었으며, 지성과 감정과 의지를 포함한 전 인격이 왜곡되고 오염되어 본래의 기능을 행사하는 일을 상실하게 만들었습니다. 그 결과 하나님을 중심하고 살아야 할 인간이 하늘에 계신 하나님을 의도적으로 무시하고 스스로 신이 되어 인간 자율주의 세상을 꿈꾸게 되었습니다. 그러나 그 결과는 참담했습니다. 제1, 2차 세계 대전으로 말미암아 근대의 인간 자율주의(Autonomy)는 산산조각 났으며, 인간복제를 꿈꾸는 과학만능시대에도 여전히 세상의 현재와 미래는 우울하고 음습할 뿐입니다. 산업혁명의 시대와 인간을 달나라로 보내는 20세기를 거쳐 우주에 정거장을 만드는 21세기의 눈부신 과학 기술문명은 분명히 인류에게 새로운 가능성을 열어주었습니다. 그러나 톰 필립스의 풍자대로 이제 우리는 우주에서도 사고를 칠 수 있게 되었을 뿐입니다.[1] 사람은 여전히 죽고 죽이고, 속고 속이며, 도무지 참된 자유와 안식을 누리지 못하며 살고 있습니다. 지금도 전 세계에는 전쟁과 폭동과 약탈이 난무합니다. 사사기는 세상이 이렇게 된 원인을 이스라엘에 왕이 없으므로 각기 사람마다 자기 소견에 옳은 대로 행한다는 유명한 말씀으로 가장 잘 설명하고 있습니다(삿 18:1).

타락한 인간은 하나님을 그의 권좌에서 밀어냈습니다. 사람이 온 우주의 왕이신 하나님을 마음으로라도 밀어내면 그에게는

---

1 톰 필립스, 『인간의 흑역사』, 홍한결 역 (파주: 윌북, 2019), 216.

축복이 아니라 저주, 질서가 아니라 무질서, 정돈이 아니라 혼돈, 안식이 아니라 불안만 존재할 뿐입니다. 또한 왕의 절대적인 뜻과 의지가 부재한 경우 어느 사회나 어느 국가나 사람들이 각기 자기 생각대로 생각하고 말하고 행동하게 되기 마련입니다. 참된 사회는 하나님을 하나님 되시게 하고 인간은 마땅히 서 있어야 할 인간의 자리에 있을 때 성립됩니다. 바로 이점에 있어서 사회에서의 그리스도인의 역할이 중대합니다.

타락에도 불구하고 하나님은 여전히 이 세상의 주인이요 통치자이십니다. 하나님은 모든 사람들을 통치하시되 특별히 신자와 교회를 위하여 세상을 통치하십니다(롬 8:28). 그러므로 신자는 세상의 도성에 사는 하나님 나라의 사람입니다. 세상의 도성에서 하나님의 도성을 소망하며, 이 세상에 하나님의 도성의 정의를 구현하는 것이 타락한 사회를 살아가는 신자의 윤리이자 의무입니다. 타락한 죄인은 정의를 구현하고 하나님과 사람과의 관계와 교제의 단절을 회복할만한 능력이 전혀 없을 만큼 부패하고 오염되었습니다. 그러나 예수 그리스도께서 육신의 몸을 입고 이 세상에 오셔서 죄인들의 구주가 되심으로 하나님과 사람과 만물의 관계를 회복시켜 주셨습니다(행 3:21; 갈 4:4-6). 그러므로 그리스도 안에 있는 신자는 새로운 피조물로서 창조시의 완전한 사회를 구성해야 할 능력과 사명을 부여받은 특수한 사람들이라 할 수 있습니다. 그렇기에 신자는 타락한 사회를 회복의 사회로 이끌어 가는 사람들이며, 이 세상에 살면서 최선을 다하여 끊임없이 하나님의 나라를 완성하는 윤리적 노력을 기울여야 합니다. 주님 말씀하신 바와 같이 이 세상에서 산상수훈의 윤리를 실천함으로 "이같이 너희 빛이 사람 앞에 비치게 하여 그들로 너희 착한 행실을 보고 하늘에 계신 너희 아버지께 영광을 돌리게" 해야 하는 것이 타락한 사회를 살아가는 신자의 사명입니다(마 5:16). 지상의 교회는 천상의 교회를 보여주는 가시적 천국이기 때문입니다.

그리스도인의 문화관

타락한 사회 속에 살아가는 그리스도인은 필연적으로 그 사회의 문화 안에서 살아갑니다. 전통적으로 그리스도인은 이 세상과 그리스도인과의 관계를 몇 가지로 정의했습니다.

첫째는 문화도피주의입니다. 이 견해는 이 세상이 악하고 죄악이 가득하기 때문에 이 세상의 어떤 것에도 함께 해서는 안 된다는 주의입니다. 세상의 모든 것이 육신의 정욕, 안목의 정욕, 이생의 자랑이고 아버지에서 나온 것이 아니라 세상을 좇아 온 것이기 때문에 이 세상을 추구하는 삶을 살아서는 안 된다는 것입니다(요일 2:15-6). 이런 견해는 교회와 세상을 적대적인 관계에 놓고 교회가 속세를 떠나게 만들었습니다. 미국 펜실베니아 주, 랭커스터 시에 위치한 아미쉬 마을이나 한국의 신앙촌이 그 대표적인 실예입니다. 하지만 어떤 교회도 세상과 완전히 분리되어 살 수는 없습니다. 속세의 문명의 이기를 거의 사용하지 않는다 하지만 실제 그런 일은 불가능 합니다. 미국 유학 중 아미쉬 마을을 두 번 방문한 기억이 있는데, 아미쉬 마을에 사는 사람들도 은행을 이용하고 대중교통을 이용합니다.

둘째는 문화 순응주의입니다. 이는 문화도피주의와는 달리 교회가 세상 속에 적극적으로 능동적으로 들어가 세상 사람들과 같이 되는 것입니다. 이들은 사람들을 구원하기 위해 여러 모양 여러 형편에 처했던 바울의 경우를 예로 들면서 세상 사람들과 같이 되고자 하는 그들의 목적으로 합리화합니다(고전 9:20-21). 이런 문화순응주의는 선교학에서 주로 상황화(contextualization)라는 용어로 치환됩니다. 선교학의 상황화는 1단계에서 10단계까지 있는데 10단계는 거의 현지인화 즉 토착화 하는 것을 의미합니다. 예를 들자면, 이슬람권 선교를 하기 위해 이슬람교도의 복장을 하고 이슬람 사원에 출입하며 이슬람의 용어를 사용하여 복음을 전하는 것입니다. 하지만 바울은 사회와 문화에 순응하고 사람들을 구원하기 위해 복음의 진리를 타협하거나 희생시키지 않았습니다.

셋째는 교회가 세상 속에 살지만 교회와 세상을 구분하고 분리시키며 철저하게 세상을 무시하는 견해입니다. 이런 견해는 앞서 언급한 문화 도피주의의 연속선상에 있으며 성속이원론에 가깝습니다. 이 견해에 따르면 세상은 어차피 지나가고 없어지고 사라질 것이기 때문에 크게 의미를 둘 필요가 없습니다(고전 7:31). 이런 견해는 주일 교회에서의 삶과 주중 사회 속에서의 삶을 영영 분리시키는 결과를 낳았고 교회가 게토화되며 고립되는 현상을 낳았습니다.

마지막은 문화변혁주의입니다. 주로 개혁주의 신학자들이 주장하는 이 견해는 교회를 세상과 대립시키거나 순응시키지 않고 오히려 세상 문화를 변화시키는데 초점을 맞춥니다. 죄인은 그리스도의 복음으로 변화되고, 사회 문화 역시 그리스도의 복음으로 변혁됩니다. 개인 전도와 해외 선교는 문화를 변혁시키는 강력한 방편입니다. 주님은 그리스도인들을 가리켜 세상의 소금이요 빛이라고 칭하셨습니다. 그들의 착한 행실을 통해 세상 사람들이 하나님 아버지께 영광을 돌리게 하라고 명령하셨습니다(마 5:16).

삶에 밑줄을 그어야

타락한 사회 속에 살아가는 그리스도인들이 이 타락한 세상을 변화시키려면 성경에도 밑줄을 긋고 동시에 삶에도 밑줄을 그어야 합니다. 기형도 시인의 유고집『입속의 검은 입』에 실린 시 가운데 많은 이들이 인용하는 "우리 동네 목사님"이란 시가 있습니다.

    교인들은 주말마다 쑤군거렸다

학생회 소년들과

목사관 뒷터에 푸성귀를 심다가

저녁 예배에 늦은 적도 있었다

성경이 아니라 생활에 밑줄을 그어야 한다는

그의 말은 집사들 사이에서

맹렬한 분노를 자아냈다.

폐렴으로 아이를 잃자

마을 전체가 은밀히 눈빛을 주고받으며

고개를 끄덕였다.

다음 주에 그는 우리 마을을 떠나야 한다. [2]

아마 목사가 머리로만 하는 신앙, 교회당에서만 드리는 예배, 율법주의의 조항에 갇힌 바리새인과 같은 신앙생활을 비판하였기에 집사들이 맹렬히 분노했을지 모릅니다. 더욱이 중고등부 아이들과 푸성귀를 심다가 예배까지 늦었으니 좋은 꼬투리를 잡았을지도 모릅니다. 목사의 아이가 죽자 그것은 하나님의 심판이라고 은밀히 눈빛으로 말했는지도 모릅니다. 기형도의 이 시가 주는 의미는 명백합니다. 일상의 모든 삶이 곧 우리의 신앙의 터전이요 예배의 장소라는 것입니다. 그것이 '성경이 아니라 생활에 밑줄을 그어야 한다'는 싯귀에 담긴 의미입니다.

하지만 나는 성경에도 밑줄을 긋고 생활에도 밑줄을 그어야

---

2 기형도, 『입 속의 검은 입』(서울: 문학과 지성사, 1991), 122-123.

맞다고 봅니다. 시인이 의도하는 바를 모르는 바는 아니지만 자칫 이런 싯귀를 잘못 이해하면 전통적인 신앙생활은 그릇되었으며 일상에서 드러나는 믿음생활만이 참된 믿음이라는 오해를 사기 쉽습니다. 성경은 분명히 하나님을 사랑하고 이웃을 자신의 몸같이 사랑하라고 명령합니다.

열심히 푸성귀도 심고 예배도 드려야 합니다. 성경도 열심히 읽고 일상의 삶도 치열하게 살아내야 합니다. 이것도 행하고 저것도 버리지 말아야 합니다(눅 11:42). 주중의 신앙생활에서도 승리하고 구별된 주일성수에도 승리해야 합니다. 주님의 말씀을 통해 하나님 백성으로서의 삶을 살아가며, 우리의 의가 바리새인과 서기관들의 의보다 더 나아야 하며, 형제와 화목하고 와서 예배를 드려야 합니다(마 5:1-24). 우리에게는 의인 열 명이 있어야 합니다(창 18:32). 우리에게는 땅에 떨어져 죽는 한 알의 밀알이 있어야 합니다(요 12:24). 겨자씨 한 알 같은 믿음이 있어야 합니다(눅 13:19). 그렇다면, 그리스도들은 얼마나 고요하고 단정하게 살아야 하고, 얼마나 부지런해야 하며, 얼마나 열심을 품고 주를 섬겨야 하고, 얼마나 주의 택한 백성들을 구원하기 위해 타락한 이 세상 속에서 소금과 빛의 삶을 살아내야 하겠습니까? 그렇게 바르게 믿고 그렇게 경건하게 살아갈 때만 우리는 타락한 세상의 문화를 변혁시킬 수 있으며, 궁창의 별과 같이 빛나는 멋진 교회들이 될 것입니다.

나눔을 위한 질문

❶ 사회의 정의를 내려봅시다.

❷ 하나님이 창조하신 최초의 사회의 목적은 무엇이었습니까?

❸ 오늘날 우리 사회에 죄와 악과 불의와 불경건이 가득하게 된 이유는 무엇입니까?

❹ 신자는 이 사회에서 어떻게 살아가야 하는지, 신자의 이중적 생명을 근거로 나눠봅시다.

❺ 그리스도인의 문화관 네 가지를 간단하게 설명해봅시다.

19장

국가

국가란 일정한 영토에 거주하는 다수인으로 구성되어 통치권을 갖고 있는 공동체입니다. 국가는 언제 어디서 어떻게 기원했을까요? 사람들은 그들의 필요에 의해 국가를 만들었다고 주장하지만 성경은 놀랍게도 국가가 하나님이 정하신 바라고 말합니다(롬 13:1-4). 나아가 웨스트민스터 신앙고백서는 가장 높으신 온 세상의 주인이시자 왕이신 하나님께서 국가 위정자를 하나님 아래 사람들 위에 세우셨다고 말합니다(제23장 국가 위정자, 1항).

여기서 강조되어야 할 단어는 "하나님 아래 사람들 위에"입니다. 국가의 위정자들은 분명 사람들 위에 있지만 명백하게도 하나님 아래에 있습니다. 국가 정부의 권력의 기원은 하나님이시며 하나님의 통치 아래 있다는 말입니다. 모든 권세는 하나님이 정하셨습니다. 국가나 정부는 다수의 사람들의 사회 계약 또는 협약에 의해 시작된 것이 아니라 하나님에 의해 시작되었습니다. 이 말은 국가정부가 하나님에 의해 하나님의 뜻을 수행하도록 제정되었다는 말입니다. 여기에는 모든 시민이 국가 정부를 합법적인 것으로 여겨야 할 뿐만 아니라 동시에 정부나 정당은 그 권세와 권위를 주신 하나님의 뜻을 드러내야 한다는 것이 함의되어 있습니다. 더욱이 하나님께서는 인간이 하나님을 대적하여 범죄함으로 왕들과 군주들과 공직자들을 임명하셨습니다(벨직 신앙고백서 제36항, 국가정부와 교회). 국가는 스스로 기원한 것이 아니라 하나님이 세우신 것입니다.

국가의 존재 목적

이렇게 세워진 국가의 주요 존재 목적은 하나님의 영광과 공공의 선을 위해 백성들을 다스리며, 권선징악을 시행함에 있습니다. 하나님은 무질서가 아니라 질서의 하나님이십니다. 교회가 영적 질서에 따라 일사불란하게 다스려져야 함과 마찬가지로 국가 역시 법과 질서에 따라 공정하고 정의롭게 다스려져야 합니다. 이를 위해 하나님은 "사람들의 방탕함이 억제되고 모든 선한 질서로 그들 가운데서 행해지게 하기 위해 세상이 법률과 정책에 의해" 다스려지기를 원하십니다(벨직 신앙고백서 제36항). 이런 목적으로 하나님께서는 범죄를 처벌하시고 선을 행하는 자들을 보호하시기 위해 정부의 손에 칼을 주셨습니다(롬 13:4). 심지어 바울은 로마서에서 당시 전체주의 국가였던 로마 제국을 염두에 두고 말하고 있습니다. 한 국가에 소속되어 있는 시민이 고요하고 단정한 시민생활을 위해 따르지 않아야 할 세속정부는 존재하지 않습니다. 심지어 그리스도께서도 "가이사의 것은 가이사에게 하나님의 것은 하나님에게 드리라"고 말씀하심으로 로마 정부의 정책을 따라야 할 것을 말씀하셨습니다(마 22:21). 따라서 정당한 이유 없이 시민들이 국가에 대해 불복종하거나 시민생활을 해칠 정도의 폭력을 동원하는 시위에 가담한다거나 나아가 무력으로 국가정부를 전복시키는 일은 합당하지 않습니다. 왜냐하면, 모든 권세가 하나님께로부터 나오기 때문입니다.

그럼에도 불구하고 국가의 권위가 독립적이거나 무한하지 않으며 절대 선도 아니라는 점을 분명히 해야 합니다. 국가의 권위는 도리어 파생적입니다. 권세가 하나님께로부터 나왔고 모든 권세를 하나님이 정하셨다는 말은 권세의 출생이 자동적이거나 내재적이지 않다는 말입니다. 그것은 하나님이 부여하신 것입니다. 그렇기에 궁극적으로 모든 권세는 하나님의 뜻을 반영하고 드러내기 위해 사용해야 합니다. 베드로 사도 역시 "인간의 모든 제도를 주를 위하여 순종"하라고 명령하고 있습니다(벧전 2:13-14). 비록 국가와 국가 위정자는 사람들을 다스리고 시민들을 통치하지만 겸손히 자기 위에 누가 있는지 깨달아야 합니다. 하나님은 온 세상의 최고의 주인이시며 왕이십니다. 국가와 위정자들은 최고의 주인이시며 왕이신 하나님 앞에서 각각 자신의 위치와 역할을 분명히 인식해야 합니다. 그렇지 않을 경우, 교만한 왕과 통수권자와 위정자들은 하나님의 심판을 받을 것입니다. 애굽의 바로가 심판을 당했고, 불의를 일삼던 헤롯 왕이 그러했습니다(출 15:4-5; 행 12:23). 하나님은 왕과 나라를 세우기도 하시고 멸하기도 하시는 분이십니다(렘 1:10; 18:9, 10; 45:4).

하나님은 국가 정부에 공연히 칼을 주신 것이 아닙니다. 엄밀히 말하면, 국가는 그리스도께서 피흘려 값주고 사신 교회를 돕도록 세워진 기관입니다. 하나님께서 무슨 이유로 선한 자를 보호하고 격려하며 악인을 처벌하는 권세를 주셨을까요? 신앙고백서는 바로 교회를 보호하기 위해서라고 분명히 밝히고 있습니다. 이는 바울의 로마서 13장의 의미와도 전혀 다르지 않습니다. 이런 방식으로 하나님의 영광이 드러나고 공공의 선이 조장되는데, 이는 모두 하나님의 구속기관인 교회를 보호하기 위함입니다. 국가와 정부는 인간의 타락 이후에 하나님이 세우신 기관입니다. 따라서 정부가 불가피한 것은 인간의 죄와 악 때문입니다. 학교와 학칙이 불가피한 것은 학생이 타락한 죄인이며 그 가운데서 게으름과 나태함의 악을 행하기 때문입니다. 그러므로 국가 위정자에게 순복하는 것은 하나님의 권위에 순복하는 것입니다. 무정부주의는 가장 악한 무법상태입니다. 그렇기에 타락한 정부라도 무정부주의보다 낫다고 말하는 것입니다. 세상에 법

없이도 살 수 있는 사람은 없습니다. 우리는 흔히 저 사람은 "부처님 가운데 토막과 같아서 법 없이도 살 사람"이라는 말을 듣습니다. 나는 이 말이 무엇을 의미하는지 지금도 알 수 없지만, 사전에 보면 어떤 미색이나 성적 유혹에서 흔들림 없는 마음의 자세 또는 한 없이 넓고 자비로운 마음 등을 의미한다고 합니다. 그러나 이런 표현은 비성경적입니다. 타락한 인간의 부패와 오염 그리고 그 참혹한 결과를 너무 순진하게 여기는 표현입니다. 제도 없이, 법 없이, 정책 없이, 다스림 없이 죄와 악이 제재될 다른 방법은 없습니다.

국가와 그리스도인

그렇다면, 이런 국가에 대해 그리스도인은 어떤 자세를 가져야 합니까? 그리스도인의 국가관에 대해서는 일반적으로 세 가지 견해가 있습니다. 첫째는 역사적으로 국가와 교회가 거의 하나였던 때가 있었습니다. 역사적으로 중세시대의 로마가톨릭교회는 국가와 교회의 경계가 없이 국가를 통치함으로 교권을 남용하기도 했습니다. 그러나 신앙고백서는 교황이 위정자를 이단으로 판결하거나 다른 핑계를 내세워 그들의 통치권과 생명을 빼앗아서는 안 된다고 진술합니다(웨스트민스터 신앙고백서 제23장, 4항). 둘째는 국가와 교회를 분리하는 견해입니다. 이 견해는 성속이원론적 사상에 근거해서 신자는 그 어떤 국가 공직에 몸담아서도 안 된다고 주장합니다. 이 견해는 국가를 세속적인 것으로 간주하며, 국가에 헌신하는 것은 그리스도에 대한 헌신을 타협하는 것이라 주장합니다. 대표적인 사람들이 바로 16-17세기의 재세례파들이었습니다. 그들은 재판장에서 맹세하기를 거절했고 군 복무도 거절했습니다. 그들은 기존 질서의 권위를 무시하고 부정했습니다. 셋째는, 소위 두 왕국론으로, 하나님께서 국가와 교회를 모두 제정하셨고 따라서 그리스도인은 국가의 명령을 이행하는데 참여할 수 있다는 것입니다. 이것은 아우구스티누스, 루터, 칼뱅 등의 종교개혁자들이 모두 주장하고 받아들인 사상입니다.

따라서 신앙고백서는 그리스도인의 국가 공직 참여를 합법적이라고 말합니다. 그러나 그 직무를 수행할 때 국가와 국가의 법과 공직자의 공직 활동은 경건과 정의와 평화를 유지하기 위한 목적으로 수행되어야 한다고 말합니다(웨스트민스터 신앙고백서 제23장, 2항). 경건, 정의, 평화는 국가의 합법적인 통치원리입니다. 더 나아가 놀랍게도 신앙고백서는 검의 권세를 가지고 교회와 백성을 경건하고 정의롭고 평화롭게 보호하기 위한 수단으로 전쟁을 사용할 수 있다고 진술합니다. 특별히 이것은 재세례파들을 염두에 두고 의도적으로 말한 것입니다. 이런 의미에서 양심적 병역 거부는 양심적으로 거부되어야 할 사안입니다. 신앙고백서는 고전적인 "정의로운 전쟁" 이론을 단언하기 때문입니다. 그러나 그 전쟁은 항상 정당하고 합법적이어야 합니다. 일부 극단적인 평화주의자들은 국가공권력의 완전한 무장 해제를 요구합니다. 그러나 국가가 무장을 해제할 경우, 첫째, 적으로부터의 공격에 취약해져 국가와 시민을 보호할 수 없게 되며, 둘째, 악을 행하는 자들을 징벌함으로 그들로 하여금 두려움을 느껴 악을 제재하는 기능을 수행할 수 없습니다. 그렇게 된다면 국가와 사회에는 혼란과 무질서가 성행하여 국가 고유의 존재목적을 수행할 수 없게 됩니다. 국가는 어떤 상황에서도 유사시를 대비해 국방력을 튼튼하게 준비해야 합니다.

교회에 대한 국가의 의무

그렇다면 국가와 교회, 교회와 국가의 관계와 그에 따른 의무는 무엇입니까? 우선 국가는 교회의 독립적인 사안에 간섭하거나 개입할 수 없습니다. 그 독립적인 사안은 말씀을 전하는 일, 성례를 시행하는 일, 천국 열쇠의 권세와, 신앙상의 문제 등입니다. 국가는 이런 일에 간섭할 수 없고, 간섭해서도 안 되며, 도리어 교회가 고요하고 단정한 예배를 드릴 수 있도록 도와야 합니다(웨스트민스터 신앙고백서 제23장 3항). 이런 의미에서 국가와 교회는 분리됩니다. 이것은 역할의 분리를 의미합니다. 국가의 역할은 신성모독적인 이단들을 제압하고 국가적으로 위태롭거나 교회적으로 어려운 시기를 만났을 때 총회를 소집하여 국가를 위해 기도하게 하고 그로 말미암아 교회를 보호케 했습니다. 이것은 종교 편향적인 것이 아니라 하나님께서 세우신 마땅한 국가의 의무입니다. 국가는 교회를 보호하기 위해 존재합니다. 칼뱅이 스위스 제네바에서 목회하던 때는 교회와 의회가 서로 긴밀하게 영향을 주고받던 시대였습니다. 17세기 청교도 시대 역시 마찬가지였습니다. 이런 나라들은 거의 기독교적 국가, 가톨릭적 국가, 또는 개신교적 제네바였습니다. 그러나 오늘날 그런 도시나 나라를 찾아보기는 어렵습니다. 세속적 국가와 정부에게 기독교적 가치를 요구하거나 기대할 수는 없는 노릇입니다. 그럼에도 중요한 사실은 국가는 하나님 나라를 섬기기 위해 존재한다는 것입니다. 그러므로 교회는 부지런히 이러한 국가와 국가 위정자들의 존재목적에 대한 성경적 가르침을 국가 정부에 고지할 필요가 있습니다.

국가가 교회의 독립적인 사안에 간섭할 수 없고 개입해서도 안 되는 이유는, 하나님께서 예배를 드리고 말씀을 전하고 성례를 시행하며 권징을 시행하는 등의 천국열쇠를 국가가 아니라 교회에 주셨기 때문입니다. 이것은 영적 권세이며, 하늘의 권세입니다. 국가 정부는 하나님께서 교회에게 주신 이 권세를 인정해야 하며 나아가 존중해야 합니다. 이는 교회의 정치가 국가 위정자에 의해서가 아니라 하나님이 임명하신 목사 장로 집사, 나아가 노회 총회의 손에 주어져 있기 때문입니다. 교회의 어떤 권세도 세속적인 국가 위정자의 손에 주어져 있지 않습니다. 교회의 정치는 국가의 정치와 구별되어 있습니다. 국가 위정자들은 교회가 하는 고유의 일을 관여할 수 없습니다. 국가가 강제로 예배의 시간과 장소, 방식을 정하는 일은 바람직하지 않습니다. 국가가 교회를 어떻게 간주하느냐에 따라 그 나라의 영적 건강이 좌우된다고 믿습니다. 국가가 참된 교회를 멸시하고 하찮게 여긴다면, 하나님은 그런 국가를 결코 귀하게 여기지 않으실 것입니다. 왜냐하면, 국가정부는 하나님이 세우셨으며, 하나님이 세우신 국가의 지도자는 하나님의 율법과 말씀에 종속되기 때문입니다. 바빙크는 개혁파의 전통적인 정치 형태를 특징짓는 것은 교회와 국가가 서로 구별되기는 하지만 교회가 전 인류의 유익과 인간 삶의 모든 측면에 신령한 유익을 가져다준다는 확신이며, 이것이야말로 기독교의 참된 보편성이라고 말합니다.[1] 그렇기에 국가 정부는 최대한 교회를 존중하며, 교회가 그동안 국가와 시민을 위해 그들의 복지를 위해 삶의 개선을 위해 수고하고 애써왔던 수많은 일들을 더욱 지지하고 격려해야 합니다.

국가에 대한 교회의 의무

이런 국가에 대한 교회의 의무는 무엇입니까? 크게 네 가지로 정리할 수 있습니다. 우선 교회와 신자는 통치자들에게 복을 주시

---

1 헤르만 바빙크, 『개혁파 교의학』, 1058.

고 지혜와 진실을 달라고 기도해야 합니다. 그들이 경건과 공의와 평화를 위해 정치하고 다스리도록 기도해야 합니다. 바울은 디모데에게 편지하면서 모든 사람을 위해 간구와 기도와 도고와 감사를 하되 임금들과 높은 지위에 있는 모든 사람을 위하여 기도하라고 권면합니다(디모데전서 2:1-2). 이유는 그리스도인들이 모든 경건과 단정함으로 고요하고 평안한 생활을 하기 위함입니다. 입만 열면 국가 정부와 위정자들에 관해 비난과 비판을 서슴지 않으면서 그들이 하나님이 세워주신 목적대로 권세를 바르게 사용하도록 그들을 위해 기도하지 않는다면, 그것 역시 하나님의 권세를 저버리는 행위입니다. 교회와 그리스도인들은 대통령과 국가 위정자들과 국무위원들과 정당 대표들과 국회의원들이 자신의 죄를 회개하고 그리스도를 믿으며 영접하는 참된 그리스도인들이 되기를 위해 기도해야 합니다. 교회와 그리스도인들은 높은 지위에 있는 국가 위정자들이 권력을 남용하지 않고 하나님의 뜻을 받들어 공법과 정의가 하수같이 흐르는 정치를 할 수 있도록 그들에게 지혜와 명철을 달라고 기도해야 합니다. 또한 그들이 다른 사람들에게는 지나치게 엄격하면서 정작 자신들에게는 한없이 관대하지 않도록, 도리어 그 반대가 되도록 기도해야 합니다. 교회와 그리스도인들은 국가 위정자들과 사회의 지도층에 있는 자들이 국가의 모든 법과 질서를 지키며 그 정책에 솔선수범하여 국민들이 그들을 본받을 수 있게 해달라고 기도해야 합니다. 본인들이 만든 법을 본인들이 지키지 않으면서 시민들에게 지키라고 요구한다면 국가의 권위는 심각하게 실추될 것이기 때문입니다. 그들이 만든 법을 어기기 위해 또 다른 법을 만든다면, 누구도 법의 권위를 인정하지 않을 것입니다. 뿐만 아니라 시민들을 위해 봉사하라고 맡긴 정보를 그들 개인의 사리사욕을 추구하기 위해 사용한다면, 그 누구도 국가 정부의 정책에 따르지 않을 것입니다.

둘째로, 교회와 그리스도인들은 국가 위정자들의 인격을 존중해야 합니다. 오늘날 우리는 권위가 심각하게 실추된 시대에 살고 있습니다. 권위자에 대한 인격모독이 난무하는 시대입니다. 이는 어떤 정권 어떤 정부가 들어서든 늘 반복되어 왔습니다. 이런 의미에서 교권이 무너져 버린지 오래이지만 정권이 무너져 버린지도 오래입니다. 따라서 교회와 그리스도인들부터 모범이 되어 국가 위정자들의 인격을 존중하고 그들의 권위를 세워주어야 합니다. 어느 나라든지 자기 나라의 정치인들을 존경하지 않는다면, 세상 어느 나라 국민이 우리 정치인들을 존중하겠습니까? 지나친 인격 모독, 중상모략, 비방, 욕설 등은 그리스도인들이 반드시 피해야 할 언어의 습관입니다.

우리나라처럼 지역색이 강한 나라도 없습니다. 나라가 남북으로, 동서로, 영호남으로, 여야로, 구세대와 신세대로, 보수와 진보로, 마른하늘에 논바닥처럼 갈라져 있습니다. 이런 때일수록 교회와 그리스도인들은 위정자들을 향한 예의와 존중을 갖추어야 합니다. 이유는 하나님께서 백성들의 안녕을 위해 정치적인 권위자들을 세우시고 유지하시기 때문입니다.[2] 따라서 그리스도인들은 내가 선호하는 정당이나 정치인이 아니라, 국가 위정자들을 하나님이 세우셨다는 생각으로 그들을 존중해야 합니다. 우리는 우리 입맛에 맞는 정치가들이나 정당만을 지지하고 좋아하지 않는 정치가들이 권력을 집권했을 때는 그 권력을 인정하지 않는 경향이 있습니다.[3] 그러나 교회와 그리스도인들은 기본적으로 국가 위정자를 하나님이 세우셨다는 사실을 기억하고, 그들을 통해 역사하시는 하나님의 섭리의 손길을 볼 수 있어야 합니다. 그럴 때 그리스도인들은 정권이나 국회의원이 바뀌거나 정당 구조가 바뀌는 세속 정치에 일희일비하지 않을 수 있습니다.

셋째로 교회와 그리스도인들은 세금을 성실하게 납부해야 합니다. 세금은 정부가 국민에게 조세를 징수하여 얻는 수입입니다. 국민의 건강과 복지와 교육과 노동을 위해 국가 수호를 위해 정부는 해마다 예산을 세웁니다. 2020년 예산은 약 512조, 2021년 예산은 약 558조원입니다. 이 가운데 약 300조원을 국세 수입으로 충당합니다. 2017년 국세수입은 약 240조, 2020년 국세수

---

2 허순길, 『벨기에 신앙고백 해설』, 509.
3 김명일, 정혜덕, 『함께 영광의 길을 걷다』, 82.

입은 약 300조원입니다. 무려 50% 이상이 국세로 국가가 운영되는 셈입니다. 국세 수입이 증가하지 않으면 국가채무 비율은 올라갑니다. 국민들의 성실한 세금 납부는 국가 운영에 매우 중요한 요소입니다. 아울러 그리스도인들은 우리의 성실한 세금 납부로 국민 모두를 평균케 하는 일에 앞장서야 합니다. 교회와 그리스도인들은 정당한 세금 납부에 있어서 그 어떤 거짓이 있어서는 안 됩니다. 또한 교회는 국가가 건강한 예산을 세우고 세금을 균형 있게 치우침이나 차별 없이, 모든 국민들을 위해 사용하도록 기도해야 합니다. 또한 세금 정책이 지나치게 과도하여 국민들의 원망을 사지 않아야 하며, 국가채무비율이 높아져 불안에 떨지 않도록 기도해야 합니다. 국가 재정의 건전성은 그 어떤 개인이나 가정이나 사회의 재정 건전성보다 국가의 운명을 좌우할만큼 중요한 문제이기 때문입니다.

넷째로, 국가의 합법적 명령을 준수할 의무입니다. 공직자의 신앙 여부는 위정자의 권위에 대한 순종의 기준이 아닙니다. 하나님께서 부여하신 권세에 대한 순종이기 때문입니다. 개인의 생각이나 견해가 다른 법이나 정책이라 할지라도 그것이 하나님의 말씀인 성경에 위배되지 않는다면, 그 명령을 거절할 하등의 이유가 없습니다. 국가 정부가 악과 폭력을 제재하고 형벌하며 선한 자를 보호하고 악인을 징벌하며 사회 속에서 질서를 유지시켜 나갈 때 그리스도인은 그러한 정부의 명령을 거절하거나 반대해서는 결코 안 됩니다. 그러나 그 반대로 국가 정부가 의인을 벌하고 악인에게 상을 주며 군국주의적이 되고 호전적인 색채를 띤다면 그것이 하나님의 규례를 파괴하고 있기 때문에 그리스도인들은 당연히 그러한 권세에 저항해야 합니다.[4] 하나님과 하나님의 뜻에 대한 심각한 거절을 요구하는 경우에는 국가 정부에 불순종하며 저항할 수 있습니다. 예를 들면, 히브리 산파들, 사자굴의 다니엘과 풀무불의 하나냐와 미사엘과 아사랴, 모르드개가 대표적인 예입니다(출 1:17; 단 3:16-18; 6:10; 에 4:16).

우리에게는 불복종해야 할 경우들이 존재합니다. 그것은 하나님의 영광과 하나님의 말씀을 심각하게 훼손할 경우이며 하나님만을 향한 신앙을 심각하게 저해하는 경우입니다. 국가 정부가 하나님으로부터 나왔으며 하나님이 권세를 주셨다는 사실이 정부 행위의 정당성을 보증하지는 않습니다.[5] 오늘날 적지 않은 교회와 그리스도인들은 무조건 참고 인내하는 것을 미덕으로 삼는 듯해 보입니다. 하지만 구약의 선지자들은 왕들의 박해와 죄악을 신랄하게 정죄했으며, 예수님도 자신을 죽이려 했던 헤롯 왕을 가리켜 "저 여우"라고 부르셨습니다(왕상 21:17-24; 눅 13:32). 세례 요한도 면전에서 동생의 아내를 취한 헤롯 왕의 죄악을 책망했습니다(막 6:18). 그리스도인들은 침묵으로 국가의 박해를 인

---

4 G. I. 윌리암슨, 『웨스트민스터 신앙고백서 강해』, 457.
5 에드먼드 클라우니, 『교회』, 215.

내하라고 부르심을 받지 않았습니다.[6]

그리스도인들은 반기독적이며 반성경적인 정책을 펼치는 정당과 국회의원을 지지하지 않아야 하며, 하나님을 대적하는 정책을 펼치는 국가위정자를 책망하고 경고하며 회개를 촉구해야 합니다. 기본적으로 교회와 그리스도인은 세속 권력에 대하여 선지자적 입장을 견지할 필요가 있습니다. 교계의 지도층 인사들이나 교회의 교사인 신학교 교수들과 목회자들은 정부 권력에 아첨하거나 그 근처를 기웃거려서는 안 되며, 정부 권력과 어느 정도 거리를 두어야 합니다. 권력에 아부하거나 친정부적일 경우 그들은 국가정부를 향해 예언자적 사명을 수행하기 어렵습니다. 어떤 정권이 들어서든, 보수정권이든 진보정권이든, 지식인들 특별히 목회자들은 선지자적 자세로 엄중히 국가권력을 상대해야 합니다. 놀랍게도 직전 대통령과 정부를 신랄하게 비난했던 목회자들이 현 대통령과 정부의 실정에는 침묵합니다. 반면 이전 정부를 칭송하던 사람들은 현 정부를 신랄하게 정죄합니다. 모든 일에 일관성이 있어야 하는데 교회와 그리스도인과 심지어 목회자들이 자신들이 선호하는 대통령과 정권과 위정자들만 옳다고 여긴다면, 그것은 진리의 말씀과는 아무 상관이 없는 사람을 따르는 선택적 정치행위가 될 뿐입니다.

---

6 에드먼드 클라우니, 『교회』 215.

그럼에도 국가 정부가 하나님의 말씀에 현저하게 위배되는 일을 하지 않는다면, 어떤 일이든지 교회가 국가를 함부로 재판하거나 그 권위를 침해해서는 안 됩니다. 더욱이 혁명적이고 폭력적인 방법을 동원하여 시위하고 점거하며 사회질서를 어지럽혀서는 결코 안 됩니다. 이와는 반대로 그리스도인은 항상 선량한 시민임을 드러내야 합니다. 칼뱅이 프랑스의 왕 프랑수아 황제에게 헌정하며 기독교강요를 쓴 이유도 여기 있고 귀도 드 브레가 스페인 왕 필립 2세에게 벨직 신앙고백서를 작성하여 탄원서와 함께 보낸 이유도 여기에 있습니다.[7]

칼뱅은 프랑수아 황제에게 헌사하면서 이렇게 쓰고 있습니다.

> 지극히 존귀한 왕이시여, 아무도 우리가 이러한 것들에 대하여 터무니없이 불평을 하고 있다고 생각지 않게 하기 위해 얼마나 많은 중상모략들이 매일 당신 앞에 고해지고 있는지 당신은 증언하실 수 있을 것입니다. 마치 이 교리가 모든 질서와 시민의 정부를 전복하고 평화를 깨뜨리고 모든 법률을 폐기하고 모든 신분과 재산을 박탈하려는, 한 마디로 모든 것을 뒤집어 버리려는 것 외에 어떤 다른 목적도 갖고 있지 않은 것 같습니다. 그러나 아직도 당신은 고발의 지극히 적은 일부만을 듣고 있을 뿐입니다. 백성들 사이에서는 끔찍한 소문들이 널리 유포되고 있습니다. 만일 그러한 소문들이 사실이라면, 그 교리와 그것을 만든 자

---

[7] 존 칼빈, 『기독교강요, 상』, 16-38. ; 신호섭, 『벨직 신앙고백서 강해』 510.

들은 수천 번 화형과 십자가형을 당해 마땅하다고 세상은 판단할 것입니다. 이처럼 지극히 사악한 비난들이 믿어지고 있는 때에 그 교리에 대한 일반의 증오심이 일고 있는 것이 어찌 이상한 일이겠습니까?[8]

한편 귀도 드 브레는 벨직 신앙고백서를 필립 2세에게 보내면서 이렇게 말했습니다.

> 우리 모두가 합법적인 국가의 법에 기꺼이 복종하겠지만, 이 신앙고백에 표현된 하나님의 말씀의 진리를 부인할 바에야 차라리 채찍에 맞고 혀가 잘리고 입에 재갈을 물리고 온 몸을 불태우도록 내어주는 편이 더 나을 것입니다.[9]

이처럼 교회와 그리스도인들은 하나님의 진리의 말씀에 관하여는 목숨을 걸되 국가정부의 그릇된 정책에는 온유와 겸손한 방법으로 청원해야 합니다. 바빙크도 오직 설득만이 교회가 가진 유일한 무기라면서 국가가 하나님의 말씀에 순종할 것을 촉구하는 교회의 영적 권세를 무력이 아닌 온유하고 겸손한 방식으로 청원해야 한다고 조언합니다.

교회는 자신의 영적 권세를 포괄적인 방식으로 계속해서 행사해

---

8 존 칼빈, 『기독교강요, 상』 17.
9 신호섭, 『벨직 신앙고백서 강해』 510-511.

야 한다. 교회의 다양성으로 인해 그 증거가 약화되기는 했지만, 그럼에도 교회는 하나님의 말씀에 순종할 것을 모든 피조물, 학문 과학, 가정, 사회, 그리고 국가에 촉구해야 한다. 이런 요구는 무력이 아니라 오로지 메시지와 윤리적 증거를 통해서 이루어질 뿐이다. 그것은 강제가 아니라 설득이다. … 요컨대 교회의 권위가 세상에 대해 가지는 영향력은 정치적인 것이 아니며, 그 권위는 복음 선포와 설득과 증거를 통해 사회변혁을 추구한다.[10]

국가는 시민의 복지를 돌보고 거룩한 교회의 사역을 보호하며 우상숭배와 거짓 예배를 없애고 방지하며 그리스도의 왕국이 촉진될 수 있도록 최선의 노력을 기울여야 합니다. 동시에 교회는 국가 위정자를 그 신분이나 지위에 관계없이 복종하며 그들에게 합당한 영예를 돌리고 세금을 납부하며 그들을 위해 기도해야 합니다.

이렇게 국가는 국가의 고유한 직무를 교회는 교회의 고유한 직무를 수행하며 서로가 서로를 존중할 때 교회와 국가의 관계는 지금보다 훨씬 더 아름답게 변화할 수 있습니다.

---

10 헤르만 바빙크, 『개혁파 교의학』, 1079.

나눔을 위한 질문

❶ 국가는 누가 제정하셨습니까?

❷ 국가가 "하나님 아래 사람들 위에" 세워졌다는 것이 시사하는 바는 무엇입니까?

❸ 국가가 존재하는 목적은 무엇입니까?

❹ 그리스도인의 국가관 세 가지를 간단히 설명해봅시다.

❺ 교회에 대한 국가의 의무는 무엇입니까?

❻ 국가에 대한 교회의 의무는 무엇입니까?

❼ 그리스도인, 특별히 교계의 지도자들은 국가권력에 어떤 자세를 견지해야 하는지 토의해봅시다.

20장
최후심판

이전 장에서 국가의 기원은 하나님께 있으며 교회를 보호하고 교회를 위해 존재한다고 말한 바 있습니다. 왜냐하면 교회는 영원히 존재하겠지만 세속 국가는 그렇지 않기 때문입니다. 나라들은 왔다가 존재하다가 사라집니다. 오늘날 대 애굽제국이 어디에 있습니까? 바벨론, 앗수르, 페르시아, 로마, 그리스가 어디로 사라져버렸습니까? 영원할 것만 같이 천하를 호령하다가 흔적도 없이 사라진 나라들이 한둘입니까? 이런 의미에서 세속역사는 구속의 역사를 위해 존재하며 하나님의 정하신 종말의 때를 향해 흘러갑니다. 성경과 신앙고백서는 그것을 최후의 심판이라 부릅니다(겔 21:29; 시 96:13; 요 12:48; 고전 4:5; 벧전 4:17). 최후의 심판과 교회는 어떤 관계에 있습니까? 다시 말하면, 종말의 날에 교회는 어떻게 될까요?

주님이 정하신 때가 이르는 날

우선 종말이 무엇인지부터 살펴보겠습니다. 종말은 신학적으로 그리스도의 초림으로부터 그의 재림에 이르는 모든 시간을 총칭하는 말이지만, 더욱 구체적으로는 하나님의 심판하실 마지막 날을 의미합니다. 이 날은 하나님께서 정하신 날이고, 예수 그리스도로 말미암아 세상을 의로 심판하실 날입니다(행 17:31; 살전 5:1-2). 그렇기에 웨스트민스터 신앙고백서는 이 날을 가리켜 "예수 그리스도로 말미암아 세상을 의로 심판하실 날"이라 했고, 하나님께서 이 날을 정하셨다고 말합니다(제33장 1항). 벨직 신앙고백서도 이 날을 최후심판의 날이라 말합니다. 더욱 구체적으로 이 날은 주님이 정하신 때가 이르고 택함 받은 자들의 수가 차고(히 11:39-40; 계 6:11), 그리스도께서 자신을 산 자와 죽은 자의 심판주로 선언하시고, 이 세상을 불과 화염으로 정결하게 하시기 위해 눈에 보이도록 큰 영광과 위엄으로 하늘로부터 다시 오실 날입니다(벨직 신앙고백서 제37항).

이 날에 벌어질 일은 무엇입니까? 우선 배역한 천사들이 심판을 받고, 이 세상에 살았던 모든 사람들도 그리스도의 심판대 앞에 서게 되어 그들이 몸으로 행한 일들에 대해 상응하는 보응을 받을 것입니다(웨스트민스터 신앙고백서 제33장 1항). 세상의 시작부터 마지막까지 살았던 모든 사람과, 살아있는 모든 사람이 천사장의 소리와 나팔 소리에 소환되어 각자 위대하신 심판자 앞에 개인적으로 서게 됩니다(벨직 신앙고백서 37항). 이런 의미에서 기독교의 역사관은 일원론적입니다. 바울은 만물이 주에게서 나오고 주로 말미암고 주에게로 돌아감이라고 선포한 바 있습니다(롬 11:36). 역사는 무의미의 순환이나 반복이 아닙니다. 헤겔이 역사철학에서 주장하는 정과 반의 합도 아닙니다. 이 세상 역사는 시작이 있고 진행이 있으며 마침내 끝이 있습니다. 그 끝날에 세상은 종말을 고하게 됩니다. 그것을 주님께서 친히 정하셨기 때문입니다. 주님은 이 일을 위해 살아 있는 모든 사람을 위대하신 심판자 앞에 개인적으로 서게 하실 것이며, 모든 죽은 자를 부활시켜 영혼과 연합시키실 것입니다.

공의와 영광을 드러내는 날

이 날이 특별한 것은 바로 이 날에 개인과 교회와 역사를 향한 하나님의 웅대한 계획과 목적이 완전히 드러나는 날이기 때문입니다. 웨스트민스터의 신학자들은 하나님께서 이 날을 정하신 목적에 대해 "택하신 자들을 구원하시는 하나님의 자비에서 나타나는 영광과, 유기된 자들, 곧 악하고 불순종하는 사람들을 정죄하시는 하나님의 공의로우심에서 나타나는 영광을" 드러내시기 위함이라고 진술합니다(제33장 2항). 이 날은 하나님의 위대하신 구속의 드라마가 완성되는 날로서 구원계시의 절정이라 할 수 있습니다. 한편으로는 택자들을 구원하시는 하나님의 영광이 드러나고 다른 한편으로는 불순종하는 악인들을 공의로 심판하시는 영광이 드러날 것입니다. 살아 있는 자들과 죽은 자들 모두가 자신이 이 세상에서 선악 간에 행한 일에 따라 심판을 받을 것입니다.

　세상 모든 사람은 자신의 모든 무익한 말들, 세상에서 재미와 농담으로 한 말들에 대해 해명해야 할 것이고, 사람들이 알지 못하는 은밀한 일들과 위선이 모두에게 폭로되고 밝혀질 것입니다 (벨직 신앙고백서 제37항). 이는 최후의 심판이 결코 피할 수 없는 막다른 길임을 알려줍니다. 이 공의와 영광의 심판은 단순히 행동에 대한 심판만이 아니며 마음속의 의도와 동기조차 그 심판의 대상이 될 것이기 때문입니다. 그러므로 지금 우리에게 나타나고 보이는 것이 전부가 아닙니다. 사람들이 환호하고 칭송을 돌리며 존경하는 사람들 가운데 보이지 않던 죄와 악이 그 날에 폭로될지도 모릅니다. 또한 사람들이 멸시하며 혐오하고 미워하는 사람들 가운데 보이지 않았던 선한 행실과 의로움이 드러날지도 모르는 일입니다. 하나님의 평가와 사람의 평가는 다릅니다. 하나님의 생각은 사람의 생각과 다르시고 높으십니다(사 55:7-9). 하나님은 사람이 아니십니다. 사람의 눈은 속일 수 있어도 하나님을 속일 수는 없습니다. 하나님은 계시지 않은 곳이 없고 존재하시지 않는 시간도 없으신 분이십니다. 주의 영을 떠나 피하고 숨을 곳은 그 어디에도 없습니다.

따라서 심판은 확정적입니다. 하나님을 모르고 예수 그리스도의 복음에 순종하지 않은 악인들은 영원한 고통 속으로 던져지고 파멸에 처해집니다. 그러나 반대로 의인들은 영원한 생명으로 들어가서 주님의 임재에서 비롯되는 충만한 기쁨과 즐거움을 누리게 될 것인데, 이유는 그들이 하나님을 알고 믿었으며 복음에 순종하고 하나님의 나라와 주님의 몸 된 교회를 위해 고난을 받으며 수많은 수고를 견디어 냈기 때문입니다. 심판의 작정은 필연적입니다. 따라서 심판의 작정은 복음 전파의 강력한 동기와 이유가 됩니다. 그러므로 우리는 다윗처럼 이렇게 기도해야 합니다.

> 하나님이여 나를 살피사 내 마음을 아시며 나를 시험하사 내 뜻을 아옵소서 내게 무슨 악한 행위가 있나 보시고 나를 영원한 길로 인도하소서_시 139:23-24

예수 그리스도 안에서 하나님께로 돌아감이 신자에게 복입니다. 그렇지 않다면 우리는 그날에 하나님이 드러내시는 공의의 불과 영광의 빛에 타버릴 것입니다. 그러나 그리스도 안에 있는 신자는 그리스도께서 우리에게 전가하여 주신 완전한 의로 말미암아 안전할 것이며, 우리 안에 있는 그 의로 말미암아 하나님의 자비하심과 의로우심과 영화로우심을 밝히 드러내는 영광의 거울이 될 것입니다.

교회와 신자를 위로하시는 큰 날

그러므로 이 타락한 세상을 살아가는 모든 사람은 하나님이 정하신 이 심판을 깊이 생각해야만 합니다. 또한 교회는 이 세상을 살아가는 모든 사람에게 그들이 듣든지 듣지 않든지 이 확정된 하나님의 최후심판을 전하고 가르쳐야 합니다. 왜냐하면 이 날은 확정된 날이요 필연적이요 따라서 결코 피할 수 없는 불가피한 날이 될 것이기 때문입니다. 감사한 것은 하나님께서 선지와 사도들을 통해 성경을 통해 끊임없이 이 날에 대해 경고하셨다는 점에 있습니다(습 1:14; 마 3:2; 요일 2:8; 벧후 3:3). 또한 놀라운 것은 이 날의 목적이 신자와 교회를 위로하시기 위함에 있다는 점입니다. 그리스도께서 우리에게 심판의 날이 있을 것이라는 분명한 확신을 심어주신 이유는 "모든 사람이 죄를 멀리하고 역경 가운데 있는 경건한 사람들이 큰 위로를 받기 위해서"입니다(웨스트민스터 신앙고백서 제33장 3항). 벨직 신앙고백서 역시 이 심판의 날에 대한 묵상이 의인들과 택함받은 자들에게는 "가장 큰 소망과 위로가 될 것"이라고 진술합니다(제37항).

심판의 날은 우리로 하여금 주의 날을 생각하며 죄를 멀리하게 하고, 인간적인 방심에 빠지지 않게 하며, 항상 깨어 근신하게 해주기 때문에 신자에게 유익합니다. 또한 심판의 날은 이 날에 의인들이 견뎌낸 고난의 열매를 받을 것이며, 그들의 무죄가 모든 사람에게 알려질 것이고, 그들을 잔인하게 핍박했던 악인들에게 보응하시는 무시무시한 하나님의 복수를 보게 될 것이며, 영광과 존귀의 면류관을 쓰고 그들의 눈에서 모든 눈물을 씻어 주실 것이기 때문에 신자에게 가장 큰 소망과 위로가 됩니다(벨직 신앙고백서 제37항). 더 나아가 주님께서는 사람이 마음에 품어본 적이 없는 영광을 그들에게 은혜로운 상급으로 주실 것입니다.

그러므로 우리가 흔히 하는 말처럼 끝날 때까지 끝난 게 아닙니다. 성도가 하나님 나라와 주를 위해 고난을 당하고 핍박을 당하면 천국에서 그의 상급이 클 것입니다(마 5:11-12). 청교도들은 주일을 가리켜 신자의 "영혼의 장날"이라 부르기를 좋아했습니다. 그 날에 말씀과 성례와 기도와 같은 신자의 영혼에 온갖 좋은 은혜의 방편들이 선포되기 때문입니다. 영적인 안식일로서의 주의 날인 주일은 더 나은 안식일인 천국에서의 안식을 상징합니다(히 4:9-11). 이 더 나은 안식일은 그리스도의 재림을 통한 최후의 심판으로 이루어집니다. 그러므로 신자는 바로 이 안식에 들어가기를 힘써야 하며 이 최후의 심판의 날을 열렬히 사모해야 합니다. 그리스도인들이 모이기를 폐하는 어떤 이들의 습관과 같이 하지 않고 오히려 더욱 모이기를 힘써야 할 이유도 여기에 있습니다. 왜냐하면, 우리에게는 바로 그 날이 있기 때문입니다.

또 하나님의 집 다스리는 큰 제사장이 계시매 우리가 마음에 뿌림을 받아 악한 양심으로부터 벗어나고 몸은 맑은 물로 씻음을 받았으니 참 마음과 온전한 믿음으로 하나님께 나아가자 또 약속하신 이는 미쁘시니 우리가 믿는 도리의 소망을 움직이지 말며 굳게 잡고 서로 돌아보아 사랑과 선행을 격려하며 모이기를 폐하는 어떤 사람들의 습관과 같이 하지 말고 오직 권하여 **그 날이 가까움을 볼수록** 더욱 그리하자_히 10:21-25

참되게 거듭난 신자라면 이 영원한 안식의 날에 들어가기를 힘쓰며 그리스도 안에서 하나님의 약속을 충만히 누릴 수 있도록 저 위대한 날을 열렬히 소망하며 고대할 것입니다(계 22:20).

사람이 태어나서 죽으면 끝이 아닙니다. 사람의 죽음을 맞이하면 영혼이 소멸된다는 "영혼 소멸론"은 결코 성경적이지 않습니다. 성경은 "한 번 죽는 것은 사람에게 정하신 것이요 그 후에는 심판이" 있다고 선언합니다(히 9:27). 평생을 그리스도의 복음을 거절하고 하나님을 믿지 않으며 무익한 농담 따위나 하다가 자기 배만 위하여 살았던 자들은 영원한 형벌을 받게 됩니다. 그러나 평생을 말과 삶으로 복음을 전하며 주의 나라와 주님의 몸 된 교회를 위해 눈물로 봉사하고 고난을 받으며 수고한 성도들은 영생과 의의 면류관을 상급으로 받습니다.

전제와 같이 내가 벌써 부어지고 나의 떠날 시각이 가까웠도다

나는 선한 싸움을 싸우고 나의 달려갈 길을 마치고 믿음을 지켰
으니 이제 후로는 나를 위하여 의의 면류관이 예비되었으므로
주 곧 의로우신 재판장이 그 날에 내게 주실 것이며 내게만 아니
라 주의 나타나심을 사모하는 모든 자에게도니라(딤후 4:6-8)

주님께서 주시는 의의 면류관은 그날에 주실 것이요 바울과
뿐만 아니라 주의 나타나심을 사모하며 일평생을 하나님의 나라
와 주님의 몸된 교회와 성도들을 위하여 봉사하고 섬기며 살았
던 그리스도인들이 옳았다는 인증이 될 것입니다. 천지와 만물
을 창조하시고 통치하시며 마침내 심판하실 전능하신 하나님께
서 우리를 옳다고 의롭다고 하시는데 그 누가 우리를 정죄할 수
있겠습니까(롬 8:1)? 그 무엇이 우리를 그리스도 예수 안에 있는
하나님의 사랑에서 끊을 수 있겠습니까(롬 8:39)?

사도신경은 그리스도께서 산자와 죽은 자를 심판하러 오시리
라고 고백하고 있는데, 이 사실은 그리스도께서 택하신 모든 사
람과 함께 그리스도께로 이끌리어 하늘의 기쁨과 영광 가운데
거하게 될 것을 확신하게 해 주기에 신자에게 가장 큰 위로가 됩
니다. 이 놀라운 하늘의 기쁨과 영광을 하이델베르크 요리문답
52번은 이렇게 고백합니다.

[52번]
문. 그리스도께서 "산 자와 죽은 자를 심판하러 오시리라"는 사

실이 당신에게 어떠한 위로를 줍니까?

답. 저는 어떠한 슬픔과 박해 가운데서도, 이전에 저를 대신하여 하나님의 심판대 앞에서 자신을 드리사 모든 저주에서 저를 속량하신 그리스도께서 곧 심판자로서 하늘에서 오시기를 머리 들어 기다립니다. 그리스도께서는 그분과 저의 모든 원수가 영원한 멸망을 형벌로 받게 하실 것이며 저는 그리스도께로 이끌리어 하늘의 기쁨과 영광 가운데 거하게 될 것입니다.

이 하늘의 기쁨은 과연 무엇입니까? 이는 부활체의 몸과 영혼이 완전히 거룩하게 변화되어 성부와 성자와 성령 하나님을 마주 대하고 직접 대하는 기쁨과 즐거움입니다. 이는 그 자체로 영광입니다. 그날이 오면 우리는 더 이상 희미하게 보지 않습니다. 그리스도의 얼굴을 마주 대하여 볼 것입니다. 소요리문답의 제1번처럼 사람의 제일되는 목적이 하나님을 영화롭게 하고 영원토록 즐거워하는 것인데 그 하나님을 영원토록 즐거워하는 일이 그 날에 실현될 것을 뜻합니다. 성도의 위로자이신 성령, 성도의 신랑이신 그리스도, 그리고 성도의 아버지가 되시는 아버지로서의 거룩하신 삼위일체 하나님과 함께 하는 즐거움이란 얼마나 엄청나겠습니까! 그리스도인은 매주일 지상의 교회에서 이미 이 천상의 기쁨과 영광을 조금 맛보고 있습니다. 그리고 이 기쁨과 영광은 이제 그 날에 완성되고 성취될 것입니다.

따라서 신약의 성도들처럼 우리들 역시 모두 마라나타 즉 "아멘 주 예수여 속히 오시옵소서!" 라고 열렬히 고백하는 성도들이 될 수 있습니다. 천국을 소망하지 않는 교회, 천국을 열렬히 기다리지 않는 교회, 이 위대한 날을 열렬히 기대하지 않는 교회는 참된 교회가 아닙니다. 참되고 정결한 그리스도의 신부는 우리를 혼인잔치로 데려가실 다시 오실 그 날을 열렬히 고대하고 기다릴 것이기 때문입니다. 사도 요한은 성경의 마지막 책을 마감하면서 다시 오실 주 예수 그리스도의 예언의 말씀을 받아 이렇게 적어놓았습니다.

나 예수는 교회들을 위하여 내 사자를 보내어 이것들을 너희에게 증언하게 하였노라 나는 다윗의 뿌리요 자손이니 곧 광명한 새벽 별이라 하시더라 성령과 신부가 말씀하시기를 오라 하시는 도다 듣는 자도 오라 할 것이요 목마른 자도 올 것이요 또 원하는 자는 값없이 생명수를 받으라 하시더라 내가 이 두루마리의 예언의 말씀을 듣는 모든 사람에게 증언하노니 만일 누구든지 이것들 외에 더하면 하나님이 이 두루마리에 기록된 재앙들을 그에게 더하실 것이요 만일 누구든지 이 두루마리의 예언의 말씀에서 제하여 버리면 하나님이 이 두루마리에 기록된 생명나무와 및 거룩한 성에 참여함을 제하여 버리시리라 이것들을 증언하신 이가 이르시되 내가 진실로 속히 오리라 하시거늘 아멘 주 예수여 오시옵소서 주 예수의 은혜가 모든 자들에게 있을지어다 아멘_계 22:16-21

나눔을 위한 질문

❶ 종말을 간단히 정의해 봅시다.

❷ 최후심판의 날이 악인들에게는 어떤 날이 됩니까?

❸ 최후심판의 날이 참된 교회와 신자들에게는 어떤 날이 됩니까?

❹ 청교도들이 안식일로서의 주일을 "영혼의 장날"로 부르기를 좋아했는데, 그 이유는 무엇이며 최후심판과 어떤 관계가 있는지 생각해 봅시다.

❺ 최후심판의 날에 주님께서 주실 "의의 면류관"은 무엇을 의미합니까?

❻ 이제 이 최후심판의 날을 고대하는 그리스도인의 참된 자세는 무엇입니까?

그리스도의 신부, 언덕 위의 도성

마지막은 언제나 처음을 생각나게 합니다. 이 책을 시작하면서 교회다운 교회를 말하려면 먼저 교회다운 교회가 무엇인지를 알아야 한다고 했습니다. 그것은 교회역사가인 필립 샤프가 잘 지적했듯이 모든 것을 규범하는 규범(norma normans)인 성경에 근거한 교회여야 하며, 동시에 성경이 규정한 규범(norma normata)으로서의 역사적 개혁파 신조들에 충실한 교회여야 합니다. 이제까지 나는 부족하지만 성경과 웨스트민스터 신앙고백서를 포함한 역사적 개혁파 신조와 교리에 입각하여 크게 교회, 직분, 예배, 삶과 종말 등을 다루었습니다. 이제 책을 마감하면서 다시 한 번 교회의 본질을 상기하고자 합니다.

거룩과 경건으로서의 교회의 본질

신구약 성경의 교회의 의미는 하나님께서 부르신 백성들의 모임입니다. 더욱이 하나님이 밖으로 불러내신 이 교회를 부르는 신약의 명칭은 주로 그리스도의 몸, 성령의 전, 새 예루살렘, 진리의 기둥과 터, 그리스도의 신부입니다. 이 명칭은 모든 교회로 하여금 특별히 사역자들로 하여금 교회의 본질에 충실할 것을 명령합니다. 더 분명하게 말해, 교회는 숫자에 연연해서는 안 됩니다. 교회의 본질은 그 숫자의 크기가 아니라 그리스도의 신부로서의 거룩과 경건에 있기 때문입니다. 칼뱅이 잘 말한 바와 같이 교회의 본질은 그 정결함에 있습니다. 어떤 의미에서 우리에게는 경쟁이 필요하지 않습니다. 사람들에게는 우리 교회가 다른 교회보다 더 커져야 한다는 욕망이 있습니다. 그러나 참 교회에 요구되는 것은 교회의 본질의 회복입니다. 교회는 정결한 그리스도의 신부가 되기 위해 순수한 복음을 회복해야 합니다. 십자가 부활의 복음을 회복해야 합니다.

교회와 신자를 향한 신뢰가 땅에 떨어졌는데 교회가 그저 기업처럼 몸집 불리기만 한다면 그것이 과연 하나님께서 기뻐하시는 일이겠습니까? 교회가 신뢰를 회복해야 하는데 과연 오늘날 교회와 교회의 지도자들은 신뢰를 회복하기 위해 어떤 노력을 기울이고 있는지, 아니면 여전히 몸집만 키우기 위해 노력하고 있는지 다시 한 번 자문해 보아야 합니다. 오늘날 상황이 이렇게 된 것은 상당부분 교회의 지도자들이 있는 당회에 그 책임이 있습니다. 당회원들인 목사와 장로는 이미 우리가 잘 살펴본 바와 같이 각기 성경이 규정해 놓은 자기 직무에 충실해야 합니다. 목사는 말씀전하는 일과 기도하는 일에 힘쓰고 장로는 목사와 협력하여 성도를 돌아보고 심방하여 교회를 치리하고 행정하는 일에 집중해야 합니다.

그렇지 않고 목사가 그저 교회에 사람들을 가득 채워서 교회를 키우는데 온 정력을 기울인다면, 그런 교회는 모든 것이 목사 중심으로 움직일 것입니다. 반대로 그렇게 교회를 키우지 못하는 목사는 무능한 목사로 당회원들의 비난의 대상이 될 것이고 심하면 권고사직을 당할 것입니다. 이것이 바로 반 지성주의입니다. 모로 가도 교회만 키워진다면, 그것이 성경적인지, 옳은지, 진짜인지 가짜인지를 가리지 않고 수용합니다. 이것이 한국교회의 위기입니다. 일찍이 존 맥아더 목사와 R. C. 스프로울 목사는 자신의 목회 40여 년 동안 깨달은 불편한 진실이 있다고 말한 바 있습니다. 그것은 바로 구원받을 자가 교회 밖에 있지 않고 자신이 목회하는 교회 안에 있었다는 것입니다. 소위 교회 안에 불신자가 너무 많았다는 것입니다. 교회의 별명은 거룩한 성 예루살렘이고, 바벨론의 별명은 큰 성 바벨론입니다(계 18:2). 물론 교회가 커지지 말라는 법이 없으며 모든 초대형교회가 거룩하지 않거나 경건하지 않다는 말도 아닙니다. 그러나 교회가 최우선의 관심을 기울여야 할 것은 바로 그 정결함과 거룩입니다. 아무도 거룩함이 없으면 주를 보지 못할 것이기 때문입니다(히 12:14). 그러므로 교회와 지도자들은 자신이 목양하는 교인들이 모두 중생받은 신자인지, 거룩과 경건을 추구하고 있는지를 잘 살펴야 합니다. 그렇지 않으면 마지막 날에 주님 앞에서 영혼 감독자로서 우리가 받을 책망이 매우 클 것이기 때문입니다.

언덕위의 도성으로서의 교회

또 하나 오늘날 우리는 교회가 세상과 과연 다른가를 자문할 필요가 있습니다. 교회가 세상과 유사하고 세상 사람들이 편안하게 느끼는 장소라면 그것은 교회가 여러 가지 모습에서 세상과 상당히 닮아 있다는 것을 의미합니다. 그렇다면 이것은 대단히 심각하게 잘못된 것입니다. 교회는 그저 사교 클럽이나 문화클럽이 아닙니다. 지난 수십 년 동안 교회는 여러 가지 인기 있는 프로그램과 음악이나 드라마나 문화 클래스 등을 운영하면서 사람들을 교회로 끌어오려고 노력해 왔습니다. 하지만 사람들은 교회에 오지 않았고 오더라도 교회보다 더 재미있는 프로그램으로 가득한 세상으로 이내 다시 나갔습니다. 사람들이 교회에 오는 이유는 오직 여호와 하나님을 참되게 알 때만 가능한 일입니다. 사람들이 회심하여 하나님을 참되게 찾지 않는다면, 그 어떤 프로그램이나 그 어떤 제자훈련으로도 그들을 교회에 머무르게 할 수는 없습니다.

따라서 교회는 세상 안에 있지만 세상이 아니고 세상이 될 수 없습니다. 교회는 세상 사람들이 한 번도 들어보지 못한 천상의 메시지를 선포하는 곳입니다. 바울은 이 교회를 가리켜 "이 집은 살아계신 하나님의 교회요 진리의 기둥과 터이니라"고 했습니다 (딤전 3:15). 교회는 하나님의 진리의 말씀을 높이 선포함으로 하나님이 살아계시고 온 세상을 통치하시며 모든 사람이 이 하나님을 마땅히 경배해야 한다는 사실을 알려주어야만 합니다. 이것이 교회의 소명입니다. 하나님 나라는 교회보다 크고 교회는 하나님 나라 안에 있지만 교회는 지상에 있는 눈에 보이는 하나님 나라입니다. 그러므로 교회는 이 땅에서 하늘에 있는 하나님 나라의 모습을 보여주어야 합니다. 그것이 교회다운 교회, 칭송받는 교회의 참된 모습입니다. 그런데 오늘날 교회의 상태에 있어서 한 가지 분명해 보이는 것은 바로 교회가 이 복음 메시지를 선포하지 않는다는 것입니다. 오늘날 교회는 외형적으로는 번성한 것처럼 보이나 영적으로 황폐해졌고 도리어 복음의 볼모지가 되어버렸습니다. 오늘날 조국은 거대한 선교지로 변모해버린 느낌입니다. 조국이 선교지인데 해외로 선교사를 파송하는 것이 무슨 의미가 있다는 말입니까!

이런 의미에서 교회는 뉴잉글랜드의 초기 청교도들이 불렀던 것처럼 "언덕위의 도성"을 회복해야 합니다. 한 때 이 나라 곳곳에서 하나님을 예배하고 찬송을 올려드리며 기도하는 하나님의 사람들로 가득 찼던 영광스러웠던 때가 있었습니다. 교회는 그 모습을 회복해야 합니다. 예수님은 산상수훈 말씀 가운데 "너희는 세상의 빛이라 산 위에 있는 동네가 숨겨지지 못할 것이요 사람이 등불을 켜서 말 아래에 두지 아니하고 등경 위에 두나니 이러므로 집 안 모든 사람에게 비치느니라 이같이 너희 빛이 사람 앞에 비치게 하여 그들로 너희 착한 행실을 보고 하늘에 계신 너희 아버지께 영광을 돌리게 하라"고 했습니다(마 5:14-16). 교회는 언덕 위에 있으며 온 세상이 보는 하나님의 도성입니다. 교회는 빛을 비추어야 합니다. 착한 행실을 나타내야 합니다. 오늘날 과연 교회 부흥과 성장에 목숨을 거는 사역자들은 누구를 위해 그렇게 교회의 종을 울리고 있습니까? 그들은 과연 언덕위의 도성을 만들고 있습니까? 아니면 자신들의 왕국을 건설하고 있습니까? 우리는 과연 언덕위의 도성을 만들고 있는지 자신의 왕국을 건설하고 있는지 깊이 성찰해야 합니다.

하나님의 집인 교회에 출석하고 있다는 것은 얼마나 놀라운 일입니까! 하나님의 임재가 있고 예수 그리스도의 속죄의 은총과 성령님의 감동하심이 있는 교회에 출입하는 것만으로도 참된 안식을 얻을 것입니다. 교회는 이 세상에서 영적으로 가장 흥분되는 곳입니다. 우리는 매주일 자기 백성을 찾아오시는 전능하신 하나님의 임재와 권능을 경험하기 위해 교회를 갑니다. 비록 지금 우리가 누더기 옷을 입고 있고 힘든 일을 하고 있을지 몰라도 마지막 날에 우리의 신랑이 오시면 우리는 그리스도의 신부가 될 것입니다.

나는 지금까지 교회에 관하여 썼습니다. 이 책을 쓰는 동안 해가 바뀌었으며 허리 근육경련이 왔고 그 와중에도 목회와 설교는 계속되었습니다. 코로나는 지금도 계속되고 사람들을 우울감에 젖게 합니다. 하지만 말씀을 준비하고 책을 쓰고 번역하며 잠시 멈춘 세상에서 지난 1년을 꼬박 서재에서 치러냈습니다. 나탈리 골드버그는 "뼛속까지 내려가서 써라"고 조언했고 박경리의 대하소설 토지에 버금가는 장편대하소설 "혼불"을 17년 동안 완성한 최명희는 "손가락으로 바위를 뚫어 글씨를 새긴다"고 고백했습니다.[1] 책을 잘 쓰는 베스트셀러 작가들의 글을 읽어보면 무언가 달라도 다릅니다. 어쩌면 글을 이렇게나 찰지게 잘 쓸 수 있을까요? 글쓰기에 대한 책도 읽고 많은 인문학 책을 읽으며 노력하지 않은 것은 아니지만 안타깝게도 내게는 그런 능력이 없어 보입니다. 하지만 나는 이 책을 간절한 마음을 담아 썼습니다. 간절한 마음은 하루아침에 형성되지 않습니다. 오랫동안 마음속에 담아 두었고 거기서 우러나와 바라는 정도가 절실했습니다. 그런 마음이 활자가 되어 이 책이 나왔습니다. 독자들에게 교회를 위한 그런 간절한 마음이 활자를 통해 가 닿았다면 그것으로 만족할 뿐입니다.

신랑 되신 그리스도 예수께서 다시 오실 때까지 조국과 전 세계의 모든 참된 교회가 거룩과 정결을 추구하며 착한 행실을 사람들 앞에 비추어 사람들로 하여금 우리 하나님 아버지께 영광을 돌리게 하는 그리스도의 정결한 신부, 언덕 위의 도성이 되기를 소망합니다.

---

[1] 나탈리 골드버그, 『뼛속까지 내려가서 써라』 권경희 역 (서울: 한문화, 2018); 최명희, 혼불 1-10 (도서출판 매안, 2010).